本书得到教育部人文社会科学研究青年项目 "学习型大学场域与反思性学习惯习的交互建构——基于主体性发展的大学生学习的系统生成" （15YJC880097）资助

学习型场域与反思性惯习的交互建构

大学生主体性学习研究

吴俊◎著

中国社会科学出版社

图书在版编目 (CIP) 数据

学习型场域与反思性惯习的交互建构：大学生主体性学习研究/吴俊著.
—北京：中国社会科学出版社，2020.6
ISBN 978 - 7 - 5203 - 6179 - 8

Ⅰ.①学…　Ⅱ.①吴…　Ⅲ.①大学生—学习心理学—研究
Ⅳ.①G442

中国版本图书馆 CIP 数据核字（2020）第 055920 号

出 版 人	赵剑英	
责任编辑	马　明	
责任校对	李　莉	
责任印制	王　超	

出　　　版　中国社会科学出版社
社　　　址　北京鼓楼西大街甲 158 号
邮　　　编　100720
网　　　址　http://www.csspw.cn
发 行 部　010 - 84083685
门 市 部　010 - 84029450
经　　　销　新华书店及其他书店

印　　　刷　北京君升印刷有限公司
装　　　订　廊坊市广阳区广增装订厂
版　　　次　2020 年 6 月第 1 版
印　　　次　2020 年 6 月第 1 次印刷

开　　　本　710 × 1000　1/16
印　　　张　17.5
插　　　页　2
字　　　数　296 千字
定　　　价　99.00 元

前　言

从工业社会向知识社会的转型，业已成为社会发展的客观趋势。一种建构主义知识观正取代以往的客观主义知识观，这一变化对人类的认识论产生了深远的影响。在外在社会变迁和内在知识转型的双重影响下，大学也将朝着知识型和学习型组织的方向演进。无论是知识社会的变迁，还是学习型大学的创设，都意味着人即将成为知识社会和学习型大学中的核心主体。基于此，"人的主体性发展"已不再是一个"是否需要"的问题，而是一个"如何实现"的问题。如何建构基于主体性发展的大学生学习实践，是当前大学生学习改革中亟待探索的一个"真"问题。

与传统大学生学习研究大多采取实体性思维方式不同，布迪厄的社会实践理论为我们提供了一个独特的基于关系性思维方式的观察视角。运用"场域""资本""惯习"和"策略"等开放式概念，本书形成了关于大学生学习实践的分析框架：将大学生学习视为一种对个体的认知、思维、情感和行动产生持久的、实质的和深远的影响的社会实践活动，即"学习即生活""学校即社会"，分析大学场域与外在社会的结构对应关系，探寻大学场域是如何作为关键性的中介环节，来同时发挥社会性变量和个体性变量的作用共同建构大学生学习实践的，从而揭示大学生学习实践的生成性动力机制、运作逻辑及其在社会变迁中的变化机制和演进逻辑，以及大学生学习实践对个体发展与社会发展的作用和意义。

从当前我国大学生学习实践的现状来看，大学场域仍然沿袭着与工业社会相对应的科层型结构，这一结构又进一步强化了大学生在长期制度化学习经历中业已生成的以"遵从权威"为特征的常规性学习惯习，从而不断形塑着他们的应试性学习策略。知识社会的转型与高等教育大众化进程的加速，在唤醒大学生主体性意识的同时，也导致大学生常规性学习惯习的滞后效应及其所生成的应试性学习策略同知识社会的发展需求之间呈现一种"不合拍"甚至"脱节"现象。基于此,本书从大学生学习实践的生成性动力机制、演进逻辑出发,结合当前大学生学习实践中存在的问题及原因,进一步探讨如何在知识社会的转型背景下构建基于主体性发展的学习型大学场域和反思性学习惯习。

　　本书一共分为六章进行阐述。第一章,导论,介绍了论文选题的缘起和研究意义,在文献回顾的基础上提出本书的核心概念、研究思路、总体框架以及研究方法。第二章分析大学生学习实践的生成性动力机制。本章力图突破以往大学生学习研究中主客二分的认识论倾向,转向一种综合了"结构主义"路径和"建构主义"路径的实践理论,对大学生学习实践的生成机制和变化机制进行全视角的诠释和解读。第三章从社会转型的视角出发,采取历时性分析和共时性分析相结合的研究路径,通过大学场域的中观介入,探讨社会的结构性变迁与大学生心智结构的生成和变化之间的关系,分析大学生学习的实践逻辑和演进趋势。第四章借助问卷调查和个案访谈相结合的方式,针对当前大学场域中大学生学习实践的现实境遇,分别进行描述分析、比较分析和综合考察。第五章在前述理论解读、实践探索和现状分析的基础上,进一步审视和思考制约大学生主体性学习与发展的问题以及成因。第六章围绕大学生学习实践研究的基本结论,立足于知识社会的转型背景,结合大学生学习实践的生成性动力机制及其面向未来的演进趋势,尝试构建大学生主体性学习与发展的实践路径,以期对当前正在进行的大学生学习改革提供可供参考的有益借鉴。

目　录

第一章

导 论

我们每一个人，从呱呱坠地的那一刻起，就开启了贯穿一生的漫长学习之旅。从本体论的意义出发，人的属性分为两种：一种是自然属性，另一种是社会属性。马克思曾指出："人的本质不是单个人所固有的抽象物，在其现实性上，它是一切社会关系的总和。"① 从这个意义上，社会属性构成了人的本质属性。一直以来，学习作为人类社会存在和发展的一种最基本的实践方式，早已深深嵌入到每个人的身体之中，学习实践的演进也是一个历史发展的过程。然而，对于同一时代的人而言，他们的学习实践为什么如此具有规律性，如此具有可预见性呢？究其原因，在于人的学习实践与制度化教育密切联系在一起。大学教育作为最高层次的体制化教育，同时也成为个体学校学习的关键性阶段，其重要性，不仅在于它连接着个体过去的成长经历，而且意味着它将对个体未来的社会生活和发展产生持久性和实质性的深远影响。

自中国大学诞生至今的 100 多年的历史中，大学与社会变革血肉相连。在这一演进历程中，大学生的学习实践也不可避免地被打上了时代的烙印。时至今日，伴随从工业社会向知识社会的转型，大学也正经历着一场基础性的结构变迁，大学生的学习实践也呈现出不同于以往的时代特征。为解释隐藏在大学生学习实践背后的规律性和逻辑性，本书力图从社会转型的时代背景出发，致力于探讨如下问题：大学生的学习实践是如何生成的，又是如何改变的？不同的社会背景下大学教育和大学生的学习实践有着怎样的不同？知识社会给大学教育和大学生学习实践带来了哪些显著性变化？当代大学生的学习实践呈现出哪些新特点和运作逻辑？这些特

---

① 《马克思恩格斯选集》第 1 卷，人民出版社 1995 年版，第 60 页。

点和运作逻辑与他们所身处的社会之间有何关系？如何基于社会转型背景研究大学生学习实践演进的内在机理和运作逻辑，探索未来大学生学习改革的实践路径？

第一节　问题的提出与研究意义

一　研究缘起

1. 从二元对立迈向多元融合的教育社会学研究

自经典社会学时代以来，"社会"与"个人"、"结构"与"行动"的关系问题就是隐含在西方社会学理论中的重要议题，并由此形成了客观主义与主观主义的二元分化。前者将社会看作是一种可以从外部加以把握的客观结构，注重从物质上观察、测量和勾画各种结构作用于行动者的自在逻辑或客观规律，从而将个人或群体视为被动消极承受的客体对象，无视身处社会之中的行动者对实践所具有的经验和看法；后者则认为，个人是完全意义上的理性主体，社会是从个人的决策、行动和认知中涌现出来的产物，透过由世俗的知识、主观的意义和实践的能力构成的类型化与相关性的体系，行动者赋予他们生活于其中的社会世界以意义，并持续不断地通过有组织的、富于技巧的实践建构着社会世界。

关于大学生学习实践的研究，也同样存在着二元分立的现象，如要么侧重于分析影响和制约大学生学习实践的制度化环境等社会性变量，要么侧重于探讨大学生的认知结构和行动表现等个体性变量。然而在现实中，大学生的学习并非仅仅发生在单个的个体身上，而是同时嵌入在一个社会性的情境之中，这个情境作为一种外在的社会性因素，总是在一定程度上设定了大学生的个体性因素发挥作用的框架。对于大学生学习实践研究而言，"主观主义和客观主义，机械论和目的论，结构必然性和个人能动性，这些对立都是虚幻的，每一组对立中的双方都彼此强化；这些对立混杂在一起，掩盖了人类实践的人类学真相"[①]。伴随历史的演进与教育社会学学科的发展，从二元对立走向多元融合已经成为教育社会学研究的必然趋势。相应地，一种关于大学生学习实践的社会学研究，也必须尝试超

[①]　[法]皮埃尔·布迪厄、[美]华康德：《实践与反思——反思社会学引论》，李猛、李康译，中央编译出版社1998年版，第10页。

越二元对立的认识论倾向，转向一种融合了"结构主义"和"建构主义"的整体性研究路径，来对大学生学习实践的生成性动力机制和运作逻辑进行诠释。

2. 知识社会的变革促发一场大学的学习革命

在基于客观主义知识观的工业社会，知识的变化相对缓慢，大学作为唯一的学历文凭授予机构，几乎在高等教育领域占据了垄断地位。大学在享受这一权利的同时，也势必承担着相应的义务，即为工业社会的发展培养大量标准化的专业人才。从这个意义上，大学作为工业社会的一种工具性存在，凭借自身所特有的文化专断权力，通过制度化的教育来向学生传授未来参与工业社会生产所需的预备知识和社会规范。相应地，大学生经由大学学习获取的学历文凭，也成为确保其未来在劳动力市场中获得一份稳定职业的前提和基础。凡此表明，无论是对大学而言，还是对大学生而言，教育和学习都是作为一种工具或手段，为工业社会经济增长的逻辑服务。在物本主义和工具理性的侵蚀下，大学教育和大学生学习实践的本体价值和内在规律并未受到应有的关注和重视，从而导致在工业物质文明高度发展的同时，人类的精神家园却遭遇了前所未有的荒芜困境，从而加剧着个体的心灵贫困化和存在性焦虑。

然而，伴随知识社会的转型，知识本身的性质和地位发生了根本性变化。普遍的、客观的和确定的知识正在被生成的、建构的和不确定的知识取代，知识总量的增速越来越快，知识更新的周期越来越短，无论是大学教育，还是大学生的学习实践，都较之以往有了很大的不同。知识的建构性，意味着知识的"生存力"代替了"真理"，成为知识的本质属性。只要某种知识能够运用于解决现实问题，或者能够帮助我们更好地认识经验世界，那么这种知识便具有"生存力"，便是真实的、可靠的。凡此表明，"在知识社会中，知识将不再意味着力量和权力，也不再意味着对自然的征服和对人的控制，而是主要体现为人的全面发展，知识将成为人类走出工业社会困境的手段"[1]。从这个意义上，知识社会的发展是建立在人的主体性发展的基础之上的，人的主体性发展与知识社会的发展之间，不再是传统意义上非此即彼的社会本位主义或个人中心主义，而是一种交互培育的辩证统一关系。

---

① 王建华：《我们时代的大学转型》，教育科学出版社 2012 年版，第 150 页。

知识社会所引起的知识变化的剧烈程度，不仅远远超过了任何个体获取知识的速度，而且更意味着个人成为知识建构的主体。大学生的学习实践也由此发生了革命性的变化。对于大学生而言，学习不再是一种工具或手段，而是成为一种目的，成为人的主体性发展的一部分，意味着一种持久性的改变。对此，本书力图立足于社会转型的时代背景，将时间因素纳入到对大学生学习实践的分析之中，从而在动态演进的社会变迁过程中，探索大学生学习实践与社会发展二者之间的关系，并把握大学教育和大学生学习实践的未来发展进路。

3. 高等教育大众化阶段的人才培养质量问题

伴随从工业社会向知识社会的转型，中国高等教育也实现了从精英阶段向大众阶段的跨越式发展，而其他国家实现这一过渡，则通常经历了三五十年甚至更长时间。据人力资源和社会保障部数据，2010 年中国应届毕业生规模是 21 世纪初的 6 倍，2013 年高校毕业生人数达到 699 万，数量增速可谓惊人。根据麦克思研究院发布的《2011 年中国大学生就业报告》，从就业满意度来看，六成 2010 届大学毕业生不满意个人目前的工作现状；从毕业生工作能力看，2010 届大学生毕业时对基本工作能力掌握的水平均低于工作岗位要求的水平；从求职专业对口率看，毕业三年后专业对口率有所降低，2007 届大学毕业生三年后专业对口率为 63%，低于 2007 届半年后（66%）3 个百分点；从工作稳定性看，2007 届大学本科毕业生三年内平均为 2 个雇主工作过，其中有 59% 毕业生发生过离职。[1]从上述数据分析不难看出，目前大学生毕业后融入社会、适应社会的整体状况不容乐观，大学生在学校所学的，已经越来越不为整个社会所接受，"无法学以致用"已经成为社会和用人单位抱怨的重点。

究其原因，伴随大众化高等教育的来临，大学教育在实现跨越式外延发展的同时，内涵式发展却始终没能与之保持步调一致，从而导致大学教育质量问题日渐凸显，成为当前大学教育改革中的沉重忧思。一直以来，应试教育的影响已经渗透入学生的身体之中，发挥一种持久性的惯性作用。然而，随着时代的变化和历史的演进，大学教育的文化再生产功能，标准化的考试制度，僵化的、刻板的学业机制和学业评价体系，都从根本上导致了应试学力弊端的日益凸显：其一，仍旧以知识灌输为主的大学教

---

[1]　麦克思研究院：《2011 年中国大学生就业报告》，社会科学文献出版社 2010 年版。

学试图用各种知识充塞学生的头脑，促使学习成为一种沉重的负担和压力，并进一步导致了学生学习兴趣和创造性的丧失；其二，整齐划一的科层制教育行政管理模式"人为"地对学生进行了分层，统一规格的大学教育培养出的是为工业社会经济增长服务的、唯书唯上、主体性缺失的个体；其三，高等教育大众化所引发的高校快速扩招，在引起大学教育的人才培养质量下降的同时，也无限地放大和凸显了这一问题；其四，大学学历文凭的相对缩水和贬值，使其已不再像过去那样是获得一份终身工作的通行证，为学生未来生活提供强有力的保障，大学生的身份也由过去的精英人才变为今天的普通劳动者。

面对上述一系列变化，大学生的学习实践也遭遇了一场严峻的现实挑战，外界对于大学教育的各种质疑之声不绝于耳。但与此同时，这一系列变化，对于大学和大学生而言，也意味着一种新的机遇。如何促使大学从以往的客观主义认识论和应试教育的传统中挣脱出来，转向一种基于知识建构和应用的建构主义认识论，朝着促进人的主体性发展的现代教育转型；如何促使大学生从现行大学教育的结构形塑机制中解放出来，作为一个积极参与学习共同体的知识建构的反思性主体，去开展面向终身学习和基于主体性发展的学习实践，业已成为大众化阶段大学教育亟待解决的紧迫问题。

二　研究意义

1. 理论意义

目前围绕大学生学习的研究，主要是从两个方面进行的：一是关注外在的社会性变量，如制度化学习环境、学风建设、教师教学、学科课程等学习支持系统。二是关注内在的个体性因素，如学习动机、学习风格、学习投入、学习适应、学习策略和学习怠倦等个体的认知和心理。然而，对于大学生而言，学习并非仅在单个的个体身上发生，相反，它总是嵌入在一个社会性的制度化学习环境之中。学习是大学生个体卷入到现有社会结构所设计的制度化学习环境之中的实践活动。从这个意义上，大学生的学习实践是在制度化的学习环境中，由社会性变量和个体性变量交互建构的产物，它既是一个"外在结构内在化"的社会建构过程，也是一个"内在结构外在化"的个体建构过程。

基于此，本书尝试超越传统意义上关于大学生学习实践的二元对立的研究路径，从一种综合了"结构主义"路径和"建构主义"路径的社会实践理论出发，开展大学生学习实践的生成性动力学分析，力图对大学生学习实践的发生机制、变化机制和演进动力进行解读和思考，以更好地探寻大学生学习实践的内在发生机理和运作逻辑。

2. 实践意义

伴随从工业社会向知识社会的全面转型，大学生的学习实践也被赋予了与以往时代截然不同的特征：知识和信息的大爆炸，多元化的学习体验；学历文凭的象征性效力的日渐衰微，知识社会对个体学习能力和人格魅力的重视和强调；学习的个性化和终身化趋势，人的主体性发展的演进趋势，都无一例外地对大学生学习实践产生了广泛而深远的影响。对于今天的大学生而言，学习越来越是一个主体性发展的过程，而不是为未来生活做准备的过程。基于此，大学教育实践的研究范式也发生了相应的转变：从重视教师"如何教"转变为更加关注学生"如何学"。尽管如此，大学生的学习成果与现实社会的发展需求之间的"不合拍"或"脱节"屡遭诟病，现行的大学教育话语体系对大学生主体性发展的桎梏也日益凸显。就现阶段而言，如何从现实境遇出发，探索基于主体性发展的学习实践的可行性建构路径，已经成为当前大学生学习改革中的最为关键的现实问题之一。

然而，对于今天的大学生学习实践中正在发生的各种变化，我们既不能将其作为一种偶然现象或局部现象看待，也不能仅仅从其发生的微观层面去进行局部的分析和思考，而应从社会发展和大学发展的时代背景和宏观层面去加以深入分析。基于此，本书通过考察 Z 市不同类型院校大学生的学习实践现状，来把握当前时代背景下大学教育与大学生学习实践之间的关系，以及大学生学习实践中存在的制约个人主体性发展的种种问题，力图在结合大学生学习实践的生成性动力学的理论分析的基础上，深入探讨面向知识社会的大学未来发展之路，并提出构建基于大学生主体性发展的学习实践的改革路径。

第二节　大学生学习的文献综述与问题聚焦

重视大学生学习能力的培养，提高高等教育质量，已成为当前和今后一个时期内中国高等教育改革与发展的核心任务。围绕这一主题，现有研究成果集中体现在学习理论范式的发展与应用、大学生学习质量的调查与评价、高校学习改革与创新研究等方面。基于此，本书将从上述三个方面对现有文献进行梳理和综述，以期为进一步探索知识社会中大学生学习的本质与内涵、诠释基于主体性发展的大学生学习的生成机制提供重要的理论依据和参考框架。

一　学习理论范式的发展与应用研究

在学习理论相对短暂的 100 多年历史中，基于对知识的不同看法形成的两种认识论倾向——客观主义认识论（"笛卡尔认识论"）和建构主义认识论，不仅构成了学习理论演进的动力基础，而且始终深刻地影响和制约着人们对教学、学习的认识以及教育改革的方向和进程。基于此，学习理论也经历了两次科学的革命：第一次是溯源于 20 世纪初的客观主义范式的革命，第二次是兴起于 20 世纪 80 年代末的建构主义范式的革命。

1. 客观主义学习理论综述

从学习理论的发展历程看，20 世纪上半叶关于学习的研究主要集中于心理学的领域。行为主义和认知主义构成了客观主义学习理论的基础。这一时期学习理论的发展建基于传统的笛卡尔认识论之上，认为知识是对外部客观世界的被动反映，有关世界的知识是绝对的、确定的、真实的，是外在于学习者个人而存在的；知识是一种由教师传授给学生的客体，衡量知识的量是依据作为个体的学习者在头脑中有多少知识而确定的，评价知识的质则取决于学习者所习得的知识与外部客观世界的相似程度。

行为主义学习理论，如桑代克的"联结主义理论"、格思里的"邻近条件反射理论"和斯金纳的"操作条件反射理论"等，都倾向于把学习看作一个由"刺激—反应"的有效联结引起行为变化的中介过程。学习的动力主要来源于个体内部驱动力和外部强化力量。行为主义学习理论关于"学习是反应的强化"的基本假设在 20 世纪前半叶始终占据着学习研究的主导地位。对教育实践而言，这种学习理论过于把注意力集中于促进学生重复那些得到强化的行为上，而忽略了行为主体对外部刺激做出反应或以某种特殊方式行动的内在固有的逻辑能力，与之相对应的教学样式也过分强调死记硬背的学习。行为主义学习理论以实验室动物的简单学习来解释人的复杂学习问题以及避免谈及有机体的内部心理过程的研究方式，具有明显的将人的学习孤立化、简单化的倾向，这一倾向受到了来自格式塔认知心理学家的广泛批判和质疑。

格式塔心理学派的产生开创了早期认知主义学习理论研究的先河。格式塔心理学家将学习视为一种认知重组或知觉重组。[①] 学习是一种认知现象，当学习者遇到问题时会产生认知失衡，认知失衡作为一种促动机制，会引导行为主体通过改变认知结构来解决问题，从而获得一种新的认知平衡。与行为主义学习理论认为"学习是连续的"观点所不同的是，格式塔原理强调学习并非一个连续的过程，而是一种"顿悟"，问题仅以未解决和已解决两种形式存在，且在这两种状态之间不存在部分解决的状态[②]。通过顿悟在解决问题的过程中学习到的知识，不仅能够保持相对较长的时间，而且较容易应用于另一问题的解决之中，实现学习的迁移。显然，格式塔心理学是以"学习是对理解的探索"作为前提，将学习研究的焦点从有机体的外部行为转向了内部认知，从而弥补了行为主义者对学习知觉维度的忽略。但是，格式塔论者将未解决的问题视为学生心理上的模糊感或组织上的不平衡，并且未说明其会对学习者的学习产生什么样的影响。

基于行为主义理论和格式塔理论对学习解释的单一范式，后来的认知主义学者们力图最大限度地利用这两种范式来研究学习问题。对行为主义理论的一个挑战来自阿尔伯特·班杜拉的社会认知理论，该理论将学习视为一种观察式学习，区分了观察学习和模仿的区别，提出了学习的"个人、环境、行为"的三元交互因果关系模式，在一定程度上实现了行为主义和认知理论的融合，将学习研究的视角从对行为本身的关注转向了对人、环境和行为的动态性交互作用上。但与此同时，这一观点也成为日后一些学者对其理论进行批评的矛头所在。菲利普斯和奥顿（Phillips & Orton）认为，尽管班杜拉宣称是一位决定论者，但交互决定论原理由于不重视标准因果分析而陷入了一种"循环决定论"的倾向之中。

20世纪六七十年代，随着计算机技术的问世与发展，基于认知视角的信息加工理论提出学习者是信息的积极寻找者和加工者，心理是

---

① 施良方：《学习论》，人民教育出版社2001年版，第143页。
② ［美］B. R. 赫根汉、马修·H. 奥尔森：《学习理论导论》，崔光辉等译，上海世纪出版股份有限公司2011年版，第224页。

一个信息加工系统，认知是一系列心理加工过程，学习是获得知识的心理表征①。与行为主义者强调刺激行为产生的外部条件不同，信息加工论者关注学习者的内部心理过程，两者形成了一些共同的假设：一方面，信息加工发生在接受刺激到做出反应之间的各阶段中，因此，信息的形式或者它在心理上的表征依阶段的不同而具有本质的差异；另一方面，由注意、感知、编码、知识的储存和提取构成的人类信息加工过程类似于计算机的加工过程，该过程涉及所有的认知活动，即感知、复述、思考、问题解决、识记、遗忘和想象。② 从信息加工理论关于"学习是知识的获得"这一基本假设出发，教育也是参照计算机处理信息的方式建模的，在该模式中，知识包括已知的一系列事实、概念和原则，标准化的教学任务决定了教师可以将知识以信息的形式传授给学生，通过学生在标准化测验中的成绩表现，可以有效地测量学生对课程知识的掌握程度。

2. 建构主义学习理论综述

伴随从工业社会向知识社会的转型，一种强调知识的建构性、社会性、情境性、复杂性和默会性的新的建构主义知识观，逐渐取代了传统意义上的客观主义知识观，成为学习理论研究的认识论基础。在建构主义认识论的基础上发展而来的各种建构主义学习理论尽管"流派纷呈、视角多元"，但都不约而同地体现了共享的关键价值观。兰德和汉纳芬对此做了总结：一是学习者在界定意义中的中心地位；二是情境化的、真实的境脉的重要性；三是个人看法和多种观点的协商和解释；四是意义建构中学习者的先前经验的重要性；五是运用技术来支撑高级的心智过程。③

建构主义学习理论的最早提出可追溯至瑞士心理学家让·皮亚杰和苏联心理学家列夫·维果茨基。皮亚杰的发生认识论，认为知识的产生源于先前获得的知识，学习者的认知结构和心理结构建立在图式的基础之上。图式是个体在以往的学习中逐渐发展起来的各种概念模型，一个人的全部

① Richard E. Mayer, "Learners as information processors: Legacies and limitations of educational psychology's second metaphor", *Educational Psychologist*, Vol. 31, No. 3 –4, June 1996, pp. 151 –161.

② ［美］戴尔·H. 申克：《学习理论：教育的视角》，韦小满译，江苏教育出版社2003年版，第117页。

③ ［美］兰德、汉纳芬：《以学生为中心的学习环境》，载［美］戴维·乔纳森主编《学习环境的理论基础》，郑太年等译，华东师范大学出版社2002年版，第10页。

图式就构成了他的认知结构。知识是依据一种可预测的顺序通过抽象的认知活动（同化或顺应）发展起来的，而不是直接从环境互动中得来的。学习的实质是个体通过持续的适应来维持一种稳定的平衡状态。同皮亚杰几乎完全关注学习的认知层面所不同的是，维果茨基的文化历史发展理论，认为知识产生于人与其周围环境的互动，知识的建构既不是一成不变地基于外部世界，也不完全是内部心理活动的结果，而是人与环境交互建构的结果。基于此，维果茨基特别强调基于"最近发展区"的"同伴合作"在教学和学习中的重要性。

1989 年年末，艾森豪威尔项目赞助的佐治亚大学教育学院召开了一场关于建构主义认识论的系列研讨会，对仍然误导着教育的客观主义认识论进行了深刻的反思。此次会议中出现了六种建构主义新范式，分别是：社会建构主义（social constructivism）、激进建构主义（radical constructivism）、社会建构论（social constructivism）、控制论系统观（cybernetic system）、信息加工建构主义（information-processing constructivism）、对待中介行为的社会文化观点（sociocultural approaches to mediated action）。上述六种范式，是在皮亚杰和维果茨基的建构主义学习理论的基础上发展而来的。不同于笛卡尔的客观主义认识论，它们都采用了一种超二元论的方式来看待知识的本质，避免了内源性（以心智为中心的）知识与外源性（以现实为中心的）知识的身心分离，每一种范式都十分关注"知识是如何在动态互动中形成的"这一主题，开辟了一种基于全新知识观的对学习和教学的最新研究。但是，六种范式在一些重大问题上仍存分歧，如"文化对知识的影响力是什么？""个体和社会之间的关系是怎样？""意义是存在于个体或语言之中的吗？""教授和研究这些思想的合适方法是什么？"以及对教育中的"有效行动"这一概念的界定等，仍有商榷的余地。①

社会建构主义强调知识的社会本质，认为知识是个体在参与社会互动的过程中经由学习共同体的交流和协商而建构的。社会建构主义的代表人物布朗、柯林斯和杜吉德于 1989 年发表了《情境认知与学习文化》一文，不仅被视为社会建构主义的开山之作，而且也掀起了学习理论领域中

---

① ［美］莱斯利·P. 斯特弗、杰里·盖尔：《教育中的建构主义》，高文等译，华东师范大学出版社 2002 年版，前言。

关于情境认知和情境学习的研究热潮。莱夫和温格在 1991 年出版的《情境学习：合法的边缘参与》一书中发展了三个核心概念：一是"实践共同体"，是指基于合法的身份或真实的任务而形成的一种文化共同体，成员彼此之间致力于以平等的交流和协商方式来参与社会实践。二是"合法性边缘参与"，是相对于完全参与或充分参与而言的，强调参与的多元化和多样性，即或多或少地参与状态，意味着成员能够从最初的边缘参与者逐渐转变为核心成员。三是"认知学徒制"，即专家和新手一起参与实践，在问题解决的情境脉络中，新手通过观察和模仿来学习专家是如何运用思维来解决问题和完成任务的。莱夫和温格指出，情境学习适用于学校以外的社会情境中的学习，但此后也有学者尝试将其运用于学校的学习情境中。在该理论的影响下，约翰·布朗福特领导温特比尔特认知与技术小组开发出一种基于情境认知的"抛锚式学习"（Anchored learning）的教学方法。

激进建构主义从个人的角度出发，认为知识是个人内在建构的。对于个体而言，知识是个体在不断体验"经验世界"的过程中，经由反思性抽象的智力运作在个体的心理内部建构而成的，且这一知识又作为实践的结果被进一步运用于个体今后的经验体验之中。知识评判的依据是这一知识是否适应或"适合"个体生存的环境。从这个意义上，激进建构主义是在皮亚杰的发生认识论的基础上衍生出来的，与杜威的"经验学习"有着异曲同工之妙。其代表人物冯·格拉塞斯菲尔德出版了著作《激进建构主义：一种认识和学习的方法》，认为学习是一种主体为了提升自身的适应力和生存力而在自我内部进行的知识建构。建构主义教学方法的重点在于：其一，基于问题解决的知识建构；其二，通过引导学生去体验快乐才能培养他们持续学习的有效动机，快乐存在于学习者所遇见和所选择的问题解决中；其三，教师的重点在于帮助学生调整和改变其概念结构，引起学生思维的变化。约翰·肖特在对比格拉塞斯菲尔德和杰根的理论后指出，前者强调个体通过心智中已有的建构模型（就像照片一样）来生成自我的系统，后者强调了个体通过各种社会约定俗成的隐喻来塑造自我与他人、自我与环境之间的关系并使之特殊化，因此，二者在本质上都是一种非此即彼的一元论。

社会建构论的核心代表人物肯尼思·J. 杰根认为，语言的意义是两个或更多的人共同努力的结果，即教育的核心是合作或对话；语言中的意义产生于情境脉络之中，即关于语言及其指代物之间的关系的约定总是植根于特定的历史之中；语言主要服务于公共功能，即语言的功能不在于反映世界或表达自我，而是确保人们可以在游戏中活动。基于此，杰根在对教学实践进行探索性思考后，提出了四种教学法：一是削弱权威，使教师的角色从单一转向多重，从权威转向平等对话；二是激活师生关系；三是在实践中生成意义；四是打破学科界限。由此可见，社会建构论和社会建构主义的根本区别在于：前者在本质上认为学习是一种社会存在的实践活动，后者则认为学习既是一个个体过程，也是一个社会过程，二者是交织在一起的。对此，玻尔·欧尼斯特曾指出，只有当个人建构的主观意义与社会世界"相适应"时，个体才有可能得到发展，因此，发展的主要媒介是通过交互运作达成意义的社会协商。

社会文化认知观是在维果茨基的社会文化理论基础上发展而来的。它的基本假设认为个体的心理功能是镶嵌于一定的社会文化、历史和制度情境之中的。它关注作为中介行为的社会文化情境，强调理解和改变个体内部心理过程的关键在于追溯和深入分析这些过程发生的社会文化、历史和制度化情境。基于情境认知的情境学习和认知学徒制反映了社会文化认知观。前者在强调完成学习任务或解决问题的同时，更加注重一种基于共同体的合法性身份的获得；后者主张经验学习的重要性，即通过技术支持来实现真实情境在课堂教学环境中的还原，从而帮助学生习得某一领域的知识、实践经验和文化特征。

信息加工建构主义将知识分为两种：一种是稳定的、自足的、结构良好的和客观的信息，另一种是不稳定的、结构不良的和主观的知识。前者对应于客观主义认识论，后者对应于建构主义认识论。信息加工建构主义倾向于研究后一种形态的知识。其代表人物为兰德·J. 斯皮罗，他的教育控制论是针对复杂和结构不良领域中的学习的本质问题提出的。结构不良特征主要存在于高级知识领域，在知识领域中通常呈现为概念复杂性和案例间的不规律性；获得高级知识的最终目的是掌握知识的复杂性并为独立地实现知识迁移做好准备。对此，斯皮罗发展出促进高级知识学习的认知弹性理论，并从这一理论出发，设计了一种应用于现实的学习情境之中的基于认知弹性超文本技术的随机访问教学，它在本质上是针对学习者学习复杂知识的特征，来营造一种非线性的学习环境。

基于建构主义认识论的系统控制论在本质上是一种二阶控制论，其代表人物是弗雷德里克·斯泰尔。他指出，二阶系统控制论的核心是循环性和反身性，二者之间是相互依赖、相互促动的。与一阶控制论强调个体从旁观者的视角对他人进行研究和建模的方式不同，二阶控制论主张个体作为一个积极的"参与观察者"①，将控制的对象转向自身，关注的焦点是自我如何建构认知和行动系统。换言之，学习者既观察自身认知和行动的"循环反馈机制"及其与情境脉络之间的相互关系，也关注让这类观察变成有意识的观察过程本身，即自我的反身性运作。从这个意义上，斯泰尔将他的二阶控制论称之为一种生态建构论，因为它本身所蕴含的反身性是建立在尊重环境、理解个体自身的行动和外在环境的变化之间相互关系的基础之上的。

关于学习理论发展与应用的研究为本书诠释知识社会中大学生学习的本质与内涵、探索基于主体性发展的大学生学习的生成机制提供了重要的理论依据和参考框架，但因其局限于认知与教育心理领域，过于关注与知识、学习相关的认知、设计和情境层面，忽视了学习与个体惯习、大学场域乃至制度、社会、文化因素的关联，而失去了对复杂性学习实践的整体观照。

二 大学生学习质量的调查与评价研究

随着对高等教育质量问题探讨的不断深入，教育过程及其产出结果——人才培养质量，已成为高校教学质量评估的核心维度，促进学生的成长与主体性发展逐渐成为高等教育质量的核心要素。围绕大学生学习质量的调查与评价，国内外学者也纷纷从教学实践视角出发开展了大量的定量研究和定性研究。

1. 国外高等教育质量测评研究

目前国际上比较有影响力的关于大学生学习质量的调查与评价主要有

---

① "积极的参与观察者"是相对于孤独的、冷漠的观察者形象而言的，即所有的观察都可以理解成反身性地参与，而"参与性观察"的正式方法只是认识这种建构活动的方法之一。即便我们在"不介入"地观察，然后建构，或者详细解释（用我们的语言）观察对象的"世界"时也是如此。作为观察者，我们的参与并不是问题，问题在于"我们的参与如何帮助我们支撑了我们的理解"这一反身性觉醒，作为研究者，这一反身性觉醒通常是通过基于专业对话的社会互动来实现的。参见弗雷德里克·斯泰尔《从独自到对话：学习和多元描述的生态建构论方法》。[美] 莱斯利·P. 斯特弗、杰里·盖尔：《教育中的建构主义》，高文等译，华东师范大学出版社2002年版，第57页。

美国的"全国大学生学习性投入调查"（NSSE）、"大学生学习评价"（CLA），英国的"全国大学生调查"（NSS），澳大利亚的"大学生课程体验调查"（CEQ），这些研究工具的开发和运用不仅在提升本国高等教育质量方面发挥了独特作用，而且对中国高等教育质量评估体系的改革与创新具有不容忽视的借鉴意义。

美国高等教育院校认证将大学生在校期间的学习经历作为重要的教育质量评估指标。从实施方式看，以学生为主体的高等教育质量评价可分为间接测量和直接测量。其中，间接测量以印第安纳大学高教研究中心的"全国学生学习投入调查"（National Survey of Student Engagement，NSSE）为代表。自 2000 年开始，美国高校通过参与 NSSE 项目，考察四年制本科院校学生的学习状态，评估大学的相关制度措施是否有利于学生的发展。通过对不同学科和学校间的学生学习投入程度和发展状况开展追踪调查，测量大学教学质量以及学校对学生的影响，确保学校能围绕学生学习质量的提升开展教学质量改革。与此同时，美国教育资助委员会（CAE）研发的"大学生学习评价"（Collegiate Learning Assessment，CLA）自 2004 年开始正式在美国高校中运用推广。CLA 通过技能型任务（Performance Task）和分析写作型任务（Analytic Writing Task）两种主观题型，来测试学生的批判性思维（critical thinking）、分析推理能力（analytic reasoning）、问题解决能力（problem solving）和写作交流能力（written communication）四种技能。CLA 有两种测量方式：一是纵向测试，即学生入学时、二年级、三年级、毕业时各测一次，将测试结果进行纵向比较；二是横向测试，即同时对大一学生和大四学生进行测量，比较测量结果。①

作为英国高等教育质量保障体系的重要组成部分，英国"全国大学生调查"（National Student Survey，NSS）始于 2005 年，由英格兰高等教育拨款委员会（HEFCE）负责，旨在从学生视角出发，以学生为评价主体，以学生学习体验为核心要素，对大学教学的过程和结果开展质量评估。"全国大学生调查"从课程教学、评价与反馈、学业支持、组织与管理、学习资源、个人发展和总体满意度 7 个维度、22 个具体调查问题，对高校教育质量进行评价，最终形成全国 NSS 数据库和各院校的 NSS 数

---

① 梁会青、魏红：《高等教育质量测评新动向——美国大学生学习评价升级版 CLA +》，《复旦教育论坛》2016 年第 2 期。

据库。① 从 2005 年到 2015 年，该调查覆盖了英国 350 所院校。调查的实施既增强了学生在教学过程中的话语权，促使高校更加注重学生体验、关注学生需求，同时也对改进英国高等教育质量保障体系起到了促进作用。

"课程体验调查"（Course Experience Question，CEQ）是澳大利亚联邦政府委托澳大利亚毕业生职业协会（GCCA）自 1993 年起在全国范围内实施的针对大学毕业生的每年一次的调查，旨在通过优质的教学、明确的目标与水平、适当的评价、适当的学习量、一般技能、学生援助、学习资源、学习共同体、毕业生质量、学习动机、整体满意度 11 大项 49 个子项目，评价大学生的学习质量和院校的教学质量。CEQ 不仅关注大学生在校内的教育及学习活动，强调高等教育的质量保障职能，而且随着学生的多样化，项目也越来越重视对学校之外能够影响学生经验的重要部分进行评估，以便能够广泛地把握学生各种各样的教育及社会经验。当前，CEQ 的调查结果既可以用于比较院校之间的教学水平和学生学习状况，也成为政府、大学、社会以及大学生了解大学教学质量的主要依据。

综上表明，当前国际高等教育质量评估已从过去将声誉和资源作为最主要的评价标准，回归到强调学生主体这一核心议题上来。世界各国已逐渐形成以学习者为中心、以循证为基础、以教育结果和绩效为导向、重视学生参与的标准化教育质量评估和监控体系。

2. 中国高等教育质量测评研究

伴随高等教育全球化时代的到来，受当前国际占据主流的以"学"为中心的高等教育质量保障理念和实践的影响，中国高等教育领域也逐渐在实践中摸索着建立以"学"为中心的高等教育质量保障体系，旨在转变传统教育教学方式，促进学生健康全面发展。

自 2006 年开始，北京大学教育学院针对首都不同类型高校大学生对自身学习和发展的参与程度，开展"首都高校学生发展状况调查"，采用学生自评问卷的形式，重点考察大学期间学生的学习参与、社会情感参与程度，对大学环境的感受和满意度，在大学期间的学业成果、自我认知和

---

① 邵洪润、迟景明：《基于学生体验的英国高等教育质量评价——"全国大学生调查"的形成、体系与问题解析》，《外国教育研究》2016 年第 10 期。

社会认知的发展程度。① 2009 年，该调查更名为"首都高校教学质量与学生发展监测项目"。截至 2015 年，北京市 53 所高校本专科生参与了该项目，项目组建立了中国首个"跨时长、样本多、覆盖广"的《高校教学质量与学生发展检测》数据库，样本量近 20 万人次。② 项目既从学生发展的视角出发，围绕高中—大学身份转换、学生学习动机、学生学业参与、学生课外参与、学生能力发展、职业生涯过渡六个方面对首都高校大学生的发展状况进行了全面考察，同时也从教学环境的视角出发，科学分析了高校在提升新生适应水平、促进学生学业参与、培养学生创新能力、加强辅导员与学生的互动、强化就业指导推进有效就业、提升学生满意度等方面对学生发展的有效促进作用。

2009 年，清华大学教育学院在借鉴美国 NSSE 理论研究成果的基础上，组织了"中国大学生学习投入性调查"（NSSE-China），并于 2011 年正式更名为"中国大学生学习与发展研究"（CCSS）。截至 2017 年，累计有 300 余所高校、近 60 万大学生参与了该项目，相关研究成果也成为各高校诊断教学问题、制订教学方案、构建教育质量评价体系的重要参考依据。③ 该项调查研究的意义在于，将高校质量关注的重点从学校主体转向学生主体，从教育结果转向教育过程，关注大学生的在校学习状态，以及大学的各项设置是否有利于学生发展。

2011 年，厦门大学高等教育质量与评估研究所通过编制本土化的国家大学生学情调查问卷，针对全国 23 个省和直辖市的 52 所高校，开展了"国家大学生学情调查"（NCSS），并在此后的五年中进行了跟踪调查，围绕调查结果建立了正式的、结构化的数据库，旨在从大学生学习信念、大学生学习方式、大学生学校适应、大学生学习满意度、大学生学习成果、大学生学习投入度、大学生人际交往等方面对大学生学情状态进行全面把握。

从上述高等教育质量测评研究中可以看出，人才培养质量不仅是当前全球高教关注的焦点问题，也是新阶段中国高教发展的重点。伴随政府和

---

① 朱红：《高校学生参与度及其成长的影响机制——十年首都大学生发展数据分析》，《清华大学教育研究》2010 年第 6 期。
② 鲍威：《首都高校教学质量与学生发展监测研究》，人民日报出版社 2016 年版，序言。
③ 史静寰、王文：《以学为本，提高质量，内涵发展：中国大学生学情研究的学术涵义与政策价值》，《华东师范大学学报》（教育科学版）2018 年第 4 期。

社会日益增强的对高校人才培养质量的期待，国内高等教育领域越来越关注大学生学习与发展研究。高等教育功能逐渐从提供教学服务扩展为促进学生发展，高等教育实践也正经历着从"教学中心"范式向"学习中心"范式的转变。

三 高校学习改革与创新研究

知识社会的来临，使学习改革不仅成为全球性大学改革的共同趋势，也成为当前中国基于高等教育质量提升的大学改革和发展的内在需要。对此，大学生学习质量的改进与提升也日渐成为国内外高等教育领域广泛关注的热点问题。大学生学习实践是一个知与行、结构与能动交互建构的过程。以下将围绕大学生学习实践的两个重要维度——大学生学习观、大学生学习投入来梳理相关文献，以探讨高校学习改革与创新的研究状况。

1. 大学生学习观研究

大学生学习观是指学生在长期的个体性和社会性学习实践中逐渐形成的对学习的总的看法与认识。无论是学习目标的确立、学习内容的选择、学习策略的调适，还是对学习情境的感知以及学习活动的投入，都与学生的学习观密切相关。学习观作为学生学习的指导性思想和观念，意味着有什么样的学习观就会有什么样的学习方式和学习结果。20 世纪 60 年代，美国学者赫钦斯（Robert M. Hutchins）出版了《学习型社会》一书，第一次提出"学习型社会"这一概念。自此开始，学习型社会作为一种新的教育思想逐步从理论研究迈向教育实践，成为世界各国教育改革的发展趋势。赫钦斯指出，"以人的完善和自我实现"为旨归的学习型社会最核心的两种学习观分别是"终身学习"和"全民学习"。此后，联合国教科文组织于 1996 年在《教育——财富蕴藏其中》的研究报告中，再次明确了"终身学习"这一教育思想，并提出"21 世纪学习和教育的四大支柱"分别是学会认知、学会做事、学会共同生活以及学会做人。这些论著中阐述的教育思想已经成为世界范围内的教育改革者们所公认的共识，从这一系列宏观的整体性学习观出发，国内外不同学者在各自的研究中又进一步发展出多种微观视角和观点。

随着信息化时代的到来，越来越多的国外学者认为，一种学习的文化已经诞生并发挥着重要的作用，高等教育也将更加关注大学生学习观的研究。詹姆斯·杜德斯达（James J. Duderstadt）在《21 世纪的大学》中指出，面对变革的时代，大学将会转变传统以教师为中心的模式，逐渐转变成为一种以大学生为中心的学习型组织；大学生的自由选择空间越来越大，他们将自主地选择学习的内容、方法、时间和地点以及学习伙伴，他们会更加对自己的学习和学习结果负责；相应地，大学教学也会诞生出一种新的范式，这一范式的目标旨在教会学生如何在知识时代进行学习。对此，美国学者赖利·斯宾斯也表达了同样的观点："我们将无法满足越来越多、越来越高的教育需求，除非教授们成为学习经历的设计者，而不只是教书匠。"① 与此同时，学习型学校的倡导者保罗·克拉克（Paul Clark）认为，知识经济时代的到来，意味着大学的发展已经从传统意义上的静态不变过渡到变动不居，大学教育的重心也发生了转变——从过去强调知识与技能的传授，转向更加注重学习能力与创造能力的培养，大学教学也由此更加崇尚以学习者为中心的教学模式，所有这些变化，都对学习环境的设计、课程结构和管理方式的变革提出了新的要求和挑战，大学亟待重塑学习文化；当大学培养出具备快速适应社会和经济环境变化的相应能力的大学生时，这个大学才算是成功的。美国学者戴维·乔纳森（David H. Jonassen）提出了一种"有意义的学习"（meaningful learning），他赋予了"有意义的学习"五个重要特征：积极性（操作性的/可观察的）；建构性（详述的/反思性的）；意图性（反思/控制）；真实性（复杂的/情境性的）；合作性（协作的/对话性）。乔纳森指出，上述五个特征相互依赖、交互作用。它们彼此有机结合，整合作用要比单独的任何一个特征，更能创造出有意义的学习行为。由此可见，乔纳森的"有意义的学习"是一种典型的建构主义学习观。

贝里和萨尔贝里（Berry & Sahlberg）曾指出，"在建构主义教学框架内，了解学生的学习观是非常重要的。学生对学习经验的理解与教师对学生过程的预测一样重要"②。基于此，国外研究者在综合客观主义和建构主义知识观的基础上，逐渐发展出测量学生学习观的认知模型。索梅尔（M. Schommer）创立了基于认识论信念维度的四因素模型。她将学生学

---

① 转引自［美］L. 迪·芬克《创造有意义的学习经历——综合性大学课程设计原则》，刘颖译，浙江大学出版社 2006 年版，第 1 页。

② John Berry and Pasi Sahlberg, "Investigating Pupils' Ideas of Learning", *Learning and Instruction*, Vol. 6, No. 1, March 1996, pp. 16 – 32.

习观的认识论信念分为四大因素：知识确定性、知识简单性、能力固定性和学习快捷性，在此基础上，又分别将每个因素看作是一个从低端的客观主义倾向向高端的建构主义倾向发展的连续体。① 霍夫（B. K. Hofer）和平特奇（Paul R. Pintrich）的两级维度模型，将认识论信念分为两大维度②：知识的性质和认知的性质，前者包括知识的确定性和知识的简单性两个指标，后者包括知识的来源和认知的证明两个指标。每个维度的测量上都是一个从绝对知识观到相对主义知识观，再到情境化的建构主义知识观这一认知过程的连续体，即学生的理解可以位于连续体的任何一个点上，随着学生认识论的逐渐发展，其对知识性质的理解也逐步深入。

随着学习研究的进一步深入，学者们对学习观的关注逐渐从学习观的构成因素扩展到不同行动者之间在学习观上存在哪些差异、在学习实践过程中他们的学习观又经历了哪些变化。马顿（F. Marton）从"学习是什么"和"怎么学"两个维度区分了六种水平的大学生学习观念：增长知识、记忆和复制、应用、理解、以不同的方式看事物以及人的改变。前三个水平的观念接近于客观主义知识观，后三个水平的观念则更接近于建构主义知识观。布罗迪将学生的认识论倾向分为三种水平：传递、处理和转换，三者相互递进并构成一个连续体。她从学习概念、权威感以及知识的性质和认识性质三个维度对上述三个水平进行了测量描述：在知识或认知的性质方面，传递是指客观知识借助教师或教材传递给学生；处理是指知识是学习者在与环境的交互中获得的，知识是动态的，认知依赖学习策略，注重学习质量；转换是学习者主观建构的，认知是情境性的，正式与非正式的合作对学习都是必要的。在权威感方面，传递强调"教师中心说"；处理主张"学生中心说"；转换则是一种"学习者—环境交互作用说"。在学习概念方面，传递强调知识和技能从教师转移到学生；处理强调学习是一种在社会协作中的问题解决和高级思维过程；转换认为学习是学习者的自我建构、自我调节和合作过程。③

---

① Marlene Schommer, "Effects of Beliefs about the Nature of Knowledge on Comprehension", *Journal of Education Psychology*, Vol. 82, No. 3, September 1990, pp. 498 – 504.

② Barbara K. Hofer and Paul R. Pintrich, "The Development of Epistemological Theories: Beliefs About Knowledge and Knowing and Their Relation to Learning", *Contemporary Educational Psychology*, Vol. 67, No. 1, Spring 1997, pp. 88 – 140.

③ John Berry and Pasi Sahlberg, "Investigating Pupils' Ideas of Learning", *Learning and Instruction*, Vol. 6, No. 1, March 1996, pp. 16 – 32.

关于学习观对大学生学习方式的影响，国外学者早在 20 世纪 60 年代就已经开展了相关研究。瑞典学者马顿（Marton）和萨尔乔（Saljo）、澳大利亚学者比格斯（Biggs）、英国学者恩特威斯特尔（Entwistle）的研究表明，以有意义理解和知识应用为主的学习观与深层学习方法之间具有正向相关性，以机械记忆和知识累积为主的学习观与浅层学习方法之间具有正向相关性。在此基础上，澳大利亚学者迈克尔·普罗瑟（Michael Prosser）等人运用聚类分析法，结合学习过程问卷数据，将学生区分为四类：一是持深度学习观和学习方法的"理解型学生"，二是持浅层学习观和学习方法的"复制型学生"，三是浅层学习和深层学习表现均不显著的"游离型学生"，四是同时采用浅层学习和深层学习的"脱节型学生"。普罗瑟认为，"脱节型学生"是四类学生中学业成绩最糟糕的群体，原因在于他们缺乏元认知能力，即他们对自身所处的学习情境缺乏明确认知，既无法评估和选择有效的学习方法，也无法反思自身的学习成果，他们"看起来很忙，却不得要领"①。

国内学者针对学习观对大学生学习方式的影响也开展了相关研究，一些学者得出了与西方学者基本一致的结论②，但也有学者的研究开辟了新观点。吕林海认为，"被西方学生视作梦魇的融合性学习，对于中国学生而言却是一种自然的、更具适应性的学习模式"③。所谓融合性学习，是指学生在学习过程中同时秉持浅层和深层两种学习观和学习方法。对于融合性学习，中国学者超越了西方学者关于深层学习观和浅层学习观之间二元对立的思维方式，通过实证研究证明，两种学习观和学习方法之间是交互建构的关系：浅层学习包含着努力的美德因素，是达致理解的关键路径，与深层学习是紧密融合而非彼此分离的关系。由此可见，社会文化差异决定了国内外学者在理解和评价大学生学习观时可能存在巨大分歧和隔阂。中国学者关于大学生学习的实践探索，越来越立足于本土文化和教育思想，探索隐藏在中国

---

① Entwistle N. J. and Meyer, J. H. F. and Hilary Trait, "Student Failure: Disintegrated Patterns of Study Strategies and Perceptions of the Learning Environment", *Higher Education*, Vol. 21, No. 2, March 1991, pp. 249 – 261.

② 杨院：《大学生学习观对学习方式影响的实证研究——基于不同课堂学习环境的分析》，《国家行政学院学报》2013 年第 9 期。

③ 吕林海：《融合性学习：西方学术的梦魇，抑或中国学生的圣境——从普罗瑟的"脱节型学生"说起》，《现代远程教育研究》2018 年第 2 期。

大学生学习背后独特的学习观及实践机制。

基于东西方大学生学习观的比较研究，美国华裔学者李瑾分别探讨了儒家文化与欧美文化对学生学习的影响，提出了心智导向的西方学习理念（western mind model）和美德导向的东方学习理念（East Asian virtue model）。前者旨在启迪心智以认识和理解世界，突出学生从内心深处对知识的好奇和探索；后者则强调学生对规范的遵从，注重个人在道德方面的完善并追求自身社会价值的实现。对此，基于 NSSE 和 SERU 项目[①]的一系列国际高等教育比较研究都印证了上述两种学习理念的分化观点，即在课前学习准备、课堂讨论与创新、师生互动、生生互动、基于兴趣的挑战性学习等"理智驱动"方面，中国大学生的学习表现弱于欧美大学生；但在遵守纪律、按时完成作业、不迟到不逃课、遵从教师高要求等"美德驱动"或"规制驱动"方面，中国大学生的学习表现则优于欧美大学生。[②]

国内学者张华峰和史静寰针对 20 世纪 90 年代澳大利亚学者约翰·比格斯提出的"中国学习者悖论"（the Paradox of the Chinese Learner）问题——为什么中国大学生秉持浅层学习观和采取被动、遵从甚至压抑的学习方式，却能在数学、科学等领域的学习成果表现上，明显优于西方大学生，结合中国大学生学习与发展追踪调查（China College Student Survey, CCSS）（2014—2017）的数据，尝试从中国本土文化传统和现实教育实践出发，探究中国大学生主体性学习的特质。研究最终构建了中国大学生主体性学习的理论解释框架："学思结合"的认知策略、"内圣外王"的学习动机以及"敬师乐群"的校园人际交往。[③] 这一研究超越了传统的西方教育教学理论视角，立足于中国本土文化和教育思想土壤，既探讨了中国

---

① SERU 项目（Student Ecperience in Reaserch University）即"研究性大学本科生学习经历调查"项目，是由加州大学伯克利分校组织发起的全球调查联盟项目，联盟院校成员包括牛津大学、加州大学伯克利分校、密歇根大学等在内的全球 49 所著名研究型大学。中国有 4 所研究型大学参与其中，分别是南京大学、同济大学、西安交通大学和湖南大学。

② 罗燕等：《清华大学本科教育学情调查报告 2009——与美国研究型大学的比较》，《清华大学教育研究》2009 年第 5 期；龚放等：《中美研究型大学本科生学习参与差异的研究——基于南京大学和加州大学伯克利分校的问卷调查》，《高等教育研究》2012 年第 9 期；《全球视野下中国一流大学本科生的学习参与：当前表现与努力方向——基于中、美、英、日 SERU 调查数据（2017—2018）之解析》，《教学研究》2018 年第 6 期。

③ 张华峰、史静寰：《走出"中国学习者悖论"——中国大学生主体性学习解释框架的构建》，《中国高教研究》2018 年第 12 期。

现代高等教育情境中的大学生主体性学习特点，也有效回应和解释了比格斯所提出的"中国学习者悖论"问题。凡此表明，在当今高等教育国际化与全球化的趋势下，随着东西方文化交流的不断深化与发展，多元化学习理念以及由此促发的学习模式之间并无优劣之分，而是各自彰显着自身的特点和价值。

2. 大学生学习投入研究

高等教育领域关于大学生学习投入的研究由来已久。学者们主要从两个维度来探讨大学生的学习投入：一是大学生的个体投入，二是院校环境对大学生学习的支持。早在 20 世纪 30 年代，美国学者拉尔夫·泰勒（Ralph W. Tyler）就提出了"任务时间"（time on task）的概念，认为学生学习投入的时间与其学业成就呈正相关关系。20 世纪 60 年代，泰勒的同事罗伯特·佩斯（C. R. Pace）指出仅关注学生的学习投入时间是远远不够的，还应重视学生的"努力质量"（quality of effort），强调学生在获得学业成就中的主体能动作用。在此基础上，美国学者亚历山大·阿斯汀（Alexander Astin）进一步完善了"学习投入"（Student Involvement）的概念，认为学习投入是指学生在大学生活中投入的身体和心智能量的数量和质量，这种参与包括多种形式，如对学术工作的投入、对课外活动的参与、与教师和其他部门人员的互动等。[①] 阿斯汀关于"学习投入"的界定不仅涉及学生自主学习中时间投入和努力程度，还包括生生互动、师生互动、课外实践和社会交往等活动。与此同时，佩斯和阿斯汀都强调了院校环境的重要作用。佩斯的研究集中考察了院校环境与学生学业成就、学习投入与学业产出、大学生学习活动与院校影响之间的关系。阿斯汀则进一步阐明了院校的作用机制，指出"任何教育实践的有效性都直接取决于该政策或实践在提升学生参与方面的能力"[②]。尽管如此，泰勒、佩斯和阿斯汀的研究只是更多集中在"学习的个体投入"维度上。

20 世纪六七十年代以来，学习和发展理论学家对学习投入的控制点和归因倾向表现出越来越大的兴趣。例如，罗特（J. B. Rotter）认为，学生对学习任务的投入程度受到他们所认为的自己行为受内部或外部因素控

---

① Astin A. W. , "Student Involvement: A Development Theory for Higher Education", *Journal of College Student Development*, Vol. 40, No. 5, January 1984, pp. 518 – 529.

② Ibid. .

制程度的影响。^① 在此基础上，韦纳（B. A. Weiner）的研究表明，即使学生倾向于把他们的控制点看作是内在的，学习参与也进一步取决于内在因素是可控的（如依赖于努力）还是不可控的（如依赖于能力）。换言之，任何增加学生学习投入的实践的有效性都高度依赖于学生感知的控制点和归因倾向。^②

关于学习投入研究的另外一个重要概念是汀托（V. Tinto）的整合概念，它力图涵盖学习参与的"个体投入状况"和"院校环境感知"两个维度。具体而言，"整合"包括两个方面^③：一是社会整合，即学生与同龄人、教师分享学习态度和信念以及参与课外活动的程度；二是学业整合，即学生的学业表现以及对院校标准和学术规范的遵守程度。概言之，学生的有效学习投入既包括与同龄人和教师的互动，也包括学生对院校资源的利用程度以及对院校支持的感知程度。汀托的理论也因同时强调个体因素和院校因素而被称为"互动主义"理论。此后，帕斯卡雷拉（E. T. Pascarella）进一步证实了汀托的观点，即学生积极参与学习与发展活动对于学习成果至关重要。在此基础上，帕斯卡雷拉又提出了评估不同院校环境对学生学习和认知发展效果的"一般因果模型"^④，认为学生的努力质量不仅受学生入学前的背景特征影响，而且还与院校环境以及他们与社会化主体（如教师、同辈群体、主要行政人员）的互动密切相关。汀托和帕斯卡雷拉对学生与院校之间在价值观、规范和行为等方面互动的强调，为学习投入的"院校环境"维度奠定了研究基础。凡此表明，伴随大学生学习投入研究的逐步深化，越来越多的学者认识到，学生不再仅仅是院校环境影响的被动接受者，而是要对自身大学经历的影响主动承担责任。学生对学术活动或大学学习经历的参与程度越高，其知识获取水平和

---

① Rotter and Julian B., "Generalized Expectations for Internal Versus External Control of Reinforcement", *Psychological Monographs*, Vol. 80, No. 1, 1966, pp. 1 - 28.

② Weiner and Bernard, "A Theory of Motivation for Some Classroom Experiences", *Journal of Educational Psychology*, Vol. 71, No. 1, March 1979, pp. 3 - 25.

③ Alexander C. McCormick and Jillian Kinzie and Robert M. Gonyea, "Student Engagement: Bridging Research and Practice to Improve the Quality of Undergraduate Education", in Michael B. Paulsen, ed., *Higher Education: Handbook of Theory and Research*, Vol. 28, New York: Springer Science, 2013, pp. 47 - 92.

④ Ernest T. Pascarella, "College Environmental Influence on Students' Education Aspirations", *The Journal of Higher Deucation*, Vol. , No. 6, November-December 1984, pp. 751 - 771.

一般认知发展水平就越高。

20 世纪 90 年代，随着美国高等教育质量评估越来越重视与学生学习和发展密切相关的过程性指标，NSSE 的创始人乔治·库（George D. Kuh）正式将"学习参与"概念作为学生成功的一个重要因素加以推广，并把"学生参与"描述为测量学生在教育活动上投入时间和精力的一系列结构——这些活动对学生的学习和成功至关重要。[①] 尽管"学习参与"一词是 20 世纪 90 年代末才出现的，但在内涵上它与"学习投入"概念是一脉相承的。对应于"学习参与"的概念，库进一步提出了"高影响力实践"（high-impact practices），如学习社区、本科研究、服务学习等，已被证明是 21 世纪促进学生参与和帮助学生实现个人学习和发展的卓有成效的方式。"高影响力实践"对学生学习投入的时间和精力提出了要求，如学生积极主动与教师或他人互动、促进学生实现学习迁移——将他们的学习应用于新的环境中，这些要求都与深度学习密切相关。基于此，院校应致力于为学生提供各种学习参与的机会，如在课堂内外运用所学知识与同伴合作解决问题、出国学习、实习、高峰体验等，以帮助学生发展能够促进终身学习的身心习惯。相关实证研究表明，与没有参加此类项目的学生相比，参加过学习型社区的学生对学习活动的参与兴趣和参与程度更高：他们与教师和同辈群体的互动更频繁，学习内容更丰富，更强调高阶认知活动（如归纳演绎、分析问题等），学习收获也相对更大。[②]

综上所述，"个体投入"和"院校环境"构成了大学生学习投入研究的两个重要维度。个体的学习投入和努力质量对于大学生学习和发展至关重要；高校也必须通过塑造高影响力的实践经验和构建支持学生学习的环境来促进学生的学习参与和学习投入。

基于国外学者关于学习投入的理论建构，国内学者也针对中国大学生开展了学习投入的相关研究。总体来说，可以分为两类：第一类是侧重分析大学生学习投入的状况及其影响因素。如嵇艳和汪雅霜的实证研究发

① Alexander C. McCormick and Jillian Kinzie and Robert M. Gonyea, "Student Engagement: Bridging Research and Practice to Improve the Quality of Undergraduate Education", in Michael B. Paulsen, ed., *Higher Education: Handbook of Theory and Research*, Vol. 28, New York: Springer Science, 2013, pp. 47–92.

② Chun-Mei Zhao and George D. Kuh, "Adding Value: Learning Communities and Student Engagement", *Research in Higher Education*, Vol. 45, No. 2, March 2004, pp. 115–138.

现，大学生基于考试和职业取向的外部动机高于基于对知识的兴趣和探索的内部动机，同伴互动是大学生最主要的互动类型，且人际互动在学习动机和学习投入之间存在部分中介效应；学生在遵守课堂纪律等规则性学习投入上的表现显著好于主动思考、课堂讨论、课后自主学习等自主性学习投入；学习动机和人际互动对自主性学习投入的影响效应大于规则性学习投入。①

常桐善通过比较分析中美研究型大学在对本科课程学习的期望以及学生课程学习投入两个维度上的差异，发现中美研究型大学在上述两个维度上的得分均呈现中等略偏上的水平，中国研究型大学对学生的课程学习要求显著低于美国大学，中国学生对高难度课程学习的自我挑战度、课堂参与、完成作业以及在课外与同学开展小组学习方面的投入度都显著低于美国学生；但中国学生在课前准备这一维度上的表现要显著优于美国学生。同时，相较于文化差异，教学模式对大学生课堂参与度的影响更大。② 基于此，研究者从提升课程学习要求与学生课程学习自我挑战度、改进教学模式以及构建课程学习成果评估机制等方面为促进高等教育教学质量发展提出了相关对策建议。

也有学者探讨了家庭资本对大学生学习投入的影响。王伟宜和刘秀娟将家庭文化资本操作化为家庭文化程度、家庭文化习惯、家庭文化期待三个维度，并通过定量研究表明，上述三个维度与大学生学习投入之间均呈现正相关关系，家庭文化资本较少的弱势群体学生对高等教育的依附性更强，更倾向认为"高等教育是改变自身命运的重要途径"。对于这一观点，清华大学课题组基于 CCSS 的调查研究也得出了与之类似的结论，认为大学的"教育性"因素对于社会弱势群体学生的学业和价值观增值尤为明显。③ 周菲则运用质性研究方法，分别从家庭的经济条件、文化环境、社会关系三个层面考察了家庭背景对大学生学习经历的影响。结果发现，大学场域中学生学习经历呈"结构再制"特征，即家庭资本的代际

---

① 嵇艳、汪雅霜：《学习动机对大学生学习投入的影响：人际互动的中介效应》，《高教探索》2016 年第 12 期。

② 常桐善：《中美本科课程学习期望与学生学习投入度比较研究》，《中国高教研究》2019 年第 4 期。

③ 王伟宜、刘秀娟：《家庭文化资本对大学生学习投入影响的实证研究》，《高等教育研究》2016 年第 4 期。

传递效应促使家庭的优势或劣势在大学生的学习经历中被再生产出来，而这一结果正是家庭背景的结构制约与大学生主体"共谋"的产物。在此过程中，"极端化"的学习自由、资源分配的"能力取向"和"资本取向"、教师群体的"集体无意识"和"择优偏好"助推了家庭背景效应。[①]

尽管家庭资本对大学生学习投入的影响是至关重要的，但也有学者的研究表明，相较于先赋性因素，获致性因素对学生学习投入的影响更显著；在获致性因素中，主动合作学习度、学生的学习经验丰富度和学业挑战度三个指标对学生学习投入的影响最为显著；对学生学习投入影响最大的是主动合作学习度，其次是学生的学习经验丰富度，再次是学校设定的学业挑战度。[②] 凡此表明，大学生学习投入的提升，既有赖于学生自身的主体性参与和合作，也取决于院校在鼓励大学生学习投入方面的教育引导和教育支持。

此外，还有学者从师生教学互动的角度探讨了教师教学对大学生学习投入的影响。何旭明运用质性研究中的个案研究法，探讨了教师在教学中投入的时间、精力和情感如何对教学质量和教学效果产生重要影响，他认为教师教学投入是通过两种机制来发挥作用的[③]：一是教师的教学投入通过增强学生对教学的积极感知，进而提升学生的学习投入；二是教师的教学投入会提升教学水平，增强教学吸引力，进而提升学生学习投入和改善教学质量。施涛采取定量研究法考察了教师教学中的趣味性策略和挑战性策略对大学生学习投入的影响，结果发现，趣味性教学策略有助于提升学生学习投入，改善学生学业绩效；趣味性策略对学生学习投入影响最大的是情感投入，其次是行为投入和认知投入；而挑战性教学策略对大学生学习投入的影响则不显著。[④]

关于大学生学习投入的第二类研究则集中探讨学习投入对大学生学习收获的影响及作用机制。如王纾以研究型大学学生为研究对象，考察了大学生的学习性投入对学习收获的影响机制，结果发现，学生学习性投入对学业收获的影响最显著，且大于院校环境和家庭背景等因素的影响，在此

---

① 周菲：《家庭背景如何影响大学生的学习经历》，《高等教育研究》2016 年第 4 期。

② 韩宝平：《大学生学习投入影响因素分析》，《国家教育行政学院学报》2014 年第 8 期。

③ 何旭明：《教师教学投入影响学生学习投入的个案研究》，《教育学术月刊》2014 年第 7 期。

④ 施涛：《两种教学策略对大学生学习投入的影响研究》，《教育学报》2016 年第 2 期。

基础上，他提出院校教学质量的改进，应以改善学生学习性投入作为中介变量，进而提升大学生在学习过程中的自主性投入。[1] 与上述研究结论既有相同也有不同的是，陆根书和刘秀英基于西安交通大学本科生就读经历的调查分析表明，家庭背景因素、学生学习投入和院校学习环境这三个因素对大学生能力发展的影响力依次递增；且课堂环境的影响大于校园氛围的影响，常规投入的影响大于在线投入的影响。[2]

郭卉、韩婷考察了大学生的科研学习投入对学习收获的影响及其作用机制，指出大学生科研学习投入对学习收获具有正向促进作用，对学习收获的影响由大到小依次是：专业社会化、社会性能力和关系、职业/教育道路的选择与准备、研究能力和学术技能；具体的作用机制分别是：学生从事科研任务的认知挑战度对研究能力和学术技能的积极影响最显著，师生互动对专业社会化和未来道路的选择与准备影响最显著，同辈互动对社会性能力和关系收获的影响最显著。[3] 基于此，研究者从院校改进的角度提出了促进大学生科研学习投入的政策建议和实践路径。

文静基于 NCSS 数据的多元回归分析表明，大学生的学习投入对大学生总体性学习满意度具有显著的积极影响。教师教学、学习支持条件、学习支持制度与设施以及人际关系均对满意度的四个维度（专业满意度、任课教师满意度、自我学习情况满意度、院校满意度）有着正向促进作用。四项满意度中，大学生对任课教师的满意度水平最高，其次是对院校的满意度，再次是对专业的满意度，最后是对自身学习情况的满意度。[4] 从上述研究可以看出，大学生对学习的个体投入、师生互动、生生互动以及院校对大学生学习的环境支持和制度支持均对大学生的能力发展及学习满意度的提升有着积极影响。

国内学者在对大学生学习投入开展经验研究的同时，也不断立足于本土教育实践的变迁，致力于推动中国大学生学习投入研究的理论建构和路径转型。如尹弘飚针对以"全美大学生学习投入调查"（NSSE）项目为

---

[1] 王纾：《研究型大学学生学习性投入对学习收获的影响机制研究——基于 2009 年"中国大学生学情调查"的数据分析》，《清华大学教育研究》2011 年第 4 期。

[2] 陆根书、刘秀英：《大学生能力发展及其影响因素分析——基于西安交通大学大学生就读经历的调查》，《高等教育研究》2017 年第 8 期。

[3] 郭卉、韩婷：《大学生科研学习投入对学习收获影响的实证研究》，《教育研究》2018 年第 6 期。

[4] 文静：《大学生学习满意度的模型修订与动向监测》，《教育研究》2018 年第 5 期。

代表，在全球范围内兴起的关于大学生学习投入的大规模调查运动这一主流研究路径进行了批判，认为这种大规模问卷调查存在缺陷：它们强调从行为观视角出发，过于注重学生的外显学习行为，而对大学生的动机、期望和情感等内隐性心理因素以及不同社会文化间的差异则缺少关注和解释。对此，有必要推进大学生学习投入研究的转型：在研究视角上，鼓励研究者从多元视角（如心理观、社会文化观）去审视大学生学习投入；在研究方法上，不应局限于单一的大规模问卷调查，而应采取多元研究方法和定量与定性混合型研究设计。①

四 对已有文献的评述

伴随知识社会、信息社会和学习型社会的转型以及建构主义学习理论的兴起，世界范围内的教育科学领域发生了重要的"范式转换"：开始由关注"如何教"转向重视"如何学"。基于范式转换形成的大量研究文献，探讨了大学生学习观的转变、院校学习环境、大学生学习投入、院校学习支持与学生学习投入之间的关系以及大学生学业成就评估等问题。国内相关研究虽已成果丰富，但从研究方法来看，对大学生学习的研究，大多是以大规模的调查研究为主，基于多元方法的混合式研究则相对较少。基于单一量化分析的实证研究而提出的一般意义上的"现状问题""影响因素""作用机制""策略建议"难以促使在真实情境中处境不利的大学生切实改变他们的学习实践，导致理论研究与实践应用相互脱节。从研究对象来看，已有研究对研究型大学的学生学习关注较多，而对于作为高等教育生源主力军的地方性院校的学生学习和发展却未引起足够的重视，即使涉及地方高校的学生学习状况，大多也只是作为院校类型之一来与其他类型院校进行比较分析，而对于地方性院校学生的学习特点及生成机制则缺乏具体研究。

在理论视角上，关于学习理论的研究经历了从行为主义到认知主义，再到建构主义的发展沿革。对于大学生学习与发展研究而言，理论作为一种研究工具，都有其立论的合理内核，没有绝对的正误之分，它或者是有用或者是无用的。基于当前社会是一个充满多元性、开放性和不确定性的情境空间以及大学生主体性日益凸显，建构主义学习理论在解释学生学习

① 尹弘飚：《大学生学习投入的研究路径及其转型》，《高等教育研究》2016 年第 11 期。

的过程中意义更为重大，但这并不意味着我们完全摒弃客观主义学习理论，因为目前中国高等教育在很大程度上仍具有传统性、正规性和客观主义的特点，对此，本书尽可能借鉴多视角的学习理论探讨大学生学习。

在研究主题上，已有研究更多探讨的是大学场域中大学生学习观的变迁、学习环境的塑造、学生学习角色的转变和学生主体性发展的影响因素，却缺少从整体主义和发展主义视角考察这一系列因素彼此之间是如何共同作用生成大学生学习实践以及社会结构的变迁给大学生学习带来的变革、挑战与问题。对此，从大学生如何通过学习促进自我主体性发展这一主题出发，关于大学生学习的发生过程及其背后的各种影响因素之间的相互关系和作用机制仍需要进一步的研究。

在研究进路上，已有研究大多是从微观层面针对当前大学生学习的某一局部或侧面进行静态分析，缺少从宏观视角和中观视角切入，从结构与能动的关系着手，分析大学生学习的整体性动态过程是何以发生的以及隐藏在学习背后的各种发生机制和变化机制。基于此，从关系性思维视角出发，立足于新教育研究范式，分析大学生如何在先有学习经验及其对学习情境感知的基础上生成学习认知图式，探寻能够有效实现预期学习结果的大学生学习策略的生成机制及大学生学习实践的改变机制，也是学习研究需要进一步关注的问题。

五 研究问题聚焦

知识社会的转型，不仅为促进高等教育的质量发展创设了客观社会条件，而且为审视大学生学习变革提供了新的认识论基础。对于今天的大学生而言，学习是一个持久性改变的过程，是一个促使自己成为反思性和能动性主体的过程。对此，大学必须致力于为大学生提供一种主体性教育，来帮助大学生在转变认识论的基础上，生成基于主体性发展的学习实践，并最终培养他们成为真正具有主体性发展能力的人。从这个意义上，人的主体性发展已不再是一个"是否需要"的问题，而是一个"如何实现"的问题。在外在社会变革和内在知识变迁的双重影响下，如何从"以人为中心"的本体性价值出发，生成一种基于主体性发展的大学生学习，促进个体发展与社会发展的和谐共生与交互建构，是本书的核心议题。基于此，本书的中心问题进一步聚焦为如下几个方面。

1. 大学生学习的生成性动力机制分析

本书从布迪厄的实践理论出发，借助"大学场域""学习惯习""文化资本""学习策略"等开放式概念，来分析大学生学习的生成性动力机制，即作为大学生学习的动力原则——学习惯习——是如何生成和改变的。大学生学习是一种在大学场域与学习惯习交互运作的基础上，由社会性变量与个体性变量双向建构的实践。大学场域与学习惯习之间，存在一种"本体论的对应关系"。从宏观上，大学场域的客观结构始终形塑着以学习惯习为存在形式的大学生的认知结构和心智结构；从微观上，学习惯习犹如一种发条，需要大学生去发动它；完全相同的学习惯习，在面对大学场域的各种不同刺激和学习情境时，会产生具有差异性的甚至相去甚远的学习行为。该部分旨在探讨如下问题：大学场域与学习惯习之间的动态交互关系是如何生成和改变大学生学习的？在大学生学习的生成和变化过程中，社会形塑机制和个体建构机制各自又是如何发挥作用的？

2. 社会转型视野下大学生学习的演进

工业社会的到来，催生出一种以效率主义和工具理性为特征的科层型大学场域。科层型大学场域强化着大学生基于客观主义知识观的常规性学习惯习；反过来，由常规性学习惯习生成的学习实践又反复再生产着大学场域的科层型结构。时至今日，知识社会的转型深刻改变了作为工业文明产物的科层型大学场域的存在基础。社会场域与大学场域之间的共生互构关系，不仅意味着大学场域要经历一场与知识社会转型相对应的结构性变迁，而且导致科层型大学场域面临一场合法性考验：当大学生们走出学校，在社会生活实践中运用自己的教育成果时，会引发一种"实践震惊"，即大学教育成果越来越不为知识社会所接受。基于此，本部分将立足于社会转型的时代背景，从实然和应然两个层面来分析大学场域与学习惯习的现状态势及未来演进方向。该部分旨在探讨如下问题：在工业社会与知识社会两种结构形态下，大学场域与学习惯习之间的交互运作各自具有什么样的逻辑特征？这些逻辑特征与它们所对应的时代又有何关系？面对知识社会的结构性变迁，大学生的学习将朝着什么方向演进？

3. 大学生学习的现实境遇与理论反思

基于上述分析，本部分拟采用一种混合研究的路径，以"开放—封闭式问题""即时呈现—预设方法"以及"定性—定量的数据和分析"相结合的研究方法，力图最大限度地从"事实"出发，把握和分析当前大学生学习的现状，考察当前大学场域与学习惯习的结构性特征，以及二者之间的关系状态。该部分从两个方面展开：其一，针对 H 省本科院校（包括省部共建院校、省市属高等院校、民办本科高校）在校生的学习情况展开调查，以问卷调查为主，了解大学生的基本学习情况、对学习情境的感知、知识观、学习观、学习取向、学习策略，辅以半结构式访谈，了解大学生对学习和自身发展的认识，以及随着他们的成长，他们的知识观、学习观、价值观和学习方式发生了哪些变化，他们又是如何解释和评价自己的行动和变化的。其二，针对不同院校、不同学科、不同年级的专职教师，进行半结构式访谈，了解教师是如何开展教学和指导大学生学习的，又是如何评价自身的教学和大学生学习的，他们对教学的认知和实践与学生对教学的期待之间是否存在差异，他们如何处理教学和科研的关系；伴随职业生涯的发展，他们的知识观、教学观、价值观和教学方式发生了哪些变化，又是如何评价自己的行动和变化的。

4. 大学生主体性学习的系统建构路径

从工业社会向知识社会的转型，从客观主义知识观向建构主义知识观的转变，在唤醒大学生主体性意识、为大学生的主体性学习和发展创造有利客观条件的同时，也对当前的大学教育提出了严峻的挑战。基于此，大学必须发动一场从科层型大学场域向学习型大学场域的结构重塑，一方面促进大学生的制度化学习与主体性发展的有效连接，另一方面促进大学教育在对大学生进行理智培养的同时，更加关注大学生的心智发展。对此，本部分旨在从大学生学习的生成性动力机制以及知识社会中大学生学习的本质和内涵出发，以学习型大学场域与反思性学习惯习的交互建构为突破口，探索大学生主体性学习的系统生成路径。

第三节　大学生主体性学习研究的基本思路

一　概念界定

1. 大学场域

"大学场域"是指处于不同位置的行动者（如教师、学生等）之间的力量关系状况所决定的客观关系构型；它是社会制度的产物，但体现在事物中，或体现在具有类似于物理现象的现实性的机制中；而决定行动者在大学场域中所处的位置，又取决于大学场域的特殊利益形式——文化资本的形态与结构。

所谓文化资本，是以教育资格的形式被制度化的，在某些条件下能转换成经济资本的一种资本形态。它具有三种存在形式：一是以物质化形式存在的文化资本（如学科、专业、课程等），二是以身体化形式存在的文化资本（如个人的生成性偏好、心智习性等），三是以合法化和正当化的制度加以确认和认可的各种资格（如学历文凭、资格证书等）。

凡此表明，大学场域与文化资本之间存在一种解释学循环：要想构建大学场域，就必须辨别出在大学场域中运作的特有的文化资本形式；要想构建特有文化资本的形式，就必须知晓大学场域的特定逻辑。

2. 学习惯习

"学习惯习"是大学生在长期的学习经历中，通过将外在的客观社会条件，即社会建构的各种知觉、评价和行动图式逐一内化于身体之中，从而生成的一种性情倾向系统（或生存心态、习性、心智结构）；学习惯习来自于社会制度，又寄居于身体之中，它一旦生成，便作为一种前反思的下意识的把握能力，对大学生的认知、思维和行动发挥着持久且稳定的作用。

对于同一时代大学生群体而言，学习惯习在"结构上的亲和性"，使得他们的学习惯习具有一定的同质性，因为他们所处的制度化客观环境是相一致或者相类似的。

对于不同大学生个体而言，他们彼此间的学习惯习又具有异质性，因为每个人的学习经历不同，因此他们内化于身心之中的学习经验也是相互区别的。

3. 大学生学习实践

"大学生学习实践"，从广义的视角出发，是指在大学场域的制度化学习环境中，发生于大学生的生命有机体中任何导向认知、情感、思维和行动能力的持久性改变的过程；它不仅反映了大学生的认识论倾向，而且体现了大学生思维和行动等实践方式，是一个"知行合一"的过程。这一过程是社会性变量和个体性变量交互运作的产物，在此过程中，社会形塑机制和个体建构机制共同对大学生学习实践的生成发挥作用。然而，究竟是哪一种机制在大学生的学习实践中发挥主导作用，不仅取决于外在的客观社会条件，而且取决于大学生个体的内在意识水平（见图1.1）。

学习惯习（感知、
评判、行动图式）
的预见和行动半径

个人占据的
位置（资本）

大学场域

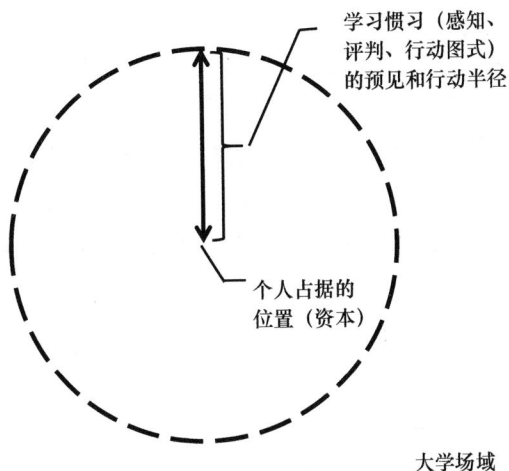

图1.1　大学场域—学习惯习的动态交互关系

当大学生对自身的学习惯习及其生成和引导的学习实践处于一种无意识的感知状态时，大学生就类似于一个技术上和制度上可控的客体。技术控制和制度控制的程度越大，大学生受制于社会决定机制的行动和预见的半径就越大。

当大学生对自身的学习惯习及其生成和引导的学习实践的认识从无意识上升到自觉意识时，大学生才可能作为"主体"，去建构自身的主体性学习实践。大学生对技术控制和制度控制的认识越深刻，其主体性建构的行动和预见的半径就越大。

4. 大学生主体性学习

大学生主体性学习是指大学生在制度化的学校场域中，作为能动性和自主性的主体，持续地对学习实践进行反思性建构，进而促使自身的认知图式、情感图式、思维图式和行动图式朝着主体性发展的方向发生整体性改变：学习将不再仅仅是对知识和技能的获取，而是作为人在社会世界中的存在和发展方式；学习不再是个人生命中特定的阶段需求，而是普遍的终身需求；学习不再是"诉求于外"的受动式适应，而是转向"诉求于内"的主体性发展，即主体意识的觉醒、主体能力的提升、主体人格的养成。

二 研究视角

自霍布斯以来，"个人与社会的关系问题"始终是社会学的基本问题。个人是社会的终极单元，社会则是个人的存在方式；个人与社会的关系状况与社会良性运行和协调发展密切相关，这一关系的具体状况使社会运行和发展呈现出不同的类型。[①] 基于此，本书力图以当代中国个人与社会关系的特征为基础，来研究大学生学习实践在社会背景中的生成机制及其在社会变迁中的变化机制，即大学生的学习实践在个人与社会的动态关系下的运作逻辑和演进逻辑，以及大学生主体性学习实践建构对个人、对社会的意义。

1. 大学生学习在本质上是一种社会实践活动

大学生学习在本质上是一种社会实践活动，而不仅仅是一种心理学意义上单纯的、即时性的"个体行为"，或理性行动理论中纯粹理性的"个体行动"。在本书中，大学生的学习实践泛指制度化和组织化的大学学习场域中所发生的一切与学习有关的活动，它不仅仅囿于传统意义上知识认知，而是进一步扩展到学习动力的生成、人际交往以及心智和自我的发展等方面。从这个意义上，大学生的学习实践不再只是对外在社会结构被动适应或顺应的产物，更是个体"深层心智结构"的变革过程，是个体主动建构一种基于终身学习和主体性发展的心智习性的实践活动。对于大学生而言，学习即生活——学习不仅仅意味着个体知识和技能的积累，更重要的是学习实践本身作为一个重要的体验过程，不仅对大学生的认知、情感、思维和行动进行改变，而且对大学生当下和未来的发展产生持久的、实质的和深远的影响；学校即社会——发生在大学场域之中的学习实践是连接大学生的制度化学习与终身学习以及个体未来发展的一座中介桥梁。

2. 大学生学习实践是社会性变量和个体性变量交互建构的产物

大学生的学习实践是由社会性变量和个体性变量交互建构的产物，这意味着大学生的学习实践会随着二者关系的变化而发生改变。学习并非仅仅发生在单个的个体身上，而是始终嵌入社会性情境之中，这个情境设定

---

① 郑杭生、杨敏：《社会学理论体系的构建与拓展——简析个人与社会的关系问题在社会学理论研究中的意义》，《社会学研究》2004 年第 2 期。

了学习什么以及如何学习的框架;"外在结构内在化"和"内在结构外在化"的双向运作,构成了大学生学习实践的"生成性动力机制"。与此同时,大学生的学习实践并非一成不变的,而是作为个体的一种基本存在形式,始终随着社会的变迁而不断被赋予新的内涵和意义:一方面,伴随大学从传统意义上的"象牙塔"走向现代社会的中心,大学日益具备了来自外部社会的结构特征。同时,大学又作为一个重要的中介,将这一结构特征以教育的方式传递给大学生个体,塑造和改变着他们的学习、存在和发展方式。对此,涂尔干曾指出,"一个社会若按自身的形象来塑造其成员,最有力的工具便是教育"①。另一方面,大学生始终是以社会化的个体身份,卷入制度化环境之中,因此,大学生在学习实践中的主体性作用的发挥,取决于他们能够在多大程度上将社会性因素转变为一种建构力量,纳入促进自身主体性发展的学习实践之中。

三 理论基础

长期以来,关于大学生学习的研究,都不同程度地存在二元分化的现象:微观认知结构与宏观社会结构两个视角、个人主义和整体主义两种方法论原则,构成了大学生学习研究的两大基本取向。在变化相对缓慢、以确定性和稳定性为特征的时代,实体论思维方式对于人们认识和探寻大学生学习的状态和规律具有一定的恰切性。然而,面对社会的系统性变迁和大学生学习的复杂性变化,将学习的个体性因素与社会性因素割裂开来的单一的、静态的线性研究范式已越来越缺少必要的张力和解释力。保罗·克拉克曾一针见血地批判道:"对局部的强调已经成为教育改革现代范式的焦点,它已经控制了20世纪大部分教育改革的思路,现在正迅速发展,成为不受人信任的观点。"② 对此,布迪厄的社会实践理论在超越社会物理学与社会现象学二元对立的基础上,主张从主观范畴与客观范畴、社会与个人、结构与能动的关系出发,综合"结构主义"和"建构主义"两种视角,对社会实践进行系统性考察,从而为大学生主体性学习与发展研究提供一种整体观照进路。

---

① [法]爱弥尔·涂尔干:《教育思想的演进》,李康译,上海人民出版社2006年版,第2页。
② [美]保罗·克拉克:《学习型学校与学习型系统》,铁俊等译,中国轻工业出版社2004年版,第5页。

1. 以关系主义方法论代替实体主义方法论

实体论最早是由古希腊哲学家亚里士多德提出的。实体即最初的、本原的和终极的存在。所谓实体论，通常又称本体论或存在论，"实体在一切意义上都是最初的，不论在原理上，在认识上，还是在时间上。其他范畴都不能离开它独立存在。唯有实体才独立存在"①。近代哲学家笛卡尔在进一步发展实体论的基础上，建立了由柏拉图开创的经由基督教发展起来的哲学精神和物质二元论，他提出精神和物质两个彼此平行且独立的世界，研究其中的一个，能不影响和牵扯另一个。② 自笛卡尔的二元论思想以来，实体主义方法论逐渐占据了近代社会科学研究的主导地位，并进一步发展出一系列导致社会科学长期分裂的根深蒂固的二元对立，既导致了结构和能动、社会和个人在本体论意义上非此即彼的先在性，也彻底割裂了客观社会世界与主观知识世界之间的密切联系。相较于传统意义上线性的实体主义方法论，超越了"主客二分"的关系主义方法论则体现了一种辩证的思维方式，它更有助于我们客观地理解和把握当今时代背景下日益复杂的大学生学习实践。关系主义方法论，强调从场域、惯习和策略等用以表达各种关系束的开放式概念出发，以一种动态性、复杂性、开放性、交互性和过程性的思维方式，借助多元视角和多种方法，来全面、综合地审视大学生学习实践，从而无须在社会性因素和个体性因素，以及结构制约性和个体能动性之间进行非此即彼的选择，而是从它们彼此的动态关系中探索大学生学习实践的生成逻辑和演进趋势。

2. 社会结构与心智结构的辩证关系

布迪厄指出："每个人都对世界有一种实践知识（practical knowledge），并且都将它运用于他们的日常活动之中。"③ 这种用于指导现实行动的实践知识正是个体心智结构的反映，它在生成方面就与社会结构联系在一起，并显现出结构上的对应关系，且彼此强化。从社会实践理论出发，大学生学习实践的研究对象，不能囿于对大学生个体的学习投入或院

---

① 苗力田：《古希腊哲学》，中国人民大学出版社 1989 年版，第 514 页。

② ［英］伯特兰·罗素：《西方哲学简史》，文利译，陕西师范大学出版社 2010 年版，第 297 页。

③ ［法］皮埃尔·布迪厄、［美］华康德：《实践与反思——反思社会学导引》，李猛、李康译，中央编译出版社 1998 年版，第 9 页。

校环境的学习支持做局部或静态的分析，而是应进一步关注大学生的心智结构与大学场域所表征的社会结构二者之间的交互关系，以及这种关系是如何生成大学生学习实践的动态过程。对于大学生学习实践而言，外在的社会性变量从来也不直接作用于大学生个体而是通过大学场域特定的运作逻辑对大学生心智进行结构形塑，进而生成大学生关于学习行动的各种实践知识，才能对其学习实践产生影响。从这个意义上，大学场域是连接大学生的个体性变量同外在的社会性变量之间的一个关键性中介变量，"场域好比一个棱镜，根据内在的结构反映外在的各种力量"①。大学场域对大学生心智结构的形塑，是经由大学场域的客观结构对大学生学习惯习的强化、调适或重构这一过程来实现的。

透过大学场域与大学生学习惯习的动态交互关系，社会与个体之间，并非简单的客体与主体（或意识）之间的关系，而是一种"本体论对应关系"，即社会建构的各种划分原则与大学生关于学习实践的心智图式在生成方面就联系在一起，它们彼此之间具有结构上的一一对应关系，也即"本体论对应关系"。从社会实践理论出发，研究大学生学习实践，必须在分析大学场域与学习惯习之间的动态交互关系以及大学生的心智结构与外在的社会结构的对应关系的基础上，把握大学生学习实践的"外在结构内在化"和"内在结构外在化"的双向运作过程，揭示大学生学习实践生成与改变的动力机制、运作逻辑及其演进过程，进而立足于社会变迁的视角，探索大学生主体性学习与发展的实践构想和建构路径。

四 研究方法

1. 结构分析法

布迪厄曾开宗明义地指出："社会学的任务，就是揭示构成社会宇宙的各种不同的社会世界中那些掩藏最深的结构，同时揭示那些确保这些结构得以再生产或转化的'机制'。"② 基于此，他进一步确立了反思社会学的基本假设："在社会结构与心智结构之间，在对社会世界的各种客观划

---

① ［法］皮埃尔·布迪厄、［美］华康德：《实践与反思——反思社会学导引》，李猛、李康译，中央编译出版社1998年版，第17页。

② 同上书，第6页。

分——尤其是在各种场域里划分成支配的和被支配的——与行动者适用于社会世界的看法及划分的原则之间，都存在着某种对应关系。"① 对此，从整体主义视角出发，探讨大学生学习实践的生成和变化机制，就必须既考察大学生置身其中的社会结构，又要审视大学生的心智结构，并探寻二者之间究竟是一种什么样的关系？这一关系又是如何影响大学生的学习实践的？从这个意义上，关于大学生学习实践的最核心的研究方法，正是一种结构分析法，即从社会结构与心智结构的辩证关系出发，揭示隐藏在大学生学习实践背后的生成性动力机制。

2. 历史分析法

大学生的学习实践并非一成不变的，而是随社会的变迁呈现出一种动态变化的发展趋势。基于此，本书尝试通过历史分析的方法，引入一种时间因素变量，将大学生学习实践置于社会转型的时代背景下，追溯产生它的历史根源，考察从工业社会向知识社会的变迁过程中，大学场域的客观结构和大学生的学习惯习所呈现的时代特征、演进动力和变化历程，以及在二者的交互运作下大学生学习的实践逻辑及其演变趋势，以期在社会发展的客观进程中，探索大学生学习实践的宏观演进逻辑和微观运作机理。

3. 定量与定性混合研究

了解和把握当前大学生学习实践的现实境遇，也是本书的一个重要组成部分。对此，本书采用定量与定性混合研究方法，一方面，通过定量研究的问卷调查收集数据，认识当前大学生对学习环境的感知、所秉持的学习取向以及所采取的学习策略的基本情况，考察不同类属院校和不同年级大学生在学习实践上的差异性。另一方面，本书进一步借助质性研究的访谈法，了解身处不同学习环境之中的大学生在学习认知和学习行动上的差异性及其特点，以及身处不同制度化场域之中的大学教师对于自身教学实践和大学生学习实践的认知差异性及其特点。

五 研究架构

本书围绕"如何在知识社会转型的背景下构建大学生的主体性学习

① ［法］皮埃尔·布迪厄、［美］华康德：《实践与反思——反思社会学导引》，李猛、李康译，中央编译出版社 1998 年版，第 12 页。

实践"这一中心问题，研究架构包括如下六个部分（见图 1.2）。

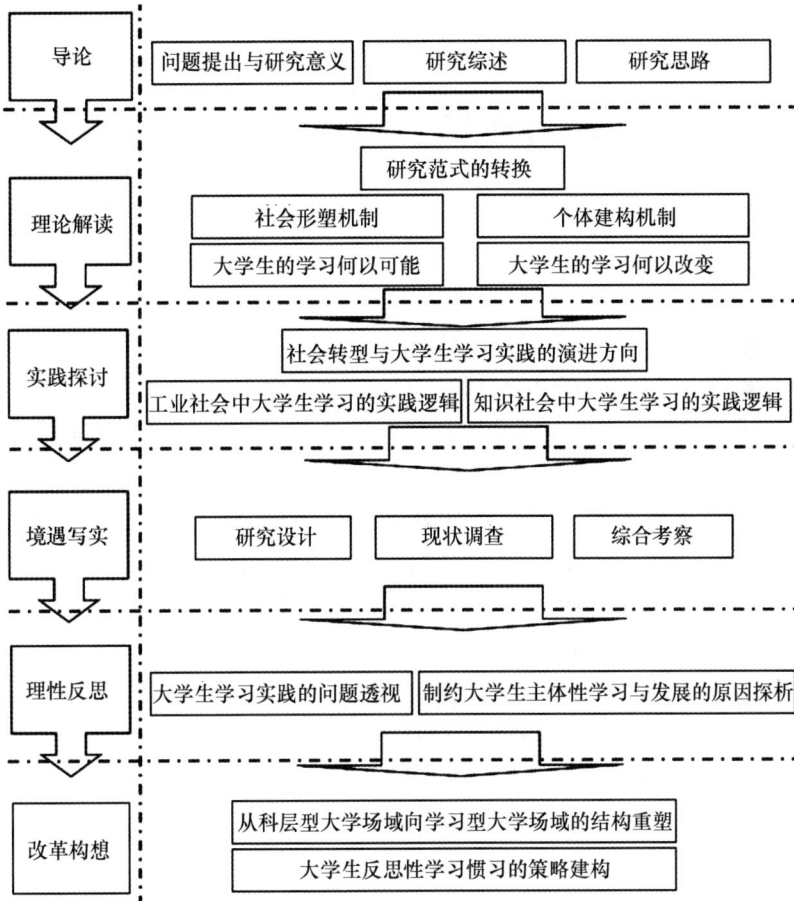

| 导论 | 问题提出与研究意义 | 研究综述 | 研究思路 |

理论解读	研究范式的转换	
	社会形塑机制	个体建构机制
	大学生的学习何以可能	大学生的学习何以改变

| 实践探讨 | 社会转型与大学生学习实践的演进方向 | |
| | 工业社会中大学生学习的实践逻辑 | 知识社会中大学生学习的实践逻辑 |

| 境遇写实 | 研究设计 | 现状调查 | 综合考察 |

| 理性反思 | 大学生学习实践的问题透视 | 制约大学生主体性学习与发展的原因探析 |

| 改革构想 | 从科层型大学场域向学习型大学场域的结构重塑 |
| | 大学生反思性学习惯习的策略建构 |

图 1.2 研究架构

第二章

大学生学习实践的生成性动力分析

学习并非仅仅发生在单个的个体身上，同时也是嵌入在具体情境之中，经由社会性因素建构的产物。尤其对于制度化学习而言，社会性因素不仅构成了个体学习的基础条件，而且成为个体性因素发挥作用的关键前提。从这个意义上，学习具有个体性与社会性的双重属性。对此，本书将大学生学习视为一种"由个体性因素和社会性因素双向建构"的"实践"，力图将传统学习研究的个体导向和现代学习研究的社会导向整合起来，提供一种关于大学生学习的完整的和有意义的解释。与此同时，大学生的学习实践并非一成不变的，而是作为个体的一种基本存在形式，始终随着社会变迁而不断被赋予新的内涵和意义。个体性变量和社会性变量的"共变互构"，构成了大学生学习的"生成性动力"。基于此，本章尝试从综合主义视角出发，借助"社会实践理论"所确立的"场域""惯习""资本""策略"等开放式概念工具，来分析大学生学习实践的生成性动力机制。

第一节　大学场域视角下大学生学习
实践的社会形塑机制

大学场域作为一种特殊的高等教育空间，是连接宏观社会与微观大学生个体之间的一个社会子场域，也是大学生学习实践同外在社会结构之间发生联系的关键性中介环节。大学场域是一个经由行动者实践不断赋予意义的力量空间，也是一个基于特殊形式的文化资本的争夺和斗争的变革空间。大学生的学习实践，从本质上看，既非个体机械被动的反应，也非个体的纯粹理性行动，往往更多地表现为一种具有紧迫性的实践。换言之，大学生在自身学习实践中，所做的每一个决定，所采取的每一个行动，通常都是瞬时性的，而这一瞬时性却要仰仗大学生过去学习经验和当前学习情境的聚合：大学生在开展自身学习实践的时候总是受到自身已有认知结构的影响，而他们的认知结构以及由此生成的学习策略和学习行动，一方面在生成时就与他们所置身的社会结构存在对应关系，另一方面又受他们当前在大学场域中占据的客观位置所决定。基于此，本节力图从结构主义路径出发，探讨大学场域是如何对大学生学习实践进行结构形塑的。

一　文化资本：大学场域的特殊利益形式

　　大学场域是处于不同位置的行动者之间的客观关系构成的社会空间，其运作遵循一种类似于"游戏"的逻辑：受特殊利益形式的吸引，每一个入场的个体自愿遵循大学场域的游戏规则——个体位置的确定以及各种位置之间的客观关系，取决于大学场域的特殊利益形式——文化资本的形态与结构。不同行动者拥有的文化资本在数量和结构上的差异性，导致他们在大学场域中所处的客观位置和由此形成的主观立场也各不相同，大学场域也因此表现为一种由行动者位置之间的关系所建构的客观结构；这些关系，并非行动者交互主体性的主观关系，而是如马克思所说的，是"独立于个人意识和意志之外"存在的客观关系，常常表现为支配关系、屈从关系或结构上的对应关系等。① 与此同时，处于不同位置上的行动者，又会为维持或改变自身在场域中所处的位置，而参与到争夺特殊文化资本的竞争和冲突之中，从而改变大学场域的客观关系结构。凡此表明，大学生如何开展自身的学习实践，在很大程度上取决于他们在大学场域中所占据的客观位置，或者说取决于他们所拥有的资本的数量和结构。而这些资本的数量和结构，既是大学生在学习和成长的社会轨迹中随时间演进累积的函数结果，同时又进一步构成大学生在大学场域中开展学习实践的基础和保证。

　　1. 大学场域中文化资本的三种存在形式

　　布迪厄将资本划分为三种基本形态：经济资本、文化资本和社会资

---

　　① ［法］皮埃尔·布迪厄、［美］华康德：《实践与反思——反思社会学引论》，李猛、李康译，中央编译出版社1998年版，第133—134页。

本；除此之外，他还提出了另外一种特殊形态的资本——符号资本。"当我们通过各种感知范畴，认可上述三种资本占有和积累的各自特定逻辑，或者，如果你愿意说是误识了这些资本占有和积累的任意性，从而把握了这几种资本的话，我们就说这些资本采用的形式是符号资本。"[①] 由此观之，符号资本是用以表征前三种资本的隐蔽形态。在上述资本形态中，与大学场域中大学生学习实践最密切相关的是文化资本，它在某种程度上也常常呈现为一种特定的符号资本形态。

布迪厄将文化资本定义为"以教育资格的形式被制度化的、在某些条件下能转换成经济资本的一种资本形态"[②]，并区分了它的三种存在形式：一是客观化的文化资本，即理论留下的痕迹或理论的具体体现，以文本或文化商品的形式加以物化或对象化；二是身体化的文化资本，即内化于大学生身体和心智之中的、持久且相对稳定的"性情倾向"；三是制度化的文化资本，即以合法化和正当化的制度加以确认和认可的各种资格，如高等教育机构颁发的各种学位、文凭和资格证书等。当文化资本不能以直接的、看得见的形式传递时，它便作为一种具有隐蔽性质的"符号资本"发挥作用，这时，文化资本便具有了"象征性功效"。

其一，客观化文化资本常常作为大学生学习的媒介或具体成果的体现，这些在物质和媒体中被客观化的文化资本，诸如文学、绘画、著作、多媒体教学设施等，在其物质性方面是可以传递的。[③] 对于大学生学习而言，以学科、专业、课程和教科书知识等对象化形式存在的客观化文化资本，不仅构成了大学生的学习内容，决定了大学生的学习方式，而且反映了一种认识论取向，或者说，体现了一种知识观取向。在以客观化文化资本为特殊利益形式的大学场域中，大学生学习的最根本目的在于获取制度化文化资本——"学历文凭"，客观化文化资本的累积是达到这一目的的工具手段，衡量这一资本形式的最直接的方式就是考试（学生所习得的在多大程度上与教师所讲授的内容相一致），因此，在大学场域中"最有价值"的学习实践是获得众人推崇的优异学习成绩。

---

① ［法］皮埃尔·布迪厄、［美］华康德：《实践与反思——反思社会学引论》，李猛、李康译，中央编译出版社1998年版，第161页。

② 包亚明：《布尔迪厄访谈录：文化资本与社会炼金术——布尔迪厄访谈录》，上海人民出版社1997年版，第192页。

③ 同上书，第198页。

　　凡此表明，客观化文化资本在教师和学生之间的传递与接受，在某种程度上是一种"文化专断"或"文化再生产"，即这一客观化文化资本是由社会预先筛选和设置好的，反映着当前社会的主流意识形态和价值取向，并经由大学场域的学习实践间接地传递和内化于大学生的身心之中，促使大学生生成与社会发展需求相适应的学习惯习以及学习实践，进而确保了外在社会和大学场域的结构再生产。由此可见，大学生对客观化知识和技能的积累，并非他们发挥主体性、从无到有的创造性学习实践的产物，而主要是以文化传承和再生产的方式加以实现的，即以考试的形式来获得社会的承认，以授予文凭的方式来使之合法化和制度化。

　　其二，对于大学生而言，身体化的文化资本是一种个体的心智习性，反映了个体的心智发展状况，它往往是经历一定的时间、消耗一定数量的经济资本，且亲力亲为地在学习实践中通过"里比多"（libido）投入（也即心智能量的投入，意味着大学生在开展学习活动时，可能需要忍受某种匮乏，克制自己，做出某种牺牲）之后才得以生成和积累。身体化文化资本的积累贯穿于大学生社会化学习的整个过程，甚至是个体的终身学习之中。在以客观化文化资本为特殊利益形式的大学场域中，大学生的身体化文化资本也会随着客观化文化资本的积累而逐渐形成和发展，但是，这种身体化文化资本的积累，通常是"社会结构形塑"的产物，不仅从根本上确保了社会决定机制顺利发挥作用，而且促使社会再生产策略（外在结构的内在社会化）和转换策略（心智结构的外在实践化）在大学生学习实践中的隐蔽式生成。

　　然而，身体化文化资本并不总是表现为一种"社会结构形塑"的产物，它同样可以发挥"形塑心智结构"的建构性作用。一旦大学生从主体发展的高度去审视和反思自身的学习实践时，他们便可能发挥主体能动性，投入大量的心智能量，积极建构一种促进自身主体性发展的身体化文化资本。对于大学生而言，这种基于主体性发展的身体化文化资本，既能够转换成一种制度化的文化资本——"学历文凭"，也可以被转换成兴趣爱好、审美情趣、思维方式、可迁移技能等心智惯习。由于身体化文化资本是依附于大学生的身体而存在的，是一种以教养培育和心智发展为旨归的文化资本形式，因此，它更加强调和注重大学生的主体性和个性化发展，它不仅仅意味着大学生知识和技能的获取，更意味着大学生认知、情感、思维和行动方式的持续变化，意味着大学生养成一种"能够带着走，并促进自身终身学习和可持续发展"的心智惯习。

其三，制度化文化资本是一种以学历文凭、资格证书等学业称号等为主要形式的资本。从一开始，大学场域就强行推行了一种人数限制的手段，来设置一条获准进入大学学习的行动者资格的社会边界。这条社会边界赋予了大学生所感知的大学场域以一种"物以稀为贵"的威严，大学场域也因此具备了一种合法性的象征性权力，即通过颁发文凭来授予大学生学业称号。例如，自中国高考制度恢复以来的很长一段时间，有幸进入大学学习的大学生被笼罩在"天之骄子"的光环之下，这一光环最终通过授予"大学文凭"这一神圣的制度化仪式被加以合法化，文凭一时间成为"天之骄子"身份和地位的象征。所谓文凭，就是高等院校颁发的关于大学生学业能力（大学生所获得的文化资本）的证明，是对文凭持有者的知识和技能进行担保和认证的学历证书，是以社会对发证机构的集体认同为基础的学业称号。从这个意义上，学业称号作为大学生在大学场域中获得文化资本的合法化证明，既构成了决定了大学场域的力量关系和斗争关系的特定利益形式，也构成了大学生制度化学习实践的客观驱动因素。

制度化文化资本，往往是作为一种符号资本发挥作用的，人们通常并不直接将其视为一种资本，而是首先承认它是一种合法性认证，一种能够被社会广泛认可的、具有符号效力的象征性权威。具体说来，以学历文凭和资格证书为主要形式的制度化文化资本对于大学生的重要意义在于：第一，它使大学生拥有的文化资本超越了客观化和身体化的限制。因为大学生所拥有的客观化或身体化文化资本会随着个体生物体的衰落而衰落、消失而消失，但制度化文化资本却具有一种独立于大学生的身体而存在的特性。第二，它赋予了大学生所拥有的文化资本一种合法性，从而在社会认可的合法化资格与简单的文化资本之间划出一道明显界限：简单的文化资本需要反复证明自身的合法性，而制度化文化资本却从根本上被赋予了一种永久性的合法性，进而得以在大学生的未来发展中发挥"社会炼金术"的功能，即促使大学生的制度化文化资本转换为其他资本形式。

2. 大学场域与文化资本之间的解释学循环

布迪厄指出，场域与资本之间存在一种解释学循环①：要想构建场域，就必须辨别出在场域中运作的各种特有的资本形式；而要构建特有资本的形式，就必须知晓场域的特定逻辑。② 这种解释学循环也同样适用于大学场域与文化资本的关系：大学场域的结构，即文化资本的不平等分布，是文化资本之所以能产生特殊效果的根源，特殊效果是指利润和权力的呈现，这种权力能制定出最有利于文化资本及其再生产的大学场域发挥作用的制度规则。文化资本在大学场域中总是灵验有效的，它既是确立不同行动者在大学场域中所处位置的客观依据，又是大学场域中处于不同客观位置（如优等生、差等生等）的大学生在学习实践中彼此竞争和争夺的关键所在。

首先，大学场域是行动者（如教师、学生、管理人员等）之间基于文化资本分布的各种位置所构成的客观关系网络。无论什么时候，都是行动者在文化资本上的力量关系状况在决定大学场域的结构。大学生所拥有的文化资本决定了他在大学场域中参与学习实践的相对能力，在大学场域中所占据的客观位置，以及在学习实践中所采取的策略取向。大学生的学习行动取决于两个方面：一是个体所拥有的资本的数量（如先有的知识、技能和经验），二是个体资本的结构（不同类型或形式资本的分布情况，如个体先有知识在不同学科、专业上的分布情况）。由于大学生所拥有的资本总量不同，或者拥有相同的资本总量却有着不同的资本结构，不仅会导致大学生在大学场域中所占据的位置和所秉持的立场相去甚远，而且会导致大学生彼此之间在学习投入和学习结果上呈现不同程度的异质性。

其次，置身于大学场域中的大学生所拥有的制度化文化资本的价值也随院校等级的不同而存在区别。最显而易见的一个例子就是，大学场域中

---

① "解释学循环"是解释学中的一个重要术语。传统解释学认为，对文本的部分段落的理解与对文本的整体的理解，这二者之间，是相互依存、互为基础的。对任何一个文本的理解依赖于对文本的部分的理解，相应地，对文本的部分的理解也同样取决于对文本整体的理解。这种关于文本理解的"解释学循环"观念，后来在海德格尔那里，被进一步发展成为"此在生存的本体论特征"。

② 包亚明：《布尔迪厄访谈录：文化资本与社会炼金术——布尔迪厄访谈录》，上海人民出版社1997年版，第147页。

呈现一种基于文化资本的不平等分布的差序格局：① 基于法理型权威的政府和国家的行政意志所构成的权力场域，始终主导着大学场域的运作逻辑，从而使大学场域与社会结构之间，无论是在生成方面，还是运作方面都存在全面的对应关系：一方面，科层化行政管理结构被全面移植到大学场域之中，在大学场域内部，行政权力凌驾于学术之上，占据着大学场域的支配地位，把持着大学教学和学习制度规则的话语优势，导致大学被作为一个完全的行政机构来加以管理，而忽略了大学自身在本体论意义上的学术主体地位和学术自主权；另一方面，由于不同院校之间在大学场域中所处的行政级别不同，直接导致了他们之间在文化资本上的差异分化，中央属院校相对于地方属院校，公立院校相对于民办院校，重点院校相对于普通院校，处于不同类属高等院校之中的大学生个体或群体所拥有的制度化文化资本（学历文凭）呈现出明显的分层现象，不仅反映在"文凭含金量"的差异性上，而且体现为大学生在未来职业境遇上的显著差异性，即不同院校的大学生所拥有的制度化文化资本与其他资本（如经济资本、社会资本）之间的转换率各不相同。由此可见，权力场域相对于大学场域的支配地位表明，外在力量对大学场域的影响和渗透，总是以大学场域的客观结构作为中介来发挥其决定或形塑作用的。与此同时，外在的社会性因素对大学生学习实践的影响，从来也不是直接作用于他们身上，而是事先通过大学场域特定的资本形式这一中介变量，来塑造大学生的学习取向和学习策略，并建构他们对自身学习实践所创造的未来"幻象"，如上大学是改变命运的一个重要机会或捷径；上大学是获得一份稳定工作的前提和保证。

再次，只有当大学生的文化资本与当前社会所宣扬和传递的主流文化相匹配时，才能真正发挥资本的转换和累积作用，以及象征符号效力。尽管大学生学习实践同时包括客观化文化资本的积累和身体化文化资本的生成，但对于不同形态的社会结构和大学场域而言，占据主导地位的文化资

---

① "差序格局"这一概念是由中国社会学家费孝通先生最早提出的，旨在描述亲疏远近的人际格局，意指这一人际格局，如同水面上泛开的涟晕一般，由自己延伸开去，一圈一圈，按离自己距离的远近来划分亲疏。在此，笔者借用"差序格局"这一概念，是为了说明在大学场域中，同一院校中的人与人之间、院校与院校之间，均是以文化资本的分布为主轴的网络关系，是一种差序格局。在差序格局下，每个人都会在院校的网络中确立自己的位置、形成自我的立场；不同院校之间，也会在大学场域的网络中呈现出不同的位置分布和分层（如等级差异）。

本形式却不尽相同。当大学场域以客观化文化资本作为特殊利益形式时，大学生学习实践便成为文化再生产和社会再生产的根本性保障：在一系列严格的制度化学习环境中，大学生的学习实践往往以获取优异的学习成绩并将其转换为"学历文凭"这一制度化文化资本为最终目标，因为学历文凭作为大学生所拥有的客观化文化资本的合法性证明，成为他们未来在社会的其他场域中进行资本转换和资本累积的前提和基础性条件。从这个意义上，客观化文化资本是一种促使大学生的学习实践"被社会结构形塑"，进而使个体顺从社会并致力于社会再生产的文化资本形式。

　　然而，伴随社会的系统性变迁，在文化的多元化、本土化与全球化共生交织的趋势下，大学场域传统意义上的文化再生产或文化专断功能正日渐式微。面对变革带来的挑战，无论是社会的变迁，还是大学场域的结构转型，都已经很难再诉诸统一性、共识等概念，而是愈加呈现出"各美其美，美人之美，美美与共"的多元文化融合发展趋势。社会的日益复杂性、变化性和不确定性，使大学生所拥有的客观化文化资本与社会发展需求之间的差距越来越大。基于此，大学教育的方向势必要从培养服务者转向造就主体，于是，一种与大学生主体性密切相关的身体化文化资本将日益成为大学场域的特殊利益形式。相较于传统意义上的客观化文化资本和制度化学历资本而言，大学生掌握适合于未来社会发展的、基于"现代性"的生活方式、思维方式与灵活性的可迁移技能的身体化文化资本，反身性建构一种基于主体性发展的心智惯习，才是其学习实践转型的关键所在。从这个意义上，与个体心智和自我发展密切相关的身体化文化资本是一种能够促使大学生发挥主体能动性作用进而"改变心智结构"的文化资本形式。

二　大学场域作为一种社会建构的空间

　　从社会实践理论出发，运用关系主义思维方式研究大学生学习，必须扎根于这样一个事实：大学生学习是在特定的制度化空间和具体的学习情境中发生的，既是一种"外在结构内在化"和"内在结构外在化"的交互运作过程，也是社会变量与个体变量双向建构的产物。传统学习研究，如行为主义"学习是反应的强化"，认知主义"学习是基于内在心理的个体认知"，倾向于将学习视为个体的对象化活动，忽略了社会因素对大学生心智和认知的影响。对此，探讨大学场域的结构特征、运作逻辑和规则，以及大学场域与社会结构之间的关系，将有助于说明社会因素是如何对大学生学习发挥结构形塑作用的。

1. 基于文化资本的力量关系：大学生在大学场域中的客观位置

文化资本作为分析大学生学习实践的一种特定资本形式，正是在与大学场域的关系中，才得以存在并发挥作用；大学生所拥有的文化资本，确立了他们在大学场域中占据的位置以及由此形成的行动者之间的客观关系，正是这种根源于大学场域中相互面对的各种特殊力量之间的距离、鸿沟和不对称关系，促使大学场域成为包含各种隐而未发的力量和正在活动的力量的空间。作为各种位置之间客观关系的结构构型，大学场域是大学生建构对自身而言有意义的学习策略的根本基础和引导力量。大学生作为受大学场域的客观结构制约的行动者，其所采取的学习策略和学习实践并非偶然性或纯粹理性行动的产物，而是从根本上取决于两个方面：一是大学生基于自身文化资本而在大学场域中占据的客观位置；二是大学生对自身在大学场域所处的客观位置秉持的主观立场。

对此，本章举例加以说明。在以客观化文化资本作为特殊利益形式的大学场域中，客观知识在行动者之间的分布状况（数量和质量）决定了他们在大学场域中所处的位置及其相对力量，如教师位于总是知道正确答案的知识传授者的位置上，学生则位于从教师那里获得知识的接受者的位置上。相应地，对于大学生而言，考试既是衡量其对客观知识的掌握程度（学生的知识在多大程度上与教师传授的内容相一致），也确定了他们在大学场域中所占据的不同客观位置。无论是教师，还是学生，他们在大学场域中所处的位置以及所掌握的客观知识，又影响了他们在教学或学习实践中所秉持的主观立场。例如，教师认为理应将书本上的知识或自己所知道的一切以直接讲授的方式传递给学生，学生则认为自己应确保在服从教师课程教学规范的基础上，顺利通过考试，并尽可能取得优异成绩。

布迪厄的社会实践理论表明，在社会结构与大学生的心智结构之间，在社会世界的客观原则与大学生对学习实践的认知、评判和行动原则之间，存在着结构上的对应关系，这种对应关系大部分是通过大学场域的职能生产出来的。同时，社会结构对大学生学习实践的约束在认识论上是先于大学生对结构形塑机制的感知和认知的。因此，在大学生前反思和前意识的学习实践模式中，他们内化于身心图式之中的各种主观的理解范畴和意义范畴，作为一种心智结构或认知结构，是按照社会结构塑造、调整和定型的。基于此，立足于关系主义思维方式，分析大学生学习实践的生成性动力机制，就必须在洞见已有研究中各种虚幻二元对立的基础上，进一步探寻生成大学生学习实践的认知体系的本体性根源，亦即文化资本的分布情况，正是这种作为社会有效资源的文化资本的分布状况，规定了加诸大学生学习实践之上的外在约束。

2. 基于实践知识的意义关系：大学生在大学场域中的主观立场

图式这一概念，最早是由皮亚杰提出的，意指个体对外部世界或某类活动的相对稳定的认知、思维和行动模式。大学生的心智图式，既是个体主观认知结构的反映，也是客观性社会原则的体现，如教育是传授和塑造；教育是唤醒和探究，等等。随着大学生个体在长期的学习经历中不断接触各种各样的社会状况，这些经历的结果也因此日积月累，个体也就逐渐被灌输进一整套学习惯习（或性情倾向系统），即客观性社会结构在身体层面的体现。学习惯习（或性情倾向系统）一旦生成，便较为持久地对学习实践发挥作用，同时也可转换，将现存社会环境的必然性予以内化，并在有机体内部打上经过调整定型的惯性及受外在现实约束的烙印，以确保大学生的学习实践能够持续有效地适应外部现实世界。

凡此表明，大学生的学习惯习，本质上是大学生关于学习生成的实践知识，即嵌入认知或心智结构之中的学习图式系统，是外在社会结构形塑的产物，也是客观性社会原则内化的结果。经由形塑和内化过程，大学生学习实践中各种超个人的、无意识的实践知识得以构建。在学习惯习所涵盖的图式系统中，知觉图式强调大学生对学习投入和学习情境的感知，主要反映在知识观和学习观上，如学习是从教师那里或书本上获取知识填补自身空白的活动，学习是促进自身心智发展、推动自身向上向善向美的实践活动，等等；评价图式是在先有实践知识的基础上对学习过程和学习结果进行评价的原则，如考试成绩是衡量个体学习优良与否、学业成功与否的重要标准，等等；行动图式则是大学生在现实的学习实践中倾向采用的行动模式，如基于理解和解释的深层学习方法抑或基于机械记忆和复制的表层学习方法，等等。换言之，生成大学生学习策略和学习实践的知觉、评判和行动的图式系统，从根本上是一种理解范畴和意义范畴的符号系统。这种分类图式或符号系统，作为大学生主观立场的生成性母体，不仅在他们的学习行动中持续发挥着实践知识的作用，而且在极大程度上维持了大学场域的现存秩序，构建了大学场域的既定状态下可以被察觉的协调统合。

涂尔干曾指出："教育的目标根本上在于给孩子一种必要的推动力，让他能够以正确的方向开始人生之旅。因此，教育的目标必然要以一种特定的方式加以组织，使其有能力产生符合该目标要求的深刻持久的效应。"① 大学教育的职能，一方面，在于对大学生传递必要的客观化文化资本，颁发制度化学历文凭，使个体具备能够贯穿和维系过去、现在和未来的知识系统、文化能力以及基于文化资本的合法性证明；另一方面，更为重要的是，在大学生的心智中灌输一种身体化文化资本，使之生成趋于客观潜在性学习实践的学习惯习（或性情倾向系统），确保大学生能够顺利在大学场域与其他场域，如社会场域、经济场域、政治场域或权力场域之间，建立有效连接，实现平稳的场域过渡和资本转换。由此可见，就大学生学习而言，经由社会建构的各种分类图式或符号系统，不仅影响着大学生在大学场域中的主观立场，而且构成了大学生反身性建构自身学习实践的客观依据。概言之，正是结构性力量的施加者（大学场域）与结构性力量的承受者（大学生）之间的积极共谋，构建了大学生学习实践的结构形塑机制，并使大学场域成为一种社会建构的意义空间。

三　大学场域作为一种动态开放的空间

大学场域中的各种位置并非固定不变的，而是作为一种客观关系构型，始终伴随大学场域的历史性和社会性流变，伴随各种隐而未发的力量与正在活动的力量（如知识性质的转变、大学场域的特殊利益形式的转变等），不断自我生成和自我更新。大学场域中占据不同位置的行动者之间围绕特定文化资本展开的争夺和竞争，也不断赋予大学场域以新的意义关系和变革基础。由此观之，大学场域同时具备了共时性的调适能力和历时性的动态变化两种运作逻辑。

1. 竞争关系：大学场域运作和转变的原生动力

在布迪厄看来，尽管场域理论与卢曼的系统理论有许多相似之处，如分化和自主化的过程在两种理论中都发挥了至关重要的作用，但是二者最

① ［法］爱弥尔·涂尔干：《教育思想的演进》，李康译，上海人民出版社 2006 年版，第35 页。

大的不同在于，场域理论排除了一切功能主义和有机论，场域既是力量关系和意义关系的空间，同时也是旨在改变场域的斗争关系的无休止的变革空间。从这个意义上，大学场域运作和转变的原动力，既在于它的结构形式——基于不同行动者拥有的文化资本的力量关系构型，同时，还特别根源于大学场域中相互面对的行动者之间基于文化资本差异而形成的距离、鸿沟和不对称关系。凡此表明，竞争和冲突关系构成了大学场域的动力学原则，具体说来，这一点又突出表现为以下两个方面。

其一，大学场域并非一个始终以共有功能、内在统合和自我调控为特征的关系构型，而是同时充满竞争和冲突的无休止的变革空间。大学场域的特有逻辑和必然性，是在随时间演进的历史进程中，经由一代又一代人的集体努力，不断推进和反复创造的产物，是基于文化资本的冲突和竞争的产物。例如，在中国大学场域中，对于确定谁有资格进入大学学习、谁有资格获得学历文凭方面，是在政府和国家意志的主导下，经由长期的教育实践和学习实践，逐渐确立和完善的考试制度来加以实现的。在大学场域中，无论何时，都充斥着行动者之间（如师生之间、生生之间）基于客观化文化资本的争夺和竞争：一方面，教师为了巩固和确保自身在教学之中的知识传授者位置，尽可能地以"无所不知"的权威姿态来标榜自己的绝对优势地位，同时，教师之间也会为"谁才拥有更多的客观化文化资本"而展开激烈的竞争；另一方面，由于考试成绩的优异与否直接成为衡量一个学生"好"与"坏"的重要标准，因此，这一标准加剧了学生之间在学习实践中的应试性竞争。

凡此表明，就当前中国的大学场域而言，个体进入大学学习的资格，以及获得学历文凭的资格，都是通过考试制度和录取通知书发放这一仪式授予行动来加以确认的。对此，布迪厄指出："考试的逻辑在'被录取者'和'被淘汰者'之间，更加戏剧性的是，在会考的最后一名入选者与最前面一名淘汰者之间，造成了绝对的不连续性；正如考试的逻辑以最典型的方式所显示的那样，学业制裁之所以能够出色地发挥作用，就在于所有的人认识并且认同这条将他们从普通人中间分离出来的边界，并且由此转变被录取者的信仰，使他们认识到（并认同）自己的特别。"[1] 由此

---

① ［法］皮埃尔·布迪厄、［美］华康德：《实践与反思——反思社会学引论》，李猛、李康译，中央编译出版社1998年版，第171—172页。

可见，对于大学生来说，只要拥有了大学场域所确定的禀赋形式，或者说，他们被认为是最富有学校所认同的特性的个体，且最具有符合客观社会原则和制度化学习要求的学习惯习，那么，他们在被遴选的同时，也被赋予了进入大学学习的合法性身份；他们在被授予学位证书的同时，也获得了在未来职业市场中发挥象征性效力的符号资本。此外，考试的逻辑也意味着大学场域的边界是动态的，它们本身就是大学场域内冲突和竞争的关键。

其二，在大学场域的某个既定状态下能够被察觉的协调整合，即大学生在学习实践中表现出的对共同功能的取向，实际上肇始于冲突和竞争，而非大学场域的内在固有理性的自我发展结果。一方面，大学生在遵守大学场域特定逻辑和规则的先决性前提下，可以通过参与各种学习实践来改变或维持他们所拥有的文化资本的数量和结构，如增加他们所拥有的、在大学场域与其他场域（如社会场域、经济场域或政治场域）之间具有高兑换比率的文化资本的数量。在此过程中，大学生从大学场域基于文化资本分布的客观关系构型出发，通过审视和比较自己与其他行动者之间的文化资本状况和所处位置，策略性采取相应的学习实践，来维持自己的有利位置，或改变自己的不利位置。另一方面，大学生在学习实践中采取的各种学习策略，是大学生在自身文化资本随时间而演进的社会化轨迹中，经由大学生的学习惯习建构的产物。基于此，大学生同样可以在学习实践中，借助有意识的监控和反思，去部分或彻底地改变生成学习策略的学习惯习。因此，从大学场域的动态性和变化性出发，分析大学生学习实践，旨在排除一切功能主义和有机论，并彻底同传统结构主义毫无变通弹性的决定论区别开来。

2. 变革逻辑：大学场域与社会结构的共变关系

在大学场域中，基于文化资本分布的各种位置之间的客观关系构型，业已经过了时间的考验，并体现在现实的学习实践中。其中任何一种关系，都不是偶然性的产物，也不随行动者的意愿发生转变，而是一方面受大学场域的特定文化资本形式所决定，另一方面也是社会的结构性力量发挥作用的结果。与此同时，大学场域是一个动态、开放的空间，完全自主和孤立的大学场域是不存在的，大学场域的变革逻辑表现为：首先，大学场域的变革始终与社会变迁紧密相关：社会结构的变迁，必然会引起大学场域也随之发生相应改变。这一点，正如涂尔干所指出的，"在当代社会的结构中，业已发生的变迁，都必然要在学校体制这块专门领域中引起同样深刻的转型"①。其次，改变各种文化资本形式的分布和相对分量，也就相当于改变大学场域的结构。一旦作为大学场域特殊利益形式的文化资本的性质发生改变时，就势必会改变大学场域中行动者的文化资本状况和他们所处的客观位置，从而使大学场域中充斥着各种力量关系和竞争关系的博弈和较量，这既构成了大学场域的动力学原则，也催生了大学场域的结构性变迁和大学生学习实践的根本性变化。

综上表明，大学场域既是一个包含各种隐而未发的力量和正在活动的力量的空间，同时也是一个旨在维持或改变各种客观位置（或力量）构型的、充满冲突和竞争的变革的空间。大学场域作为反映特定文化资本分布状况的客观关系构型，从根本上构成了占据不同位置的大学生（以集体或个人的方式）确立学习取向和学习策略的结构性动力。

第二节　学习惯习视角下大学生学习实践的个体建构机制

在制度化的大学场域中，为什么大学生学习如此具有规律性，如此具有可预见性？如果说大学场域的客观结构并不机械地约束着大学生的学习行为，那么又是什么赋予了大学生学习以高度相似的实践模式呢？对于上述问题的回答，必须借助于学习惯习这一概念。布迪厄的惯习理论同场域理论一起，构成了一整套完备的社会实践理论体系。借助惯习，布迪厄发展出一种社会行动理论，同理性行动论者认为认知具有理性和计算性特征不同，他转而关注被视若当然的实践行动的前意识过程，认为行动的知觉和评判图式密切相关并在某种程度上从属于认知。正是这种认知转向，使社会实践理论作为一种综合性研究范式，同以往大学生学习研究中非此即彼的社会决定论或理性选择理论区分开来，通过全面考察大学生学习惯习的历史性和建构性，来解释生成大学生学习策略和学习行动的实践理性。

---

① ［法］爱弥尔·涂尔干：《教育思想的演进》，李康译，上海人民出版社 2006 年版，第13 页。

一　大学生学习惯习的双重属性

一直以来，关于实践行动的认识论，始终存在两种根本性的二元对立：一种是唯物主义和唯心主义的分化，对于这种二元对立，马克思曾在《关于费尔巴哈的提纲》第三条中批评道："从前的一切唯物主义（包括费尔巴哈的唯物主义）的主要缺点是：对对象、现实、感性，只是从**客体**的**或者直观**的形式去理解，而不是把它们当作**感性的人的活动**，当作**实践**去理解，不是从主体方面去理解。因此，和唯物主义相反，**能动的**方面却被唯心主义抽象地发展了，当然，唯心主义是不知道现实的、感性的活动本身的。"① 此外，关于实践活动的认识论，还存在一种主观主义和客观主义的分化：客观主义过于强调结构必然性，将行动视为个体或群体在各种外在的结构性逻辑的制约下消极被动的机械反应；主观主义则过于夸大个体能动性，把行动理解为行动者经过有意图的选择和刻意盘算，实现效用最大化的理性过程，而无视行动者本人在经济方面和社会方面受到的各种结构性制约。针对实证主义唯物论和唯智主义唯心论、主观主义和客观主义之间"非此即彼"的二元分立，布迪厄的惯习观既追求使一种唯物主义的知识观成为可能，又力争不限于唯心主义之中；既摆脱了主体哲学的阴影，又不抛弃行动者；既克服了结构哲学的束缚，又不忽略结构作用于行动者且通过行动者体现出来的各种效应。②

就大学生学习实践而言，"学习惯习"这一概念，最主要的是确定了一种立场，即一种明确地建构和理解具有特定"逻辑"（包括暂时性的）的学习策略和实践行动的方法。从学习惯习的视角出发，蕴含于大学生学习实践之中的建构性，既存在于大学生学习认知的社会建构之中，也存在于大学生对自身学习的实践反思之中。也就是说，大学生关于学习的认知是被建构出来的，而不是被消极被动地复制下来的，这种建构的原则存在于社会建构的学习惯习（或性情倾向系统）中；这些学习惯习（或性情倾向系统）在实践中获得，又持续不断地旨在发挥各种实践作用，不断地被客观结构形塑而成，不断地处在主观心智结构的生成过程中。基于

---

① 《马克思恩格斯选集》第1卷，人民出版社1995年版，第54页。
② ［法］皮埃尔·布迪厄、［美］华康德：《实践与反思——反思社会学引论》，李猛、李康译，中央编译出版社1998年版，第165页。

此，学习惯习具备一种双重属性：它同时兼备"建构性、创造性、再生性和被建构性、稳定性、被动性"①。惯习概念集中表现了布迪厄"建构的结构主义"或"结构的建构主义"的理论本质②。

1. 大学生学习惯习的共时性与历时性

学习惯习是由客观社会条件包含的可能性与不可能性、自由和必然、方便和忌讳所持久地灌输的，产生一些客观上与这些条件相容的、可以说预先适应这些条件要求的行为倾向；惯习是历史的产物，按照历史产生的图式，产生个人的和集体的、因而是历史的实践活动；它确保既往经验的有效存在，这些既往经验以感知、思维和行动图式的形式储存于每个人身上，可靠地保证实践行动的一致性和它们历时而不变的特性。③ 从这个意义上，学习惯习是行动者在长期的实践行动中，通过时间的积累，将既往经验逐渐内化于自身意识之中，并作为一种实践知识或认知结构（各种知觉图式、评判图式和行动图式），指挥和调动行动者的未来行动，成为大学生学习实践的强有力的生成机制。由此观之，时间因素始终贯穿于"大学生学习惯习的生成"以及"学习惯习促学习实践生成"的双向过程之中，而这一过程，是共时性和历时性④交互运作的结果。

凡此表明，学习惯习是大学生在长期的受教育过程（或时间领域）中被历史地加以内化的潜在行动倾向；透过学习惯习，大学生过去、现在和未来的学习都在实践逻辑中得以体现。学习实践是一种时间化的行动，在这个行动中，作为历史产物的学习惯习，以一种前反思的下意识的把握能力指涉蕴含在过去中的未来；或者说，大学生通过调动以往的学习经验，对以客观潜在性状态深藏在现实情境之中的未来进行实践预期，从而实现了对当下现实的超越。

2. 大学生学习惯习的生成性与创造性

大学生学习惯习作为一种被形塑的心智结构，是通过将社会和历史建构的感知、评判和行动图式深刻地内化于个体的心智之中而生成的。学习

---

① 高宣扬：《布迪厄的社会理论》，同济大学出版社 2004 年版，第 116 页。

② 宫留记：《布迪厄的社会实践理论》，河南大学出版社 2009 年版，第 150 页。

③ ［法］皮埃尔·布迪厄：《实践感》，蒋梓骅译，译林出版社 2012 年版，第 76—77 页。

④ 共时性与历时性是语言学家索绪尔提出的两个概念。共时性强调一种结构性的静态分析，历时性强调一种过程性的动态分析。在此用这两个概念，是为了表明在从学习惯习视角出发对大学生学习实践的分析中纳入了一种时间因素。

惯习的生成，正是大学生获致关于学习的认知结构或实践知识的过程；此后，在学习惯习的实践运作下，大学生能够按照"实践逻辑"的直觉行事。实践逻辑是行动者持续接触某些客观社会条件后的产物，当学习惯习赖以形成的社会条件与学习惯习被应用时的社会条件高度类似时，行动者能够以某种方式预料到世界的内在固有的必然性，从而使学习惯习以"全部过去的有效在场"这一前意识甚至无意识的方式生成学习实践。换言之，学习惯习之所以能持续地发挥实践作用，是因为它在大学生的意识和话语运作之前发挥效力，超出了意志控制的范畴；学习惯习深嵌于大学生的身体和心智之中，是一种无穷的作为技艺（art）存在的生成性能力，能完全自由地生成行动者的认知、情感、思维和行动等，但这些产品总是受限于学习惯习生成时所处的历史和社会条件。

然而，这不意味着大学生的学习总是必然地受外在结构决定；大学生作为行动主体，其能动作用同样可以借助学习惯习而存在和发挥作用。因为，从实践操持（practical mastery）的意义上看，学习惯习作为一个开放的性情倾向系统，又必然被赋予一种创造性艺术。通常来说，学习惯习之所以发挥实践作用，在于它不被人们所认识，且不以人的意志为转移。一旦惯习遭遇的客观条件不同于其生成的客观条件时，行动者有意识的反思便具备发挥作用的空间，在学习惯习的引导下，行动者通过"即兴创作"，应对某些未曾预见的境遇。当大学生持续有意识地发挥自身的主体能动性，来审视和反思自身的心智结构和学习实践，并调适、改造或重塑自身的学习惯习时，他的学习就势必成为一种主体性建构的实践行动。

3. 大学生学习惯习的稳定性和滞后性

惯习是一种先验的前反思模式，是已经沉淀成生存心态的、长期反复的个人和群体的特定行为方式，是已经构成内在的心态结构的生存经验，是构成思维和行为模式的、具有持久效应的禀性系统。[①] 这意味着学习惯习一经生成，便可以持久稳定地发挥作用。学习惯习的内化既是大学生在教育经历中实现个体社会化的过程，也是大学生学习实践的生成性偏好结构的形成过程。大学生个体的学习轨迹和成长轨迹印刻在他们的学习惯习之中，并内化为他们关于学习的认知图式、思维图式及行动图式等实践知识，从而使他们的心智结构或认知结构总是带有他特殊的生存轨迹和发展

① 高宣扬：《布迪厄的社会理论》，同济大学出版社2004年版，第115页。

轨迹的烙印。在大学场域中，大学生每时每刻都通过自身业已形成的学习惯习，来感知和领会现实学习情境中的各种外在因素和制约性条件。

尽管惯习是个体的历史实践建构的产物，但它却具有比历史更长的生命力，具有比历史更顽固的延绵性和持续性：① 生成学习惯习的制度化学习环境早已在岁月流转中变换更迭，但学习惯习却作为历史性的产物，被深深地嵌入个体的心智结构之中，持续存在并发挥作用。当大学生面临的新的学习情境与以往生成学习惯习的情境不尽一致时，学习惯习特有的滞后效应便出现了。面对特定的新境遇，大学生依靠学习惯习"即兴发挥"，以形成新的学习经验来应对这些未曾预见的境遇，并在此基础上，要么进一步巩固和强化原有的学习惯习，要么调适或重构新的学习惯习。

二　大学生学习惯习的实践逻辑

学习惯习既是在行动者身心内部嵌入和生成的以各种图式系统表征的认知结构或心智结构，也是经由结构化和制度化学习环境社会性建构的产物。正是在"外在结构内在化"和"内在结构外在化"的双向运作下，在社会性因素与个体性因素的交互建构中，大学生的学习惯习才得以在实践中生成，并持续发挥实践作用。就此而言，学习惯习具有双重结构：一方面是内化于大学生身心之中的主观精神状态，另一方面是外化为大学场域中大学生的学习实践。学习惯习构成了个人与社会、主观与客观、内在与外在等一系列关系的中介物和转换环节。

1. 学习惯习对大学生学习实践的结构性作用

学习惯习对大学生学习实践而言，是一种结构形塑机制，突出表现为一种"结构的建构主义"或"促结构的结构"。这意味着在学习惯习的促发下，大学生对自身的学习实践有一套基本的、前反思的假定，它来自外在社会结构形塑学习惯习而生成的大学生的认知或心智结构；社会结构与大学生心智结构之间的对应关系，使大学生将社会建构的关于学习的实践知识视为一种理所当然和自然而然的，并认可接受和深信不疑的图式范畴来引导自身的学习实践。

从学习惯习的生成性逻辑出发，大学生个体的学习经验是十分重要的，且具有明显的连续性特征。学习惯习作为大学生的生成性学习偏好结

---

① 高宣扬：《布迪厄的社会理论》，同济大学出版社 2004 年版，第 120 页。

构，与大学生的社会化过程密切相关，学习惯习是一种体现在大学生身体上的社会性。凡此表明，大学生的学习惯习是一种"外在结构内在化"的历史性过程，这个过程具有某种相对的不可逆性：每时每刻，大学生都通过已由以往学习经验建构而成的图式系统来感知、理解和领会学习情境中的各种外在刺激和客观要求。大学生的先有学习经验是优先的，更为重要。学习惯习所形塑的心智结构或性情倾向系统具有相对的封闭性：一方面，大学生在某一特定的学习情境中获得的知识、技能和经验，将会成为他有效地把握、理解和处理后来学习情境的工具。① 另一方面，大学生在以往学习实践中生成的由感知、评价和行动图式构成的学习惯习，正是他们生成学习策略的原则，这种原则能使他们应付各种未被预见、变动不居的学习情境，从而使其具备适应外部环境和应对外部挑战的能力。从这个意义上，学习惯习所经营的策略是系统性的和特定的，其原因是这些学习策略的"促发"源自它们与某一特定场域的遭遇：当大学生置身于一种自己业已适应的学习环境或相对熟悉的学习情境时，基于学习经验的连续性而生成的学习惯习就会展现自身，从而自发地（无须借助任何形式的反思）产生具有客观趋向的学习取向、学习策略和学习实践。

2. 学习惯习对大学生学习实践的建构性作用

学习惯习对大学生学习实践的建构性作用，突出表现为一种"建构的结构主义"。布迪厄指出，只要行动者以某种主观性——客观性的无中介的内化——为基础展开行动，他们就总是只能充当"以结构为真正主体的那些行动的表面主体"。② 这意味着学习惯习作为一种"促结构的结构"，惯习生成时的客观社会结构才是大学生学习实践背后的真正主体，而大学生仅仅只是表面主体，这一实践逻辑恰恰是大学生在个体无意识基础上与之共谋的结果。大学生只有通过反思性地把握他们思考和行动的范围，越是清醒地意识到自身的社会性存在，就越是不可能被限制着他们的外在客观性所驱使。也就是说，大学生运用社会分析的方法，深刻洞察和认识结构形塑机制，把对自身的学习惯习的认识从无意识或前意识的层面上升到（话语）意识层面，并同它保持距离，冷静地对其进行对象化观

---

① ［美］约翰·杜威：《民主·经验·教育》，彭正梅译，上海人民出版社 2009 年版，第296 页。

② ［法］皮埃尔·布迪厄、［美］华康德：《实践与反思——反思社会学引论》，李猛、李康译，中央编译出版社 1998 年版，第52 页。

察和反思，通过将社会性力量转变为主体建构力量，有意识地调适或重构自身的学习惯习时，才有可能唤醒自身的主体意识，改变实践倾向，促进自我的主体性发展。

大学生学习惯习作为一个开放的性情倾向系统，总是受大学生个人经历支配或影响。大学生的学习经验要么强化它的作用，要么修改它的结构。因为，从学习经验促发的学习结果来看，并非所有的学习经验都具有普遍的有效性，学习经验在现实的学习实践中既可能是消极的，也可能是积极的。对于学习经验的双义性结果，杜威曾在《经验与教育》（1938）一文中指出："在任何情况下，经验都具有某种连续性，都会因此产生特定的偏爱或厌恶等态度，从而影响未来经验的性质，使这个或那个目的的实现变得相对容易或相对困难。此外，每个经验还会在一定程度上影响未来经验获得的客观条件。"[①] 凡此表明，大学生的学习惯习，既生成大学生的学习实践，又彰显大学生的学习风格；既记载了大学生的社会轨迹和受教育经历，又在不同的境遇中即兴创作；既具有前后一致的稳定性和持续性，又随时随地在客观社会条件的影响下发生改变；既体现大学生个体的天性和禀赋，又反映了他所属社会群体的阶级属性；既作为社会结构长期内化的产物，以性情倾向系统予以表征，又主动外在化为大学生的学习实践，并借此反复再生产着新的社会结构。从这个意义上，大学生的学习惯习是集历史经验与实时创造于一身的"主动中的被动"和"被动中的主动"，是社会客观制约条件和行动者主观的内在创造力的统一。[②]

三　大学生学习惯习的运作机制

如前所述，学习惯习是随时随地伴随着大学生的生存和学习轨迹的性情倾向系统，它反映了大学生的生存心态和学习风格，包含了大学生关于学习的实践知识，如学习取向、学习策略、学业期待及实践行动等。因此，要想把握大学生学习实践的生成性动力机制，就必须对大学生学习惯习的运作机制进行深入分析，通过将大学生社会化了的身体视为一种理解的生成能力和创造能力的宝库，视为被赋予了某种结构形塑潜力的一种

---

① ［美］约翰·杜威：《民主·经验·教育》，彭正梅译，上海人民出版社 2009 年版，第290 页。

② 宫留记：《布迪厄的社会实践理论》，河南大学出版社 2009 年版，第 150 页。

"能动的知识"① 形式的载体，而不是某种客体对象，去分析作为大学生学习实践促发机制的"外在社会结构与大学生心智结构在本体论意义上的对应关系"。

1. 学习惯习的运作方式：外在结构内在化与内在结构外在化

关于惯习对实践行动发挥的动力作用，布迪厄在1977年出版的《实践理论大纲》一书中指出："惯习首先体现了一种组织化（organizing）行动的结果，其含义与结构一类词接近；同时，它还意指一种存在的方式，一种习惯性状态（尤其是身体的习惯状态），还包括了其他许多方面，特别是某种性情倾向（predisposition），某种趋向（tendency），某种习性（propensity）、或是某种爱好（inclination）。"② 由此可见，以社会形塑的身体的方式存在的学习惯习，对于大学生学习实践的作用方式，蕴含在一系列"组织化行动""身体的习惯状态""关于学习的性情倾向"之中，凡此种种，都意味着学习惯习是以一种前意识的把握能力来加以运作的，它同时具有"外在结构内在化"与"内在结构外在化"的双重结构化属性。

"前意识"是弗洛伊德在精神分析中提出的一个重要概念，它同"意识"和"潜意识"一起，构成了意识结构的三种水平。所谓意识，是指在某一时刻个人对自己的活动能够觉知的程度；前意识则是指在当前瞬间未被意识到，但却很容易被意识到的经验；潜意识是指一种在意识之外进行的主动心理活动，它会对个人的知觉、认知、动机和情绪产生重要影响，但却无法十分清楚被觉知，只能以梦境、口误或精神分析的方式被部分知晓。③ 凡此表明，前意识是介于意识与潜意识之间的一种意识水平，前意识与潜意识最大的区别在于个人对潜意识中积累的经验往往无法回忆，而对于前意识的经验则是可以回忆的。④ 前意识意味着个体能够提前

---

① 大学生对自身学习实践的自我决定作用，是在社会建构的知觉、评判和行动图式所形塑的认知结构和心智结构的基础上得以实现的，因此，大学生对自身学习实践的各种"能动的知识"，在很大程度上，仍是在某种外在客观结构形塑机制的基础上获得和发展的。从这个意义上，学习惯习对大学生学习实践的最初作用形式，是一种"结构的建构主义"，即大学生个体关于自身学习实践的自我决定原则，是由制约这一建构过程的客观社会条件所决定的。

② Bourdieu Pierre, *Outline of a Theory of Practice*, trans. Richard Nice, New York：Cambridge University Press, 1977, p.214.

③ 黄希庭：《心理学导论》，人民教育出版社1991年版，第85—86页。

④ 张春兴：《张氏心理学大辞典》，上海辞书出版社1992年版，第500页。

预知自己的某种实践行动的发生及其后果，在通常情况下，它是以一种前反思的形式存在的，只是在特殊的情形下，个体才会对经验进行回忆，使之上升到意识的水平上来。

就大学生学习实践而言，学习惯习构成了大学生对现实世界不加反思的基本熟识，并以一种前意识的把握能力，来促使大学生理解和领会自身学习实践所面对的各种客观社会条件，以一种生成性的自发方式，引导和塑造大学生的学习实践。正是在这一前对象性的和非设定性①的层面上，学习惯习规定和预设了大学生学习实践中种种客观潜在的可能性。伴随大学生学习惯习的生成过程，大学生与现实世界之间，不再是主体与客体之间的关系，而是社会建构的学习知觉、评判与行动图式（学习惯习）与生成这一图式系统的外在社会结构之间的"本体论契合"（或结构上的对应关系）。这种"本体论契合"，既如帕斯卡尔所说，"世界包容了我，但我能理解它"；又如布迪厄所说，"无论何时，一旦我们的惯习适应了我们所涉入的场域，这种内聚力就将引导我们驾轻就熟地应付这个世界"②。

2. 学习惯习的运作前提：社会结构与心智结构的对应关系

构成大学生学习惯习的知觉、评判和行动图式究竟是如何生成的？又是如何形塑大学生的认知结构或心智结构，进而生成大学生的学习实践？对于这一系列问题的回答，社会实践理论为我们提供了必要的逻辑思路：在社会结构与大学生的心智结构之间，在社会建构的学习原则与大学生适应外部现实世界的实践知识之间，存在着一种本体论意义上的契合关系，或者说，一种结构上的对应关系。随着大学生在长期的学习经历中不断接触教育场域的客观制度化学习环境，他们逐渐被灌输进一整套由社会建构的知觉、评判和行动图式，并由此生成学习惯习（或性情倾向系统）。这种学习惯习（或性情倾向系统）一旦生成，便具有持久稳定性，它既扎根于制度化结构之中，又寄居在个体的身体之中，通过将学校场域特殊的

---

① 设定性（thetic）是一个重要的现象学概念，指社会成员对某种给予物的"存在信念"，可以说，任何一个客观对象化的行为都是"设定性的"，都认定了客观对象的"存在"。而前对象性的层面则具有非设定性的特征，这就意味着大学生个体在学习惯习的促发下，在自身的心智结构与外在的客观结构的直接契合关系中，大学生的学习实践并不像根据某种规范原则推演出来的行为那样，具有严格的规律性，而是呈现出一种以前对象化和非设定性为特征的生成性的自发方式。

② ［法］皮埃尔·布迪厄、［美］华康德：《实践与反思——反思社会学引论》，李猛、李康译，中央编译出版社 1998 年版，第 22 页。

逻辑和必然性予以内化，并在大学生有机体内部打上惯性调整及外在现实约束的烙印，从而使各种超个人的、无意识的社会原则对大学生的学习实践发挥着制约和形塑作用。

尽管学习惯习是一种被社会结构形塑了的结构，但同时它也是一种处于不断生成过程中的结构，即学习惯习不仅强调大学生认知或心智结构的历史性，同时也承认大学生认知或心智结构的相对性。虽然大学生将大学场域的制度化结构以学习惯习的形式加以内在化了，但是他们的学习策略和学习行动"根源于却不完全取决于过去"。一旦大学生发挥自身的能动主体作用，普遍作用于这类历史结构时，便能借助一系列主体性和反思性学习策略的持续建构，来一刻不停地塑造着、再创造着学习惯习，从而在社会结构和大学场域的制度化结构所允许和承受的范围内，对自身的学习惯习（或性情倾向系统）进行调适、转换，甚至重构。

3. 学习惯习的运作结果：学习的群体同质性与个体异质性

从宏观层次上，大学场域的制度化结构与大学生的心智结构二者之间在本体论意义上的对应关系，使得"寄居"在大学生身体内部的各种学习图式或原则体系，形塑了学习共同体的认知结构，从而使处于同一大学场域中大学生都能够共享类似的学习惯习，这种学习惯习不仅创造了一种共享的类型化知识体系（或符号意义体系），而且创造了一种持续稳定的学习实践逻辑。

从微观层次上，学习惯习犹如一种发条，需要大学生去发动它。完全相同的学习惯习，在面对大学场域各种不同刺激和学习情境时，会产生具有差异性的甚至相差甚远的学习结果。即使大学生们处于同一学习环境之中，也会由于具体学习情境的不尽相同以及大学生在认知、思维和行动模式上的个体差异性，使每个大学生体验学习情境的"瞬时结构"[1] 互不相同。这就解释了为什么身处同一学习环境的大学生，有时从学习结果看却像是身处不同之处。对此，普洛瑟和特里格维尔在说明大学生对教学的理解模式时曾指出："由于学生先有学习经验不同，由此引发的对学习情境

---

[1] 马顿等研究者在对学生学习观进行因素分析时使用了"瞬时性"（temporality）的概念，其基本观点是：在任何一个学习行为中，学生同时处于以下三个持续的状态——知识的获取、知识的理解和知识的运用。参见［澳］迈克尔·普洛瑟、基思·特里格维尔《理解教与学——高校教学策略》，潘虹、陈锵明译，北京大学出版社 2007 年版，第 21 页。

的认知差异会将意识中的有些因素凸现出来，而这些因素导致了学习方法上的差异性和学习结果的不同。"①

凡此表明，"寄居"在大学生身体内部的学习惯习，在很大程度上形塑了大学生的认知结构和心智结构，使之成为一种历史性产物，但是，大学生认识结构的相对性和开放性，又意味着大学生仍然能够通过发挥自身的主体性，来对自身的认知结构或心智结构及其生成的学习实践进行有意识的反思、监控和调整，从而在创造自身的学习实践中发挥积极的能动作用。

第三节　学习何以可能：大学场域与学习惯习的本体契合

大学场域与学习惯习之间，存在一种"本体论的对应关系"。这种"本体论的对应关系"具有两种作用方式：② 一是制约（conditioning）的关系：大学场域形塑学习惯习，学习惯习成为大学场域固有的必然属性体现在大学生个体身体上的产物，即由感知图式、评判图式和行动图式构成的性情倾向系统；二是知识的关系或认知建构的关系，学习惯习能够把大学场域建构成一个充满意义的世界，一个被赋予了意义和价值，值得大学生去投入、去尽力的世界。当大学场域与大学生的学习惯习之间呈现出一种"本体论意义上的契合关系"（或结构上的对应关系）时，"实践感"便作为这一契合关系的生成性产物，构成了大学生学习的实践逻辑。

一　大学场域与学习惯习之间的本体论契合

大学生学习实践是在大学场域与学习惯习辩证关系基础上由社会性变量与个体性变量交互建构的产物。当大学生的学习惯习遭遇了与产生它的教育场域相类似的大学场域时，大学生的实践倾向和他所处大学场域的客观结构就会彼此适应，进而自发性地生成大学生的学习策略和学习实践——既非某种公开的、自觉意识到的理性行动，也非结构制约下的机械

---

① ［澳］迈克尔·普洛瑟、基思·特里格维尔：《理解教与学——高校教学策略》，潘虹、陈镝明译，北京大学出版社 2007 年版，第 30 页。

② ［法］皮埃尔·布迪厄、［美］华康德：《实践与反思——反思社会学引论》，李猛、李康译，中央编译出版社 1998 年版，第 172 页。

行动，而是以一种社会化了的主观性（或心智结构）所"预存"的前意识的实践方式，去追寻当下制度化学习环境或具体学习情境里直接给定的"客观潜在性"。从这个意义上，在大学场域与学习惯习的本体论契合关系下，大学生学习实践所遵循的客观取向的行动路线，正是他们在历史的学习实践中，由社会性变量与个体性变量以双向运作的方式交互建构的。对于这一"本体论契合关系"，布迪厄曾评价道："只要行动者以某种主观性——即客观性的无中介的内化——为基础展开行动，他们就总是只能充当'以结构为真正主体的那些行动的表面主体'。"①

1. 本体论契合的表现形式：如鱼得水的灵动自在

每当大学生的学习惯习遭遇的客观社会条件就是产生它的或者相类似的那些客观社会条件时，学习惯习与大学场域之间就呈现出一种本体论的契合关系：学习惯习总能很好地"适应"学习环境而无须自觉地追求目标明确的调适。学习惯习的"适应性"是从以下两个方面得以体现的：一方面，大学生的既往学习经验，以一种"前反思"和"前结构"的形式，凝聚于大学生的性情倾向系统之中，并借助一种无意识或前意识的方式，或者说，在与无意识或前意识的契合之中，引导和指挥着大学生的学习取向、学习策略、学习目标及学习实践。另一方面，大学生对大学场域的信念关系，是一种从历史的学习体验中自然流露出的近于本体论意义上的认同；在这样的关系中，被以往学习经历形塑的大学生身体，反过来直接完全地把持了与某一过去学习经历相类似甚至同一的学习情境。由此可见，在学习惯习与大学场域的本体契合关系下，大学生的认知或心智结构与客观的制度化学习环境之间是相互匹配的，大学场域的效应与学习惯习的效应是彼此重合的，大学生也会由此产生一种"如鱼得水的灵动自在"，即借助既往经验的有效在场来确保学习实践的顺利进行（见图2.1）。

凡此表明，学习惯习对于大学生的学习实践来说，具有一种生成的自发性，它以一种内化的、不以个体意志为转移，甚至不为个体所明确认识和自觉意识的形式而发挥效力的。在学习惯习的促发下，大学生学习实践的生成性和自发性，具体体现在两个方面：其一，学习惯习塑造了一种大学生的"前反思"的学习实践模式，它将社会和历史建构的感知、评判

---

① ［法］皮埃尔·布迪厄、［美］华康德：《实践与反思——反思社会学引论》，李猛、李康译，中央编译出版社1998年版，第52页。

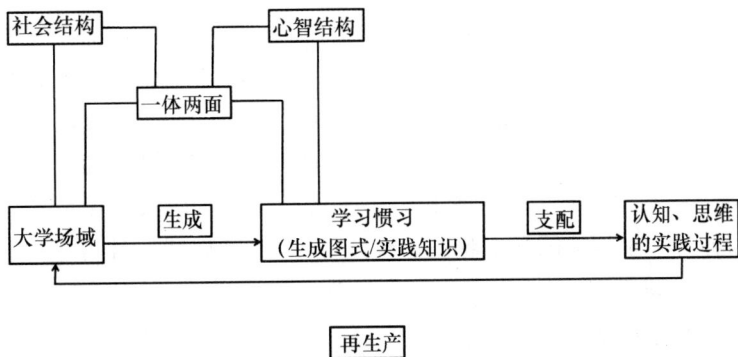

图 2.1　大学场域与学习惯习的本体契合关系

和行动图式通过长期的教育社会化过程内化于个体的心智结构之中，形成大学生关于如何开展学习的实践知识，从而在大学生的前意识中自发地生成了一种趋于客观潜在性的"预先模态化的行动模式"①。其二，学习惯习赋予了大学生一种"下意识的把握能力"，这种"下意识的把握能力"使大学生在"预先模态化的行动模式"的导向下，能够随时针对大学场域中各种未曾预见的结构性学习环境和互动性学习情境采取即兴式反应和行动。在这个意义上，大学生的学习实践不一定是遵循理性的，但总是"合情合理"的，从而避免采用"理性选择"来解释大学生的学习行为，而是转向借助学习惯习来说明大学生的主观期望和客观机遇之间变动不居的辩证关系，再次突出强调了大学生学习实践的双重属性："既在事物中，也在心智中；既在场域中，也在惯习中；既在行动者之外，也在行动者之内。"②

2. 本体论契合的作用机制：前认知的"学习实践感"

大学场域与学习惯习之间的"本体论对应关系"，并非学习情境与大学生"自觉意识"之间机械的因果联系，而是基于二者在结构上的对应性而形成的本体论契合关系，它构成了大学生学习实践的最普遍的一种存在样式。在这种契合关系下，大学生的学习实践正是"学习实践感"直

①　高宣扬：《布迪厄的社会理论》，同济大学出版社 2004 年版，第 119 页。
②　［法］皮埃尔·布迪厄、［美］华康德：《实践与反思——反思社会学引论》，李猛、李康译，中央编译出版社 1998 年版，第 172 页。

接发挥作用的产物。所谓"学习实践感",是一种游戏感,是前认知(先于大学生的学习认知)的,模糊不清的,它类似于吉登斯的实践意识——行动者在社会生活的具体情境中,无须言明就知道如何进行的那些意识①——我们在日常生活中所做的一切,有很大一部分是由"实践意识"来指导的,这就是"不断地"重复社会生活的规则与惯例。② 借助"实践感",大学生们能够从当下的学习状态中解读出大学场域所包含和孕育的各种未来可能的学习状态。因此,"学习实践感"体现了大学生学习的"自动化"特征,它通常在前对象性的、非设定性的层面上运作:在大学生们设想学习环境或学习情境诸如此类的客体对象之前,其学习实践感中内隐的各种社会感受性就已经在引导大学生自发地感受和预见大学场域的客观潜在性,凭着直觉而无须太多思考就能对大学场域中的各种学习情境做出判断及采取"灵感式""即兴式"的反应和行动。

尽管大学场域的各种学习情境作为大学生学习的"客体对象",可以引发无穷多样的视角观点,但是,由于过去、现在和未来在学习惯习中彼此交织、相互渗透,并生成了一种"寄居在大学生身体内部的"主观心智结构,当大学生身处客观的学习环境和具体的学习情境时,学习惯习便作为一种"无须反思的内聚力"被重新激发出来。这时,大学生眼中的学习环境,分布着各种规则和资源,这些客观社会存在,调动了大学生性情倾向系统中所保存的相关历史学习经验,推动他们凭直觉或前意识的把握能力,采取"学习实践感"所指示的、某种"确定"的、具有客观趋向的实践路线。虽然这些学习情境对大学生来说并不是给定的,但是表现得如同是他的实践意向中的内在部分一样。

与之相类似的是,托马斯·莱特霍伊泽借助于"主题领域图式"(theme-horizon-schemes)的概念描述了作为一种心智结构的"日常意识"是如何在个体的学习中生成或演化的。所谓主题领域图式,是一些心智图式或结构,它们在日常情境中的特定领域里维持一种特定主题;通过这些图式,人们能够对日常生活中遇到的各种具体学习情境进行常规解释,而不需要借助任何形式的反思,或发展出一种关于它们的独特认知。从这个

---

① [英]安东尼·吉登斯:《社会的构成》,李康、李猛译,生活·读书·新知三联书店1998年版,第42页。

② [英]安东尼·吉登斯、克里斯多弗·皮尔森:《现代性——吉登斯访谈录》,尹弘毅译,新华出版社2000年版,第53页。

意义上，"日常意识"类似于布迪厄所谓的"实践感"，它们都如同一种"过滤"形式，促使个体能够以一种半自动化的方式来实际操作它，即在很大程度上是无意识的，尽管在方式上还是可以脱离自动状态并且做出更为有意识的选择的。[①] 凡此表明，经过漫长的多方制约过程，大学生所面对的各种客观机遇早已被他们内在化了，他们知道怎样去"识别出"他们的未来，这一切都是通过一种实践性的预期完成的，让他们认为是"不得不"去做、"不得不"去说的东西，而这些东西事后若回想起来，也好像是"唯一"能做、"唯一"能说的了。[②]

二　本体论契合状态下大学生的内隐式学习策略

内隐式学习策略是大学场域与学习惯习之间本体论契合关系的产物。所谓内隐式学习策略，是指一种趋于客观潜在性的"行动方式"的积极展开，而不是对业已经过计算的目标的有意图的、预先计划好的追求；这些客观趋向的"行动方式"乃是对规律性的遵从，对连贯一致且能在社会中被理解和发挥作用的学习实践模式的践行，哪怕它们并未被大学生明确意识，也未致力于某种意图明确和经过事先考虑的目标。由此可见，这种生成性学习策略的好处在于它的经济性：大学生的学习实践无须借助反思，只需通过自动机制进行。

1. 个体无意识与结构再生产机制的共谋

学习惯习作为生成学习策略的原则，它所"经营"的学习策略是系统性的，然而又是特定的，其原因在于学习策略的"促发"源自它们与大学场域的遭遇。当大学场域的客观结构与大学生的心智结构相互契合时，大学生在学习惯习的引导下，借助实践感，或在与无意识的契合之中，通过既往经验的有效在场，采取某种确定的或"预存的"内隐式策略形式和行动类型，确保学习行动顺利开展。布迪厄一再强调，策略不同于规则，混淆策略与规则的区分会引发学究谬误，这种谬误体现在马克思对黑格尔的批评之中："将逻辑的事物当作事物的逻辑。"由内隐式学习策略生成的学习实践具有双重特征：既表现出对规则的服从，同时又并非

---

① ［丹］克努兹·伊列雷斯：《我们如何学习——全视角学习理论》，孙玫璐译，教育科学出版社 2010 年版，第 175 页。

② ［法］皮埃尔·布迪厄、［美］华康德：《实践与反思——反思社会学引论》，李猛、李康译，中央编译出版社 1998 年版，第 175 页。

完全遵守规则的产物。这意味着大学生在开展学习实践时，并不必然循规蹈矩，即使完成最"简单"的学习任务，也不是建立在对规则的有意识遵循的基础之上，相反，它是通过反复练习所掌握的一种实践能力。规则并不能充分解释实际发生的事情，规则只是故事的一部分，在人们讨论什么东西最理想的时候很重要，可是他们的实际行动需要对环境做出不断地调整，这一切就需要超越规则；布迪厄用策略代替规则是为了重新引入时间概念，及其节奏、定位和不可逆性。① "策略是实践意义上的产物，是对游戏的感觉；好的玩家，可以说是游戏的化身，他每时每刻都在按游戏的要求行事，这就预先假定了一种有关创造性的永久的能力，它对于人们适应纷纭繁复、变化多端而又永不雷同的各种处境来说，是不可或缺的。"② 基于此，内隐式学习策略一方面确保大学生知道如何与制度化规则巧妙周旋，知道如何在特殊的学习情境中变通处置；另一方面确保大学生在服从规则的前提下，获得创造与即兴创作的自由空间，按照自己的利益行事。由此可见，布迪厄的策略概念旨在摆脱社会决定论和唯智主义两种偏见，转而从关系论和综合主义视角出发，探寻隐藏在策略背后的实践意义。

大学生基于实践感的内隐式学习策略，是大学场域与学习惯习之间本体论契合关系的产物。内隐式学习策略可归结为一种实践感，二者实质上都是大学生将"外在结构内在化"的产物。隐藏在策略背后的真正原则，即实践的意义，它包含对实践的逻辑或内在必然性的实践感的把握，这种把握来自于游戏的经验，这种把握在意识控制之外，在话语之外产生作用。换言之，内隐式学习策略对大学生学习实践的导向作用，是通过"无意识"机制发挥作用的。对此，布迪厄解释道："无意识，不是别的，实际上就是对历史的遗忘。历史通过将它自己生成的客观结构转为惯习所具有的那些半自然天性，从而自己炮制了对自身的忘却。"③ 从这个意义上，内隐式学习策略的运作过程，实质上是一个微妙的结构再生产过程，

---

① ［美］乔治·瑞泽尔：《布莱克维尔社会理论家指南》，凌琪、刘仲翔、王修晓译，江苏人民出版社 2009 年版，第 709—710 页。

② 包亚明：《布尔迪厄访谈录：文化资本与社会炼金术》，上海人民出版社 1997 年版，第 62 页。

③ ［法］皮埃尔·布迪厄、［美］华康德：《实践与反思——反思社会学引论》，李猛、李康译，中央编译出版社 1998 年版，第 310 页。

个体无意识促使大学生成为再生产机制的同谋：当大学生的学习惯习遭遇与它生成时的客观条件相类似的大学场域时，在学习惯习的促发下，内隐式学习策略生成大学生的学习实践；反过来，大学生的学习实践既强化着大学生的学习惯习，又再生产着大学场域的客观结构。

2. 表面的行动者主体与真正的结构主体

客观主义社会学倾向于把行动的结构化过程看成外部力量作用的结果。我们可能在某一方向被推着走，而在另一方向却又受到束缚。我们的行动受到外力或者规则或者障碍的控制。布迪厄认为，这种说法的不足之处在于，它没有指出社会结构从某种意义上说内在于我们每个人，因为我们从以前行动的经验中吸取了经验，我们在实际做事情的时候都会考虑社会结构要素。① 因此，大学生采取的学习实践方式已经为适应社会结构做出了调整，并且也再生产着社会结构，因为这也是促进他们有效行动的方法。大学生在受教育经历中经验社会结构的同时，也内化了社会结构——而不是外在社会结构以某种抽象的客观模式存在。通过教育社会化所提供的那些范畴，以及通过积极培养自己的理解，大学生形成了对这些结构的实践理解。在实践经验与实践知识相结合的基础上，每个人生成了自己的实际行动倾向，即学习惯习。学习惯习一旦生成，便使大学生作为社会化了的有机体，被赋予一整套学习风格，这些风格可以激发他们的兴趣和能力，参与到学习实践中去，持续再生产着产生他们的社会结构。

与此同时，布迪厄对于社会结构在行动者的内心以心智结构的形式呈现，也是对长期以来社会学中主观主义倾向的一种挑战。主观主义者最基本的两个错误在于：第一，唯意志论色彩浓厚，过于强调行动者的主观能动性和自由意志；第二，对社会生活的解释赋予更多偶然性和更少结构化。在布迪厄看来，社会实践理论一方面要研究社会结构，另一方面又需要研究人们行动的途径，二者是辩证关系的两个方面，而并非两种分化的现象，因为人们的行动正是实践经验的结果，这些实践经验又是人们通过对客观结构的切身经历而获得的。因此，大学生关于学习的认知、评判和行动等实践知识恰恰在学习过程中生成，而学习的过程本身具有客观的结

---

① ［美］乔治·瑞泽尔：《布莱克维尔社会理论家指南》，凌琪、刘仲翔、王修晓译，江苏人民出版社 2009 年版，第 712 页。

构，它们也是社会的产物。尽管大学生对大学场域和学习实践的主观立场确实塑造出了制度化学习环境呈现给他们的形象，可他们如何看待大学场域和学习实践，却是他们从长期的教育社会化经历中习得的结果，而非简单的就是一个自由意志和理性选择的问题。

就大学生学习实践而言，从表面上看，大学生作为行动主体，始终对自身的学习实践发挥着自我决定作用。然而，从实质上看，在结构再生产机制与个体无意识性的交互作用下，作为社会化了的有机体，大学生在学习情境中往往是很难自我觉知的，他们早已在自身的学习经历中，将制度化学习环境和客观社会条件视为理所当然的东西，几乎很少主动或有意识地对自身的学习惯习和由此生成的学习实践进行反思。这样一来，大学生在学习实践中只是扮演了表面上的行动主体，而真正的主体却是隐藏在背后的制度化结构。因此，当大学生未能以一个真正的主体投入学习实践时，其学习在很大程度上是"外控的"或者"他律的"。

第四节　学习何以改变：大学场域与学习惯习的交互建构

大学生的学习实践作为个体为适应社会结构和追求自身利益实现而进行的建构性行动，始终发生在一个持续的社会互动之中，这种互动介于"外在结构内在化"和"内在结构外在化"的双向运作之间，它们倾向于时时平衡彼此。当学习惯习生成所处的历史和社会条件与大学场域的社会条件相类似时，大学生便能自然而然地借由一种"实践感"来完成各种学习行动。这样一来，是否意味着策略性选择和自觉思量不可能作为大学生学习实践的样式呢？答案则不然。因为学习惯习与大学场域之间的直接吻合只不过是大学生学习实践的一种最普遍的样式。当主客观结构间的常规性相互适应受到严重干扰时，危机就发生了；每当危机到来的情况下，至少对于那些处在依理性行事的位置上的行动者来说，真正的"理性选择"就可能接过这份担子。[①]

[①]　[法]皮埃尔·布迪厄、[美]华康德：《实践与反思——反思社会学引论》，李猛、李康译，中央编译出版社 1998 年版，第 177 页。

一 大学场域与学习惯习之间的"不合拍"或脱节

大学生的学习实践始终倾向于在大学生个体与制度化环境之间，通过持续的适应来塑造和维持一种相对稳定的平衡状态，即促使大学场域和学习惯习之间达到一种本体论意义上的契合。然而，在二者契合状态之外，仍存在一些情形：大学生学习惯习与大学场域之间并不吻合。当外在社会结构的变迁引发大学场域的客观结构随之发生变化时，对于那些还保留着被以往社会结构所形塑的心智结构的大学生，他们的学习实践就会显得不合时宜，导致大学场域与学习惯习之间的"不合拍"或脱节。对此，布迪厄曾鞭辟入里地指出，"在整个大学场域中都发挥着作用的那种主观期望和客观机遇之间变动不居的辩证关系，会导致各种各样的结果，从完美无缺的相互契合（此时人们所欲求的，正是他们在客观上被指定的），一直到强烈的脱节（像马克思熟知的那种堂吉诃德效应）"①。

1. 大学生主体意识觉醒与主体建构的前提条件

如前所述，实践的标志就是其"逻辑性"，就是存在着逻辑而又不以逻辑为其原则。实践行动正是实践意义的产物和社会性建构的"游戏的意义"的产物。在大学生社会化的过程中，他们对外在社会结构的认识和理解在很大程度上是通过身体的方式得以体验，仅仅是作为"我们是谁"以及"我们如何在社会世界中存在"这种体验的一部分，这种实体化的感受性就是惯习，它使得结构性的即兴行动得以可能。大学生可以在不刻意遵循规则的前提下开展学习，因为他们已经培养出一种身体上内化了的能力去认识和理解，并对他人正在即兴发挥的行动做出恰当反应，同时他们自己的创造性发挥也需要别人能够感知和理解，并让他人能够对此做出反应。借用布迪厄的隐喻，大学生有效开展学习实践需要的不仅仅是规则方面的知识，而且也需要一种对游戏的实践感。换言之，在他们成为主体之前，已经被灌输了制度化的实践知识。

从某种意义上说，学习惯习是制度与身体之间的连接，表现为个体独特的行动倾向。换言之，它是每个大学生作为生物体的存在与社会结构秩序联系起来的基本途径，联系的具体方式就是让大学生的学习实践保持其

① ［法］皮埃尔·布迪厄、［美］华康德：《实践与反思——反思社会学引论》，李猛、李康译，中央编译出版社1998年版，第175—176页。

意义，并且让学习实践得以持续进行下去。"对于客观结构来说，思想灌输和皈依是必要的，惯习是集体历史的产物，它由灌输和皈依所产生，通过一种持久的、不断调整的行为倾向的方式得以再生，这也正是其发挥功能的基本条件。惯习产生于行动者对历史的参与过程，这种历史客观化于制度之中。惯习使自己得以栖身于制度之中，在实践中不断侵蚀这些制度，使得它们本身能够保持活力。惯习不断地把自己从死气沉沉的书面文字里拯救出来，使沉淀其中的感觉复活，可是与此同时也不得不承受这种重新激活所带来的修正和转变。"① 凡此表明，学习惯习不仅使大学生学习行动显示出结构性，而且是学习行动导致结构再生产的原因之所在。只要大学生以学习惯习为基础展开行动，他们就总是只能充当"以结构为真正主体的那些行动的表面主体"。

　　布迪厄指出，"把行为的形式简化为机械的反应或有意图的行动，就不可能清晰地揭示所有的实践，而这些实践即使不成为理性目的和有意识算计的产物，它们仍能合理地存在。经济理论（及其社会性的衍生物'理性行为理论'），也许最好是被看成场的理论的特定历史时期和境遇中的一个特殊例子"。② 当构建大学生学习实践的主客观结构之间的常规性适应受到严重干扰或破坏时，学习障碍或学习危机就发生了；这时，大学生的主体意识就具备了被唤醒的客观条件，一旦大学生从自身的学习惯习中跳出，与之保持距离，冷静地对其进行审视和分析，并对学习惯习所指示的认知和行动路线进行反思和监控时，学习惯习的运作方式就有可能从最初的"无意识的自在层面"上升到了"有意识的自为层面"，隐藏在学习实践背后的个体无意识或社会无意识机制才会被揭示。正是在这一点上，布迪厄的社会实践理论同理性行动理论划清了界限，他反对从唯智主义出发，认为行动者总是以一种有意识的、系统的、意向性的唯智主义方式来完成各种实践行动。社会实践理论并不否认个体的主体性存在和策略性建构，只是当大学场域与学习惯习之间的本体论契合受到干扰或破坏时，深思熟虑的"理性思考"及"策略性选择"才可能作为大学生学习的权宜之计，用以弥补学习惯习未能顺利实现预期目标时的损失或失败。

---

　　① ［美］乔治·瑞泽尔：《布莱克维尔社会理论家指南》，凌琪、刘仲翔、王修晓译，江苏人民出版社 2009 年版，第 716 页。
　　② 包亚明：《布尔迪厄访谈录：文化资本与社会炼金术》，上海人民出版社 1997 年版，第 167 页。

2. 大学生学习惯习的滞后效应及其调适或重构

当大学生学习的主客观结构之间的对应关系受到严重干扰时，即大学场域与学习惯习之间的契合关系遭遇破坏时，只有借助学习惯习及其特有的滞后性，才能有效解释大学场域与学习惯习之间呈现出的"不合拍"甚至脱节现象。在大学生趋于客观潜在性（或遵循客观取向的行动路线）的学习实践的连续态上，由于大学场域与学习惯习之间的特殊境遇而产生的"不合拍"或脱节现象，突出表现为两种典型的情况。

第一种情况是，当大学生置身的大学场域与其学习惯习生成时的客观条件存在不太大的差异时，大学场域和学习惯习之间会产生某种程度的"不匹配"现象，但这种"不匹配"或许只是暂时的。一旦大学生对学习惯习指示的行动路线以及由此生成的学习过程和学习结果进行策略性思考或反思性认知时，他们才能有意识地自觉把握自己与学习惯习的关系，大学生才能获得某种"主体"之类的位置。此时，反思性的个体性建构行动才能在学习实践中发挥关键性作用，在调整和改变大学生原有认知、评判和行动方式的基础上，进一步调适学习惯习以及由此产生的学习实践。学习惯习的调适存在两种可能的结果：一是学习惯习的固守性和维持性倾向发挥作用，导致学习惯习调适失败，最终引发学习障碍；二是学习惯习的生成性和创造性倾向发挥了作用，有效促成了学习惯习与大学场域之间达到新的平衡与契合，从而使个体通过自身结构性的即兴创造行动重新适应大学场域的客观结构。

第二种情况是，当大学生置身于一个与其学习惯习生成之初的客观条件相异甚大的大学场域时，大学生的学习实践就会显得不合时宜，甚至与制度化环境相互冲突，从而使保留在他们身体之中、由以往客观结构形塑的心智结构的转换速度未能跟上大学场域的变迁，学习惯习与大学场域之间的"脱节"便出现了，由此引发的各种学习不适，将大学生卷入到学习的压力和焦虑之中，甚至引发了他们对学习的矛盾心理。丹麦学者克努兹·伊列雷斯将这一矛盾心理概括为"在同一时刻，个体既想要又不想投入到一个学习过程之中"[①]。对于大学生的主观期望与客观机遇之间的矛盾和冲突，贝克·施米茨（Becker Schmidt）发展出"矛盾宽容"和

[①]　［丹］克努兹·伊列雷斯：《我们如何学习——全视角学习理论》，孙玫璐译，教育科学出版社 2010 年版，第 179 页。

"矛盾防御"两个概念来形容这种情境下的两种境遇：当大学生自我质疑、自我反思，从容面对并忍受冲突时，便是"矛盾宽容"；反之，当大学生在冲突面前退缩逃避时则是"矛盾防御"。同样，学习惯习调适机制大致存在两种典型结果：一是大学生面对大学场域的结构差异或结构变迁给自己带来的种种疑惑、不安全感和挫折感，通过发挥内在的心智能量，即情感上的"感知"和逻辑上的"反思"，来洞察和审视变化了的客观条件，以一种开放和灵活的心态，超越以往学习惯习形塑的习惯性学习模式，调适或建构新的学习惯习，进而使自身的学习惯习与大学场域之间重新生成一种新的适应性平衡。二是受制于学习惯习的强大惯性作用以及大学生的"实践意识"（或个体无意识）构建的学习防御机制，个体不仅强烈感受到先有学习经验的无助感，而且难以发展出敏锐的洞察力和反思性学习策略，难以改造或重构他们的学习惯习，更无法以一种超越的方式开展学习实践，最终导致大学生难以调适和克服学习惯习引发的"迟滞"现象，大学生学习惯习与大学场域之间的脱节越来越严重，甚至导致学习失败。

二 "不合拍"或脱节状态下大学生的外显式学习策略

当大学场域和学习惯习之间出现"不合拍"或脱节，并引起大学生有意识地反思他们与学习惯习的关系时，他们才得以获得某种"主体"之类的位置，借助自觉意识，行动者反思性地把握自身关于学习的认知、评判和行动图式，摆脱那种限制和约束自身学习实践的个体无意识性，认清根植于制度之中、深埋于大学生内心的社会无意识。换言之，大学生"越是清醒地意识到自身的社会性存在，就越是不可能被限制着他们的外在客观性所驱使"①。在此基础上，大学生才能作为能动性主体，借助反思性学习策略的建构，有意识地调适或改造自身的学习惯习，使之从自发层面上升到自觉层面发挥作用，确保学习实践在维持大学生心智结构与外在客观结构相互平衡的基础上，朝着促进个体主体性发展的方向演进。

1. 外显式学习策略：大学生学习惯习的反思性建构

当生成学习实践的主客观结构之间的常规性适应受到严重干扰时，或

---

① ［法］皮埃尔·布迪厄、［美］华康德：《实践与反思——反思社会学引论》，李猛、李康译，中央编译出版社1998年版，第52页。

者说，当学习惯习指示的趋于客观趋向的常规化行动路线无法适应大学场域或外在现实世界时，矛盾或学习危机就出现了。于是，大学生的学习就会面临阿弗莱德·洛伦佐所谓的"系统性断裂实践"（systematically broken practice），即反复出现的不协调、对大学生来说不可理解的东西。这种系统性断裂实践所引发的各种认知矛盾和冲突，会使那些处在依理性行事的位置上的大学生，通过唤醒自我的主体意识，清醒意识到自身的社会性存在，并积极将社会性因素转化为一种建构性力量，对内隐式学习策略和实践模式进行反思性重构。这种基于大学生的主体性和反思性的学习策略，在很大程度上是一种外显式学习策略，与大学生的能动意识和主体性发展密切联系。

对于"反思"的含义，丹麦学者克努兹·伊列雷斯给予了两种层面的解释：一种是"事后再考虑"（afterthought）：学习者对学习活动在事后进行重新考虑或更深层思考，这种反思形式具有问题解决的性质；另一种含义最贴切的特征是"镜式反映"（mirroring）：围绕个体的自我来建立学习理解、积累学习经验和发展学习策略，即自我的重要意义是处于中心地位的，经验被以个人身份的准绳加以评价。① 对于大学生学习实践而言，"反思"意味着大学生在大学场域中获得了"主体"的位置，能够有意识地认识他们与自身学习惯习的关系，以及学习惯习的作用机制；在此基础上，借助自觉意识，大学生可以经过反复思量，选择是让他们的学习惯习"发作"，抑或压制住这些学习惯习，进而反思性调整或重构学习策略和学习实践。在大学生反思性学习策略的建构作用下，大学生的学习惯习可能会发生部分或整体性重构，大学生的学习实践也会随之发生相应变化，呈现皮亚杰的"顺应学习"（accommodation learning）以及梅齐洛（Mezirow）的"转换学习"（transformative learning）的特征。

顺应学习是指对业已建立的心智图式（学习惯习）的整体或部分重构：当外部环境发生变化，大学生的既有图式或认知结构不能直接同化新知识、应对新情境时，个体为了因应环境的要求而自动调整或重构其图式或认知结构的学习历程。顺应意味着对已有准备状态的一种质的超越，它的特征表现为一种超越学习（transcendent learning），当有了必要的前提

---

① ［丹］克努兹·伊列雷斯：《我们如何学习——全视角学习理论》，孙玫璐译，教育科学出版社 2010 年版，第 68—69 页。

条件，顺应过程可以是快速的和突然的——学习者立即理解了事物是如何运作的；不过它也可能是一个比较漫长的过程，学习者扎根于某个问题或某种困难的关系，逐渐地，一步一步地发展出一种新的理解或解决方案。① 转换学习指的是这样一种过程：通过改变我们认为理所当然的参照框架（意义视角、智力习惯、心智背景），使得他们更具包容性、有鉴别力、开放、情绪上能够应对变化以及能够进行反思，从而他们可以产生信念和想法，这些信念和想法将被证明可以更为真实或公正地引导行动。② 转换学习意味着大量心智图式的一种连贯的重组，意味着潜在意义图式和意义视角的重构，它导向了个体人格中的变化。从这个意义上，转换学习是通过大学生学习惯习的重构实现的基于深层自我反思的学习，它不仅带来大学生认知的升级，更重要的是使大学生的心智和自我发生了有意义的变化。

2. 反思性策略的建构机制：意识性与能动性的交互

对于大学生而言，控制学习惯习的第一倾向是很困难的，因为第一倾向是指惯习的生成必然受制于社会结构，即个体的心智结构必然受到社会结构的形塑。然而，反思性的分析告诉我们，学习情境强加给我们的力量，有一部分正是我们赋予它的，我们可以通过改变对学习情境的感知理解，从而改变我们对它的反应。这就意味着，大学生有能力在一定程度上，对通过大学场域的客观位置和学习惯习之间的直接契合关系而发生作用的决定机制，进行反思性监督和控制。只有借助无意识，在与无意识的契合中，决定机制才能充分发挥作用。③ 当大学生有意识地发觉他们与自身学习惯习的关系，以及学习惯习在大学生学习实践与大学场域客观结构之间的中介作用时，大学生对社会决定机制的认识就会从无意识上升到明确的意识层面，大学生也因此获得真正"主体"位置。一旦大学生发挥主体意识，将"实践感"所指示的学习策略从内隐层面上升到外显层面，来反思性地加以建构，大学生主体性学习和发展才得以可能。

---

① ［丹］克努兹·伊列雷斯：《我们如何学习——全视角学习理论》，孙玫璐译，教育科学出版社 2010 年版，第 43 页。

② Mezirow J. , "Learning to Think like an Adult: Core Conceptions of Transformation Theory", In Jack Merizow and Associates (eds), *Learning as Transformation: Critical Perspectives on a Theory in Progress*, San Francisco, CA: Jossey-Bass, 2000, pp. 7 – 8.

③ ［法］皮埃尔·布迪厄、［美］华康德：《实践与反思——反思社会学引论》，李猛、李康译，中央编译出版社 1998 年版，第 182 页。

对于大学生而言，顺应学习和转换学习势必带来大学生学习惯习的部分或整体重构以及反思性学习策略的生成，这也意味着大学生在某种程度上需要经历一种紧张状态，并消耗一定的心智能量。上述两种有意义的学习，尤其是转换学习，通常只在大学生处于没有其他能够维持现状的路可走的时候才会发生，如大学生所处的大学场域发生了根本性的结构变迁，以至于学习惯习所指引的学习策略和学习实践遭遇危机甚至失败。对此，恩格斯特伦认为，在某些情况下这样的学习可以作为一种突然间的突破而发生，但是更通常的情况是需要一个漫长的过程，在此过程中社会关系发挥了重要的作用。[1] 此外，布鲁克菲尔德（Brookfield）也曾指出，批判性反思是转换学习的必要条件，因为后者的存在依赖于前者的发生，但它却不是一个充分条件，换言之，批判性反思的发生，并不意味着转换学习必然随之发生，如梅齐洛所承认的那样，一个人在他经过批判性反思后所持有的假设可能和他以前所持有的完全一样。[2] 这意味着，有意义学习的发生，必然是以个体的反思性学习策略的建构作为前提和基础的，但仅仅依赖个体的反思性学习策略，并不一定能够促使有意义学习的发生，因为它同时还取决于个体学习惯习的调适或重构。正是在个体"跳出自身反思自身"的这一有意识的自觉思量过程中，大学生的学习惯习和学习策略才获得了重构的可能性。尽管重构过程既伴随着心智能量投入和克服困难、压力的焦虑痛苦，也有放弃和遗忘过去某种学习的失落，然而，一旦个体经历了漫长的重组过程而顺利地渡过危机，他们的心智和自我必然会获得一种质的飞跃，他们的学习实践也会真正朝着促进自身主体性发展的方向演进。

---

[1] ［丹］克努兹·伊列雷斯：《我们如何学习——全视角学习理论》，孙玫璐译，教育科学出版社 2010 年版，第 48—50 页。

[2] Brookfield, Stephen D., "Transformative Learning as Ideology Critique", In Jack Mezirow and Associates, eds, *Learning as Transformation: Critical Perspectives on a Theory in Progress*, San Francisco, CA: Jossey-Bass, 2000, p. 142.

第三章

社会转型背景下大学生
学习实践的演进

从传统意义上的象牙塔到现代社会的轴心机构，大学不再是一个外在于社会而存在的独立实体，而是业已成为社会场域的一个子场域，成为一种有着不同于经济场域、政治场域的内在规律和运作逻辑的大学场域。爱弥尔·涂尔干指出，"在当代的社会结构中，业已发生的变迁，都必然要在学校体制这块专门领域中引起同样深刻的转型"①。时至今日，社会场域正经历着一场从工业社会向知识社会的全面转型，这一转型深刻地改变了作为工业文明产物的科层型大学场域的存在基础。社会场域与大学场域之间的共变互构关系，不仅意味着大学场域势必要经历一场与知识社会转型相对应的结构性变迁，而且使科层型大学场域面临一场前所未有的合法性考验：当学子们历经十年寒窗，最终进入大学学习的那一刻，现实中的大学和理想中的大学距离又有多远呢？如今的大学是否还以传授知识为己任？是否还能坚守其作为学习场所的合法性？是否还能继续启发学生的智慧和心灵？是否能为当前抑或未来的社会培养出理想的人？这一系列问题，迫使我们不得不从时代发展特征出发，探讨社会转型背景下大学生学习实践的演进趋势，进而从实然和应然两个层面探寻大学场域和大学生学习惯习的现状态势及其未来的演进方向。

第一节　社会转型与大学生学习实践的演进方向

在全球化浪潮的冲击下，"转型"已成为当下社会发展的一种常态。

---

① ［法］爱弥儿·涂尔干：《教育思想的演进》，李康译，上海人民出版社 2006 年版，第 13 页。

"转型"连接着两种不同的社会形态，前一种表征着业已发生的过去，后一种指向尚未到来的未来。从这个意义上，"转型"既表明"我们正处在十字路口"，也意指"我们正走在通往未来的路上"。"过去"意味着曾经一度对社会发展发挥作用的某种制度、组织形式或社会结构正逐渐丧失其效力或存在的合法性，其具体表征是大量的、突发的社会矛盾、冲突乃至危机的爆发；"未来"则蕴含着一种更具理论意义和实践价值、更适合于当下社会发展的某种制度、组织形式或社会结构的确立。今天，我们所面临的社会转型，最为根本的是从工业社会向知识社会的全面转型。要想顺利推进和实现这一社会转型，就势必从时代发展的背景出发，深入分析当前社会转型的特点、规律和趋势以及这一趋势对大学场域带来的各种挑战，从而在实践层面上科学预测未来大学场域结构性变革的方向，并力图对这一变革的动力机制和运作逻辑展开探讨。

一　从工业社会向知识社会转型的时代特征

当前，我们正处于从工业社会向知识社会转型这一特殊的历史时期。"转型既包括事物结构的转换，也包括事物运行机制的转换。所谓社会转型，是指社会结构和社会运行机制从一种形式向另一种形式转换的过程。转型社会则是指在这一转换过程中的一种特殊社会运行状态。"① 以工业革命兴起为代表的工业文明的高度繁荣和发展，迅速取代了历史上长期占据主导地位的农业文明，甚至彻底改变了整个世界。伴随工业文明的发展，以技术化、理性化和非人格化为典型特征的工业社会对于人类社会的种种负功能，如同它的贡献一样巨大和显著：价值理性的式微、精神文明的迟滞、科层制度的僵化、自然环境问题的凸显，甚至人的异化等，都无一例外地表明工业社会的运作逻辑正逐渐丧失其存在的合法性基础。同时，一种脱胎于工业社会但又从根本上不同于工业社会的后工业社会，也称知识社会，正处于加速孕育之中。在工业社会形态日渐衰微和知识社会形态日趋形成的双重发展态势下，当前的社会呈现出一种典型的转型时代特征。

1. 内在动力机制：知识性质和地位的深刻改变

20世纪工业革命的兴起，开创了标准化的批量生产方式和科层制的

---

① 郑杭生、李强：《社会运行导论——有中国特色社会学基本理论的一种探索》，中国人民大学出版社1993年版，第306页。

组织形式，大大提高了工业时代的生产效率，推动了工业文明的发展进程。在这场变革之前，"知识一直被视为'道'（being），但一夕之间，知识就变成'器'（doing）。这也就是说，知识变成一种资源、一种实用利器。知识原本一直被视为属于个人层面的东西，现时却变成属于社会层面的东西"①。在斯宾塞关于"什么知识最有价值"这一工具理性的导向下，知识逐渐从"形而上"的精神层面走向了"形而下"的器物层面，以客观知识为主导的自然科学以压倒性的优势战胜了人文社会科学，成为社会发展的关键动力。在"科学技术是第一生产力"的运作逻辑背后，人们不再执着于探寻永恒的真理，而是旨在最大限度地将客观化知识转化为现实生产力。对客观主义知识观的强调，既导致了过度的专业化和劳动分工，也企图将个人的学习和发展局限于单纯的智力活动和物质生产活动中。知识生产者和消费者的分离，造就了一个庞大的技术专家集团，他们对"知识生产手段"的控制，反复再生产着具有象征性权力的社会结构。

由此观之，资本、土地和劳动力等有形物质资料构成了工业社会的"生产要素"，经济增长的逻辑成为支配整个工业文明发展的内在动力机制。在物质相对匮乏的时代，工业发展对物质增长的贡献，曾快速推进了社会财富的增长和积累，创造出高度繁荣发达的物质文明。然而，随着工业社会发展逐渐深化，一种物质增长的悖论也日趋凸显：客观知识越来越被作为一种"形而下"的工具和手段，广泛运用于物质生产之中；知识对物质文明的贡献远远胜于它对人类精神文明的贡献。物质文明与精神文明的失衡、工具理性与价值理性的吊诡，在持续性的物质增长中，仍在被不断地扩大。同时，由客观主义知识观所形塑的社会化个体，在工具理性和功利主义的驱使下，倾向于被动地接受各种"人为"甚至"异化"的需求和社会安排，他们的学习、工作、生活，甚至整个人生，都如同机器大生产中的流水线作业一样，"有条不紊"地向前推进，情感的碎片化和淡漠化、行动的感官化和功利化，都无一例外地加剧了个体的"心理贫困化"和"精神荒芜化"。

在工业社会日渐暴露其合法性危机的同时，一种知识社会形态正悄然而至。知识社会的概念最早是由美国学者彼得·德鲁克提出，他在著作《后资本主义社会》和《下一个社会的管理》中指出，无论是后资本主义

①　[美] 彼得·F. 德鲁克：《后资本主义社会》，傅振焜译，东方出版社2009年版，第3页。

社会，还是下一个社会，都指称一种知识社会。与德鲁克不谋而合的是，丹尼尔·贝尔的"后工业社会"和托夫勒的"第三次浪潮"，也均强调知识作为一种无形资本，正取代现代工业社会的有形资本和劳动力，成为推动社会发展的决定性因素和革命性力量。知识社会的诞生源于知识性质和地位的根本性变化：在工业社会中，知识仅仅作为一种工具、手段，被广泛应用于劳动力市场和物质生产活动之中，知识是依托资本、劳动力等有形的生产资料来发挥作用的；对于知识社会而言，"生产资料不再是资本、自然资源（'土地'）或劳动力，它现在并且将来也是知识"①。对于知识性质的这一变化，迈克尔·吉本斯指出，一种新的后现代性的"知识模式 2"正在逐步取代现代性的"知识模式 1"，成为知识社会发展的内生动力。二者的区别在于，在"知识模式 1"中，确定问题和解决问题是由特定学术团体所支配，如大学作为研究场所，其研究成果在大学中传播，在"知识模式 2"中，知识的目的在于应用，而且这一过程主要发生于大学之外；"知识模式 1"是分学科的和具有等级性的，知识表现出同质性和相对自治性，而"知识模式 2"则是跨学科和流动的，知识表现出异质性，且肩负更多社会责任、更具自反性。②

在知识社会中，传统意义上客观的、确定性的知识正在被一种生成的、变化性的知识所取代，知识总量的增速愈来愈快，知识更新的周期愈来愈短。多元知识体系的建立，使知识越来越具有明显的建构性特征，知识本身变得越来越不确定、富有争议和令人难以捉摸。对此，利奥塔尔曾表明，知识的供应者和使用者与知识的关系，越来越具有商品的生产者、消费者与商品的关系所具有的形式，即价值形式；不论现在还是将来，知识为了出售被生产，为了在新的生产中增殖而被消费。③ 由此看来，知识社会的来临，使知识不再局限于智力活动和精神活动，而是作为一种"资本"、一种全新的生产方式、一种新的经济形态，卷入到社会发展之中，并且深刻地改变我们生活世界的方方面面。"随着知识价值革命的发生和信息化时代的来临，一种新的美学观念和消费伦理正在形成。对于物

---

① ［美］彼得·F. 德鲁克：《后资本主义社会》，傅振焜译，东方出版社 2009 年版，第 8 页。

② ［英］杰勒德·德兰迪：《知识社会中的大学》，黄建如译，北京大学出版社 2010 年版，第 133 页。

③ ［法］让—弗朗索瓦·利奥塔尔：《后现代状态：关于知识的报告》，车槿山译，南京大学出版社 2011 年版，第 13—14 页。

质财富的追求会逐渐被对于幸福生活的追求所替代。生产和消费领域的大规模和标准化也正在被多样化和个性化所取代。"①

综上表明，伴随工业社会向知识社会的转型，新的知识生产模式已初露端倪，知识性质和地位的根本性变化，意味着工业社会的实践逻辑和动力机制将不再适合于知识社会。对于知识社会而言，知识不再囿于具有普遍性、确定性和真理性的客观知识，而是越发呈现一种建构性特征。知识的建构性意味着所有的知识都不再是理所当然和约定成俗的共识，一切知识都处于持续的生成和建构之中，因为"人类对外部世界和对自身的探索是永无止境的"（卡尔·波普尔语）。从这个意义上，知识不再作为压抑人的力量，不再意味着对自然的征服和对个人的控制，而是真正作为解放人的力量，成为促进社会可持续发展和人的主体性发展的内在动力。

2. 外在运作逻辑：工业社会结构的基础性变迁

所谓社会结构，是指"一个社会中各种社会力量之间所形成的相对稳定的关系"②。当前，我们正处于从工业社会向知识社会的转型之中，这一转型既反映在社会运行的内在动力机制上，又体现在社会结构的外在运作逻辑上。知识性质和地位的深刻改变，重塑了从工业社会向知识社会变迁的内在动力机制。内在动力机制的转变，投射在制度层面上，意味着外在运作逻辑势必发生相应的改变。经济、政治、文化和组织结构等一系列制度化力量的变化，从根本上促发了社会结构的基础性变迁。只有将知识转型的"内在动力机制"镶嵌到制度结构的"外在运作逻辑"之中，才能在促进二者良性运行和协调发展的基础上，推动知识社会的转型。

首先，从经济结构上，伴随工业社会向知识社会的转型，"通过依靠传统资源，即劳动力、土地和（货币）资本，获取的利润越来越少了；财富的唯一（至少是主要的）创造者是信息和知识"③。工业社会的经济结构是以资本密集型经济和劳动密集型经济为主体，物质生产活动紧紧围绕着资本、劳动力等有形生产资料来展开。在这种情形下，知识只是作为一种手段或工具，且必须借助于有形的资本形式，才能为某一确定的目的服务。相对于工业社会，知识社会则更多表现为一种知识密集型经济，知

---

① 王建华：《我们时代的大学转型》，教育科学出版社 2012 年版，第 146 页。
② 中国战略与管理研究会社会结构转型课题组：《中国社会结构转型的中近期趋势与隐患》，《战略与管理》1998 年第 5 期。
③ ［美］彼得·F. 德鲁克：《后资本主义社会》，傅振焜译，东方出版社 2009 年版，第 183 页。

识性质和地位的革命性变化，使知识作为一种无形资本，取代了工业社会的有形资本，成为促进经济发展和社会发展的先导力量和核心要素。同时，与工业经济的生产方式和增长方式不同的是，知识经济下物的生产不再决定于某一物品的使用价值，而是更多地决定于蕴含在商品之中的符号价值或文化价值；知识经济的增长不再局限于物质的丰盛，而是更多地关注人的内在精神需求的满足。从这个意义上，知识社会的经济结构不再一味注重知识的数量，而是更加关注知识的质量；知识经济不再将人的物质生活和精神生活分离开来，而是力图在社会实践活动中将二者融通合一。凡此表明，知识性质和地位的根本性变化，深刻地改变了知识社会的经济结构，从而使经济的生产要素、资源配置方式、生产方式以及增长方式都发生了根本性变化。

其次，从政治结构上，其变化突出表现在三个方面：其一，在工业社会，劳动力与生产资料之间的相互分离，导致生产资料始终掌握在少数资本者手中，大多数个体以出售劳动力的方式来谋求生存和发展。基于此，个体在专业化和精细化社会分工的基础上，不仅越来越被"为赚钱而赚钱"的经济原则所控制，而且被普遍存在的、非人格化的科层力量所奴役。知识经济的兴起，大大促进了劳动力与生产资料的合而为一：人既是知识的生产者，也是知识的消费者，作为生产资料的科技专利、知识工具和生产手段等都越来越多地被个人所拥有；知识创新和科技创造成为知识社会发展的不竭动力，从这个意义上，"人"取代"物"成了知识社会最有价值的生产力。其二，在知识社会，由于知识和技术代替了传统意义上的有形资本成为社会权利的基础，相应地，大学、科研院所、科学家和研究人员等技术和专业知识分子阶层，将取代工业社会的商业公司、企业家等管理阶层，成为推进社会发展的中流砥柱。新知识分子阶层在政治上具有双重作用："一方面，技术知识分子对研究的兴趣以及他们在大学中的地位，使他们成为一种新的选民力量；另一方面，知识分子又是政治当权者及其追随者们不可缺少的管理参谋（如技术治国论者、政府决策智囊团）。"① 其三，相较于工业社会以经济增长作为政治的首要目标，知识社会则更加突出强调可持续发展目标。这一目标从本质上不再将物质的丰盛

① ［美］丹尼尔·贝尔：《后工业社会的来临——对社会预测的一项探索》，高铦等译，新华出版社1997年版，第397页。

和经济的增长作为社会发展的唯一衡量标准，而是使之作为一种有效途径，来更好地促进人与人、人与自然、人与社会的和谐共生与可持续发展。从这个意义上，知识社会有助于构建物质文明、精神文明和政治文明三位一体的社会发展格局，并且更加注重以精神文明建设来促进物质文明和政治文明的良性运行和协调发展。

再次，从组织结构上，以目的（或形式）合理性为导向的工业社会最典型的表现形式是"基于法理型权威的科层制"，这种组织结构反映了现代意义上的社会秩序观，促使"工业社会把所有一切事物集中联系起来，像一台机器那样组装起来，形成了世界有史以来最有力量，最有向心力，最有扩张性的社会制度"①。在标准化、专业化、程序化、集权化和效率化等基本原则的指引下，工业化和理性化进程在创造巨大物质财富的同时，也建造了一个"理性铁笼"将人困于其中，这一"理性铁笼"正是韦伯所说的科层组织结构和法理型权威。对于工业社会日益加剧的工具理性趋势及其难以消解的"理性铁笼"困境，知识社会的转型则开辟了一种全新的组织形式和组织原则，它从根本上不同于工业社会的官僚机构，在打破等级森严的科层组织形式的基础上，转向了一种强调主体性和主体间性的灵活组织形式。在灵活组织中，基于价值合理性的卡里斯玛型②权威逐渐取代了传统意义上基于目的（或形式）合理性的法理型权威；基于团结、合作和共赢的实践共同体逐渐取代了以往个体之间基于权威和遵从的上下级关系。同时，知识业已成为社会的核心资本形式，这意味着知识社会中的每一个灵活性组织机构都必须同时也是一个知识型和学习型组织；学习型组织的诞生，不仅表征着知识的经济价值，而且更强调发挥知识的社会价值。

最后，从文化结构上，文化通常被分为三个层次：物质文化、制度文

---

① ［美］阿尔温·托夫勒：《第三次浪潮》，朱志焱等译，生活·读书·新知三联书店1983年版，第67页。

② 卡里斯玛（Christmas）是德国社会学家韦伯从早期基督教观念中引入政治社会学的一个概念。韦伯认为卡里斯玛是这样一类人的人格特征：他们具有超自然、超人的力量或品质，具有把一些人吸引在其周围成为追随者、信徒的能力，后者以赤诚的态度看待这些领袖人物。针对"理性铁笼"的隐喻，韦伯发展出一种"卡里斯玛周期性出场理论"，认为卡里斯玛的出场是法治型统治到达了一定的程度，也就是说社会整体比较僵化的时候才会出现，或者说卡里斯玛出场之前，人类已经付出了极大的代价去应付这种理性的铁笼带来的灾难。参见马剑银《韦伯的"理性铁笼"与法治困境》，载《社会学家茶座》第24辑，山东人民出版社2008年版。

化和精神文化。对于工业社会而言，目的（或形式）合理性及科层制在创造高度发达的物质文明的过程中，也逐渐发展出一整套基于工具理性的审美意识和伦理观念，即"把多消费物资看成是好事的美学意识和把为满足这一欲望而进行的物质财富的生产看成是天经地义的伦理观念，并以此作为社会准则，把一切促进物质生产的措施视为'合理的行为'而大加赞扬，把相反的行动看成是'不合理的、落后的行为'而加以责备。国家制度、企业组织结构及教育制度等都是如此"①。在这样一种文化结构的作用下，一面是经济的增长和物质的丰盛，一面却是精神的贫乏和心灵的空虚。伴随物质增长悖论的恶性循环，人们越发受制于技术和制度的威权控制，而失落了精神的反思和心智的发展。工具理性的扩散和传统道德伦理的崩塌，从根本上使人们陷入了"本体性危机"之中：人们为了追求自身的解放和自由而满怀热情地投入到社会实践之中，却被一种非人格化的科层力量完全控制，而他们自己却对此浑然不觉，甚至将其视为一种"本该如此"的宿命。知识社会的转型，促使人们的审美意识逐渐从一味追求物质的丰裕转向追求幸福生活和实现人生价值上来；相应地，一种关于人与人、人与社会、人与自然的可持续发展原则也取代了以往单一的物质增长原则，成为知识社会发展的主导性伦理观念。反过来，以和谐发展为旨归的社会制度和社会规则，又强化了基于价值合理性的审美意识和伦理观念所建构的精神文化。凡此表明，对于知识社会的文化结构而言，物质文化是基础，制度文化是保障，精神文化是核心，只有三者之间实现协调运作，才能真正推进人与人、人与社会、人与自然的和谐共生和可持续发展。

二　社会转型对大学生学习实践的影响

当前正经历着从工业社会向知识社会的转型，知识也经历从客观主义向建构主义的变迁。基于此，大学场域也遭遇着双重的结构性压力：一方面，大学仍然延续着工业时代基于工具理性的科层型大学场域和基于客观主义知识观的常规性学习惯习；另一方面，知识的变迁和知识社会的转型，在唤醒潜藏于大学生身体内部的"主体意识"的同时，也对科层型大学场域和大学生的常规性学习惯习提出了严峻的挑战，使科层型大学场

---

① ［日］堺屋太一：《知识价值革命》，金泰相译，东方出版社1986年版，第64页。

域面临一场制度化危机，使大学生陷入一种本体性危机。面对来自外部社会转型的挑战和内部知识变迁的压力，大学场域的客观结构在各方力量的博弈中发生着深刻的变化，逐渐朝着与知识变迁和社会转型相适应的学习型场域的方向演进，大学生的学习实践也将发生根本性变化。

1. 从制度化学习向终身学习的演进

大学生学习实践的演进，同时受两方面因素影响：外在的社会转型与内在的知识转型。从工业时代向知识时代的社会转型，为大学生学习的转变创设了促动条件；从客观主义向建构主义的知识转型，为大学生学习的转变构建了动力机制。知识转型与社会转型的双转交织，给大学生学习带来的最显著影响，即是从制度化学习向终身学习的演进。这一趋势并非个体主观意愿的外在表现，而是知识转型和社会转型的客观要求，具有不以人的意志为转移的特性。对于大学生而言，社会转型既意味着机遇，同时也蕴含着风险，它兼具使动性和制约性的双重意义。使动性表征着大学生借助自身主体性和能动性的发挥，积极适应知识社会的转型，促进自我的主体性学习和发展。制约性意味着大学生对知识社会转型的客观要求漠然视之或消极对抗，从而使自我陷入一种本体性危机之中。

现代意义上的科层型大学场域，是一种工业文明时代的产物。在工业社会，大学场域中制度化学习的任务，在于传授给大学生一整套预设的知识和技能，从而确保他们未来能够适应科层化的职业市场和工业社会的发展需求。对于大学生而言，一方面，大学学习的目的是为了获得能够证明自己习得某一特殊知识和技能的学历文凭，从这个意义上，工业社会是一个名副其实的"证书社会"，现代大学作为唯一的文凭授予机构，也被赋予一种特殊的合法性地位；另一方面，制度化学习在很大程度是对个体此前所接受教育的一种延续，在这一系统化的学习过程中，个体习得的客观知识和技能，足以让他们适应变化相对缓慢的工业社会。

伴随知识社会的变迁，中国高等教育也经历了从精英化阶段向大众化阶段的转型，这一转型从根本上改变了社会公众对大学教育本身以及大学毕业生的期望。对此，利奥塔尔认为，由于就业方式的快速变化而被迫不断发生改变的就业阶段，正使得教育成为学生一生中更为不固定的阶段。布迪厄关于法国高等教育的研究表明，由教育所带来的文化资本和象征性资本并不总是必然转化成经济资本。吉本斯也发表了类似的看法，认为"现代大众高等教育教导学生不要太过专注于一种职业或者是仅掌握一套技术，它使学生做好了应对二者变化的准备，即他们必须快速地转变"①。对于大众化高等教育时代的大学而言，"正规教育的目的不再是向学生传授将来全时参与生产过程所需的预备知识，而是培养学生将来进入终身教育阶段时主动获取知识的能力。这就是人们通常所说的：'学校最重要的技能是传授怎样获得知识而不是传授知识。'"② 凡此表明，社会对大学教育本身以及大学毕业生的期望，已不再囿于一纸文凭，而是更加注重大学生的综合素质和能力。

此外，知识社会的全面转型，也深刻地改变了工业时代大学教与学的认识论基础，一种关于知识的建构主义认识论正在渐渐取代现代意义上的客观主义认识论。置身知识社会中的每一个个体，既是知识的生产者，也是知识的消费者。知识的生成性和建构性，促使学习成为贯穿人的一生的一种存在和发展方式。但同时，大学四年的制度化学习已无法有效保障个体在知识社会的生存和发展。知识社会的持续变革，促使个体学习必须实现从制度化学习向终身学习的迈进，并且学习的本质不再是从外部接受客观知识，而是在社会性的协商互动中主动建构意义和知识。基于此，大学场域中制度化学习对于大学生的重要性，在于建构一种促进个体终身学习和主体性发展的心智惯习。

2. 从社会化学习向主体性学习的演进

工业社会与知识社会最本质的区别在于，工业社会中的个体是一种社会化的个体，除了极少数的人享有主体身份的特权外，大多数个体都是社会决定机制发挥作用的产物，很难真正享有独立的主体人格和主体性权利。知识社会的转型，从根本上促进了人的主体性意识的觉醒，每一个个体都被赋予了一种主体身份和相应的主体性权利，用鲍曼的话说，知识社会是一个个体化社会。从这个意义上，工业社会和知识社会中大学生学习的意义也具有本质的区别。

在以目的（或形式）合理性和科层制为主导的工业时代，大学教育作为一种工具性存在，是为工业社会的发展需求服务的，大学需要为工业社会的经济发展培养大量训练有素的工业化人才。基于此，大学生的学习

---

① Gibbons, M., Limoges, C., Nowotny, H., et al., *The New Production of Knowledge*, London: Sage, 1994, p. 75.

② 汪丁丁：《知识印象》，中信出版社 2003 年版，第 81 页。

在本质上是一种社会化学习。对于大学生而言，大学学习是为其未来的生活做准备，为其日后顺利进入并适应各种科层化组织机构的工作奠定基础。同时，科层型大学场域从根本上塑造和强化了大学生对知识的客观主义认识论以及被动、消极、遵从、刻板和压抑的学习偏好。这一系列由大学生的认知、情感、评价和行动图式构成的实践知识，逐渐在个体的心智内部生成一种常规性学习惯习。常规性学习惯习的生成，意味着个体已将客观社会条件予以内化并视若理所当然。因此，在工业社会中，基于科层型大学场域与常规性学习惯习的结构对应关系而生成的大学生学习实践，从根本上说，是一种对外部社会结构的被动适应。

知识社会的变迁，意味着社会的组织形式将朝着知识型或学习型组织的方向发展。同时，从客观主义知识观向建构主义知识观的转变，意味着大学不再是传统意义上知识生产和传播的垄断者，知识社会中的大学"赢得竞争的手段不再是政府的特许、庞大的规模和标准化的人才培养，而只能是基于利基市场①的不断的创新，即个性化教育"②。就大学教育和大学生学习的本体价值而言，它们在实质上本应是艺术的、审美的和个性的，而非功利的、技术的和标准化的。因此，知识社会的来临，从根本上赋予了大学生以一种主体身份和主体性权利；同时，知识社会本身所蕴含的自反性和创造性，又从客观上促使大学生的学习实践朝着主体性发展的方向演进，从而使大学生在能动适应知识社会转型的同时，持续性地建构自我的人生价值和意义。凡此表明，在知识社会，大学生的学习实践是以人的主体性发展作为价值取向和最终目标的，因而具备了一种价值合理性或实质理性的色彩。

3. 从应试性学习向发展性学习的演进

在工业社会中，科层型大学场域表征着一种社会本位主义的价值取向，从根本上塑造了一种以遵从权威、崇尚效率、被动消极、寻求确定性为典型特征的常规性学习惯习，从而使大学生的心智结构与工业社会的客观结构之间，形成一种相互契合关系：一方面，借助大学场域这一中介环节，社会将经由历史性努力和集体性建构的感知、评判和行动图式系统，以社会化的方式内化于大学生的心智之中，生成一种适应于工业社会的常

---

① 利基市场，英文是"niche market"，特指那些高度专门化的需求市场。

② 王建华：《我们时代的大学转型》，教育科学出版社 2012 年版，第 143—144 页。

规性学习惯习，进而成为大学生学习实践的动力原则；另一方面，大学生在社会性建构的学习惯习和心智结构的作用下，自发地生成了与工业社会的发展需求相匹配的应试性学习取向和学习策略。在工业社会中，大学作为唯一的文凭授予机构，被赋予了一种合法性地位。大学所颁发的学历文凭，对于大学生而言，如同一个光鲜亮丽的"身份标签"，成为他们大学学习的制度化证明，成为他们获准进入职业市场的有效凭证。因此，在某种程度上，工业社会是一个"证书社会"，它从根本上导致了大学生基于目的（或形式）合理性的学习实践，即为了通过考试、获得成绩和获取文凭而开展的应试性学习行动。

知识社会的到来，正深刻改变着大学场域的客观结构，使之朝着学习型大学场域的方向演进。同时，建构主义知识观的兴起，正在全面地瓦解现代工业社会的伦理观念和社会规范。伴随知识社会"去中心化"的发展趋势，庞大的、等级森严的科层体制也日渐式微，代之而起的是一种新型的灵活组织。在未来的职业市场中，永久性的制度和终身稳定的职业正在被暂时性的契约所取代，传统的、稳定的、基于某一特定组织的工作方式逐渐被快速流动的"工作组合"所取代，社会预设的、一成不变的职业知识和技能正在被灵活性、即时性和不确定性的职业经验所取代。英国工业联盟（CBI）公布的一份关于 21 世纪大学毕业生就业问题的报告指出，"毕业生工作"的传统模式正在消失，取而代之的是充满不确定性、变化无常和无科层制的工作。[①] 由此观之，未来的组织更加注重富于创造力和探索精神的创新人才的选拔和任用，因此，传统意义上循规蹈矩地以"常规"科层化方式行事的人才已不再受到雇主的青睐，他们更加需要能够突破常规思维，随时引领组织"头脑风暴"，具有创造性、卡里斯玛人格以及知识社会可接受性等特征的综合性人才。

凡此表明，知识社会的来临，导致现代大学文凭已经无力再为大学生的未来生活提供强有力的保障。知识转型和社会转型所带来的一系列根本性变化，都对工业社会结构所形塑的大学生的应试性学习模式提出了严峻的挑战。大学生的学习实践从应试性学习转向发展性学习，已成为知识社会转型和学习型大学场域变迁的客观要求。借助发展性学习实践，大学生

---

① ［英］安东尼·史密斯、弗兰克·韦伯斯特：《后现代大学来临?》，侯定凯、赵叶珠译，北京大学出版社 2010 年版，第 158 页。

才能在知识社会和学习型大学场域中，更好地建构自身的可迁移技能和基于主体性发展的心智惯习，以确保自己在未来的成年时间里能够顺利开展终身学习并实现主体性发展。

三　时代的呼唤：基于主体性发展的大学生学习实践

知识的建构性在本体论上是与人的主体性相互契合的，因此，知识社会的转型，促使大学生的身份也发生了实质性的变化，他们逐渐从工业社会中客观知识习得的被动接受者，转变为知识社会中主动参与知识建构的主体能动者。对于主体的概念，埃德加·莫兰在其复杂性思想理论中给予了较为全面的概括和解释："是主体，就意味着是自主的，尽管同时也是有所依赖的。这意味着是暂时的、闪烁的、不确定的某种存在；这意味着对于自身是一切，而对于宇宙是毫末。"[①] 因此，主体的"存在"性特点既表现为一种个体性，也表现为一种社会性。基于主体性发展的学习实践，意味着个体在将社会性因素转换成建构性力量的基础上，通过发挥主体能动性，反复审视自我与学习实践之间的"主体—对象"关系，并对自身的学习实践进行持续性的反思和改进，从而使其成为促进个人自我价值实现的一种实践形式。从这个意义上，基于主体性发展的学习实践，既是知识社会转型的时代产物，又是大学生主体能动性的外在表现，也因而被赋予了不同于以往任何时代的内涵和意义。

1. 以大学生终身学习和主体性发展为旨归

首先，基于主体性发展的大学生学习必然是一种朝向终身学习的实践形式。对于大学生而言，主体性发展是他们终其一生追求幸福和自我实现的复杂过程，只有将大学生的学习实践扩展到终身学习的深度和广度，才能真正促进个体的主体性发展的实现。终身学习是指大学生致力于通过提升学习能力和塑造心智惯习，来培养一种乐于学习、乐于生活，并能用自己完整的个性和健全的人格而不仅仅是头脑对生活世界做出反应的主体性能力，进而确保大学生在离开学校之后能够以持续性学习促进自我的主体性发展。从这个意义上，教育只有一个主题——那就是多姿多彩的生活；教育的目的是为了激发和引导学生的自我发展之路；教育的成就取决于对

[①] ［法］埃德加·莫兰：《复杂性思想导论》，陈一壮译，华东师范大学出版社 2008 年版，第 67 页。

诸多可变因素的精妙的调整，因为教育是在与有血有肉的人的思想打交道，而不是与没有生命的物质打交道。① 衡量大学生学习实践的价值标准，在于它在何种程度上唤醒了大学生主体性发展的意识，以及在何种程度上发展了促进大学生主体性发展的可迁移能力。

其次，大学生的主体性学习与主体性发展之间是交互建构的关系。汉诺威学派的代表人物阿弗莱德·洛伦佐在综合马克思的历史唯物主义与弗洛伊德的精神分析后指出，个体的发展是在同一时刻中，在自然性向和文化影响的交织作用下发生的一种自然过程和一种社会发展过程，这就意味着个体的经验结构，如情绪、认知、思维、行动等，是由个体的心智结构所决定的，而这些结构，又被视为历史建构的产物，存在于个体与外部世界的相遇之中。② 由此观之，充分发挥知识社会转型为大学生的主体性学习和发展创造的客观有利条件，借助学习型大学场域这一关键性中介环节，培育大学生基于主体性发展的学习惯习，是生成大学生主体性学习实践的必要前提和基础。

最后，知识社会发展的核心任务，在于塑造一个又一个具有健全人格和心智，能从自身主体性出发，深刻洞察和把握外在社会结构，努力谋求"个性化发展"的学习实践主体。乌克里希·贝克指出，伴随社会的全面转型，工业社会中生活状况和生活行为的范畴正在被系统地抽离和再嵌入，取而代之的是一种新的"个性化"的处理和安排生活的方法，这种方法不再是强制性的，不再是"嵌入"在传统模式之中，而是假定个人是其自己个人生活、身份、社会关系网、承诺和信念的演员、设计师、魔术师和舞台监督。③ 基于此，在学习型大学场域中，大学生借助自觉意识，投入心智能量，在主动将外在结构内在化的过程中，建构一种基于主体性发展的学习惯习，从而使这一学习惯习在生成时就与知识社会的客观结构存在本体论契合关系，以确保个体在社会建构和个体建构的和谐交互关系中，而不是在任何共生的附属关系（屈从关系或支配关系）中，迈向主体性学习和发展。

---

① ［英］怀特海：《教育的目的》，庄莲平等译，文汇出版社 2012 年版，第 7—9 页。

② Lorenzer, Alfred, *Foundations of a Materialistic Theory of Socialization*, Frankfurt a. M. : Suhrkamp, 1972, p. 7.

③ ［德］乌克里希·贝克：《再造政治：自反性现代化理论初探》，载周宪等主编《自反性现代化——现代社会秩序中的政治、传统与美学》，赵文书译，商务印书馆 2001 年版，第 19—20 页。

2. "重新发现自我"与"重新塑造自我"

面对急剧的社会转型，基于主体性发展的大学生学习实践，是以灵活性的自我认同为前提和基础的。然而，灵活性的自我认同，又决定于大学生心智惯习随大学场域的结构变动而持续发生的调适或重构。随着知识社会的转型，大学生的心智结构与社会结构之间的不吻合也逐渐在知识社会的变化性和不确定性中成为一种常态。对此，安东尼·吉登斯指出："在现代性的后传统秩序中，自我认同成了一种反思性地组织起来的活动。'重新发现自我'的过程是现代性的社会境况强加在我们所有人身上的，它是一个主动干预和转型的过程。'重新塑造自身'的关键，就是建立'新的自我感'和'新的认同感'。社会情境既不是与个人生活相分离，也不是一种外在于个体的环境。在致力于解决个人问题时，个人也积极地帮助重建其周围的社会活动的世界。"① 凡此表明，只有在不断的"重新发现自我"和"重新塑造自我"中，大学生才能使自身的心智结构在积极适应和改造外部世界的学习实践中，与社会结构之间保持一种持续的相对平衡。

知识社会的来临，标志着一种"个性化"时代的到来。"个性化"意味着个体以往的标准化生活经历正在被新的选择性生活经历所取代，成为一种罗纳德·希兹乐所谓的"自助生活经历"或吉登斯所谓的"自发性生活经历"。对此，曼海姆也指出："'反思'、'自我观察'、'思考自己的情境'，都承担着自我重组的功能。显然，那些更频繁地面临这样一种情境的人：在其中，他们不可能习惯，不可能不加思索地行动，因而必然总是要重组自己，比只此一次就使自己适应的人，将有更多的反思自身及情境的机会。在大多数情况下，通过帮助我们适应于如此复杂，以致幼稚和缺乏反思的人在其中完全不知所措的新情境，反思则保护生命力。"② 面对持续变化的知识社会，个体不可能再像过去那样，以一种习惯性、常规性的方式安逸地生活和发展。反思和自我观察成为体现行动主体理性化的最根本的形式。个体随时随地都需要应对各种突如其来的变化和挑战，这使他们很难继续不假思索地行动，而是要在变动不居的学习情境中，及

① ［英］安东尼·吉登斯：《现代性与自我认同》，赵旭东等译，生活·读书·新知三联书店1998年版，第5—13页。
② ［德］卡尔·曼海姆：《重建时代的人与社会——现代社会结构研究》，张旅平译，译林出版社2011年版，第19页。

时察觉外部环境和自身境遇，不断审视、理解和定位自己，持续性地建构自我认同。基于此，在知识社会中，具有灵活性和反思性心智惯习的人，比那些拥有根深蒂固的常规性心智惯习的人，往往更具主体性和能动性。

综上表明，知识社会的来临，使得大学生对稳定的自我认同的追求变得困难起来，他们必须持续地对变化保持灵活性和反思性。那些仍旧固守成规或抗拒重新建构自我认同的大学生，必然会生成一种学习的无意义感，即那种觉得学习没有提供任何有价值的东西的感受，这种无意义感严重冲击着个体的"本体性安全"①。然而，对大学生而言，学习惯习与现实世界的客观结构之间的不吻合，不仅仅意味着一种学习阻碍或学习危机，它同时也为大学生主体性意识的觉醒创设一种潜在的激发条件。

3. 基于大学生学习迁移能力的主体性发展

基于主体性发展的学习实践是一种经验学习，因为它确保了大学生在大学学习和未来发展之间的顺利迁移。所谓迁移，是指个体能够将在一个情境中学到的东西迁移到新情境之中的能力。学习的迁移不仅包括学科之间的迁移，学校教育阶段过渡的迁移，还包括个体在大学学习与未来发展之间的迁移。但实践表明，学习的迁移并非总是正向的，由于个体学习惯习的固化而导致的定式思维、常规性学习策略以及过往学习经验等构建的"固定程式"，会限制个体在新情境中的顺应学习和转换学习。同时，新旧学习情境之间的相似程度，大学生对学习情境的感知，大学生的先有认知结构、先有思维水平等，都不同程度地制约着大学生的学习迁移能力。凡此表明，影响大学生学习迁移的因素，既包括客观社会条件、学习情境等社会性因素，也包括大学生认知、情感和行动图式等个体性因素。

基于主体性发展的学习实践，需要遵循杜威关于经验学习的两个基本原则：一是学习经验的连续性原则。尽管大学生的学习是在不同的学习情境中相继发生的，但学习的连续性，促使个体在先前学习情境中的各种境遇，以经验的方式在身体层面积淀下来，并迁移运用于此后的学习情境之

---

① "本体性安全"是英国社会学家安东尼·吉登斯在现代性研究中提出的一个关键观念，他指出，本体性安全，不只是一种广义的安全感形式，而且是一种非常重要的形式。这一术语指的是，大多数人对其自我认同之连续性以及对他们行动的社会与物质环境之恒常性所具有的信心。这是一种对人对物的可靠性感受，他不仅构成了本体性安全感的基础，而且在心理上信任与本体性安全也彼此密切相关。参见〔英〕安东尼·吉登斯《现代性的后果》，译林出版社2011年版，第80页。

中。随着学习经验的连续性积累，社会世界的客观历史条件被个体逐一内化，并构建了个体关于学习的感知、评判和行动图式，使个体在把握社会世界的恒常性的基础上，建构了自我的确定性和安全感。因此，个体在先前学习情境中生成的实践知识，将持续不断地对其未来的学习和发展发挥实践作用。

二是个体性因素与社会性因素的相互作用原则。大学生的学习惯习，是其所置身的大学场域固有的必然属性体现在身体上的产物，它形塑了个体对于学习的认知、情感、思维和行动图式，使大学生的学习实践呈现为一种社会性因素和个体性因素交互建构的产物。布迪厄指出："惯习无算计无计划地引起的反应通常表现得仿佛是适宜的、连贯的而且可直接辨认的，但这个事实不应该导致从中得出一种可靠的天性，这种天性每次都能够产生奇迹般地适应所有形势的反应。惯习预先符合客观条件（在我们熟悉的空间中）是一个无疑极其常见的特殊状况，但应该避免将这种状况普遍化。"① 知识社会的转型，深刻改变了大学生学习惯习发挥作用的外在社会条件，而惯习本身固有的滞后性，又会导致大学生的心智结构与知识社会的客观结构之间的不合拍或脱节现象，甚至引发大学生的学习障碍或学习危机。基于此，从经验学习的相互作用原则出发，个体需要将外在的客观社会条件转化为一种建构性力量，同时积极发挥自身的主体能动性，如"换一个角度感知和理解学习情境""尝试改变自己的学习策略"等，来促进个体性因素与社会性因素在学习实践中的良性交互运作。

在第一章中，本书分析了三种典型的学习类型：皮亚杰的同化学习、顺应学习，以及梅齐洛的转换学习，这三种类型的学习，都是经验学习的连续性原则和相互作用原则在现实学习实践中的具体表现形式，但三者之间，依据个体情感上的紧张状态和心智能量投入的差异性，又呈现出不同的层次性和复杂性。对此，丹麦学者伊列雷斯认为："我们不应该由此得出结论认为，发展程度高级的学习类型比起较为低级的类型来说'更好'。所谓'好'或者合适的情形是：个体能够在各种学习之间进行灵活转换，能够在给定的情境下激活相关类型的学习。"② 综上表明，学习的

① ［法］皮埃尔·布迪厄：《帕斯卡尔式的沉思》，刘晖译，生活·读书·新知三联书店2009年版，第188页。
② ［丹］克努兹·伊列雷斯：《我们如何学习——全视角学习理论》，孙玫璐译，教育科学出版社2010年版，第50页。

可迁移能力是大学生主体性发展的关键性前提，也是大学生学习的终极目标之一。因此，个体在连续性和相互作用的经验学习过程中建构的可迁移能力，意味着个体的当下蕴含着全部的存在，向前———一切的过去，抑或，向后———一切的未来。

第二节　工业社会中的科层型大学场域与大学生常规性学习惯习

现代意义上的大学是工业文明发展的产物。在以经济增长为中心的现代性发展逻辑下，目的（或形式）合理性成为工业社会的核心价值取向，基于法理型权威的科层组织形式成为工业社会的典型结构特征。大学作为现代工业社会的轴心机构，始终肩负着为工业社会培养标准化和专业化人才的重任。基于此，现代大学的社会服务职能，从客观上催生了在结构上与工业社会相对应的科层型大学场域。时至今日，知识社会的转型，在深刻改变工业社会结构的同时，也使科层型大学场域面临严峻的合法性考验。伴随高等教育大众化阶段的到来，大学的人才培养质量却屡遭诟病，大学生的学习也遭遇了前所未有的危机和挑战。面对知识社会的来临，与工业社会结构相对应的常规性学习惯习的滞后效应引发了大学生的学习障碍或学习危机。尽管如此，科层型大学场域和常规性学习惯习仍普遍存在于现实社会之中。因此，要想从根本上构建一种适切于当前社会转型、促进大学生主体性发展的学习实践，就必须首先从特定的历史背景出发，去理解和分析工业社会中科层型大学场域的客观结构，以及这一时代背景下大学生学习实践的生成性动力机制。

一　科层型大学场域的结构性特征

科层型大学场域是现代工业文明的产物，它具有一种与工业社会相对应的结构性特征。首先，工业社会高度发达的社会分工，及其对专业化、标准化人才的大量需求，从根本上确立了现代大学教育的客观主义认识论取向。其次，受工业时代标准化批量生产方式的影响，大学也呈现出一种典型的教学工厂模式的特征。再次，科层组织文化对现代大学的渗透，以及客观知识在大学中的主导性地位，使得大学场域中教师与学生之间呈现一种基于客观化文化资本分布的"权威—遵从"关系。科层型大学场域的结构性特征，从本质上是与工业社会的目的（形式）合理性相互契合的。从这个意义上，科层型大学场域的客观存在，从根本上为工业社会发展的两个原动力①——"国家主义"和"工业主义"奠定了坚实的人才基础。

1. 基于客观主义知识观的教育认识论

长期以来，受唯物主义认识论的影响，一种客观主义知识观在中国大学教学中始终占据着主导地位，它将知识看作是独立于认知者和学习者而存在的客体，是人们对物质世界的本质和规律的客观反映，是在实践基础上产生又不断地经由实践检验而形成的真理性认识。之所以客观主义知识观在工业社会中占据主导地位，其关键原因在于这种知识观在本质上是与工业社会的基本原则和发展逻辑相吻合的。托夫勒将工业社会的基本原则概括为六个方面：标准化、专业化、同步化、集中化、好大狂和集权化。在这六个原则的指引下，工业社会确立了基于法理型权威的科层制组织结构和制度规范，并创造了一种秩序井然、整齐而均匀的社会秩序，从而使这一切原则、制度、规范和秩序，始终为"以目的（形式）合理性为价值取向""以经济增长为中心"的工业社会的发展逻辑服务。对此，托夫勒批判道："工业现实观所产生的对个人的观念，值得注意的是很像一个原子——不能再缩小，不能毁灭的社会结构的基本粒子。"② 由此可见，强调普遍性、确定性、客观性和绝对性的客观主义知识观，从根本上满足了工业社会对标准化、专业化、稳定化和工具理性的文化需求。

在客观主义知识观与工业社会发展逻辑的契合关系下，工业社会中的现代大学也紧紧围绕客观主义知识观，发展了一种客观主义的教育认识论。在这一认识论的导向下，大学教学是经由教师的课堂教学，将一系列由事实、概念和原则组成的教科书知识传递给学生的过程，同时也是将某种社会预设的、确定的和标准化的知识和技能以真理化的方式灌输到大学生的头脑之中，将工业时代发展所积淀的各种制度规范和行为规则以社会化的方式内化于大学生的心智之中。由此观之，大学生学习是大学生通过一种"来自上面和外部的灌输"来吸纳客观知识、技能和社会规范的过

---

① ［日］佐藤学：《学习的快乐——走向对话》，钟启泉译，教育科学出版社2004年版，第69页。
② ［美］阿尔温·托夫勒：《第三次浪潮》，朱志焱等译，生活·读书·新知三联书店1983年版，第165页。

程，事实上也是一种从教师或书本那里习得已知的知识来填补自身空白的"银行存储式"的活动（保罗·弗莱雷语）。这些"来自上面和外部的知识"，形塑了个体的总体性认知；一旦需要，个体便会对这些储存在记忆中的真理性知识进行提取。

2. 学习空间和时间的人为性与均质性

梅里尔曾说："每一个人都是学习者，但是只有那些使自己能忍受精心策划的教学情境的人才是学生。"这一表述形象地说明了大学生学习的空间是一种典型的组织化和制度化的空间。与工业社会结构相对应的科层型大学场域具备了一套完整的教育制度规范：严格的课堂纪律、等级分明的师生关系、学科专业制度、考试制度、学分绩点制等，基本都是围绕工具理性和非人格化的科层制来创设的。因此，从学习的"空间"上看，科层型大学场域是一个从外部目的出发，严格按照既定的规范和规则来组织大学生学习实践的制度化空间。从学习的"时间"上看，学习在本质上应是一种融合了个体的认知、情感和思维的体验式实践活动，学习时间在很大程度上应是经验的、质性的时间。然而，受近代工业革命中泰罗制的广泛传播和影响，课程研究者博比特将这一思想运用于教育之中，创立了以均质化、线性、单向性和量化为主要特征的"课时制"，将课程分割成由一个个均质、单向的课时组织起来的学习内容，教学任务被人为地加以标准化和量化，在统一设计的教学计划安排下，由教师分阶段、分学科地传授给学生；课时制的确立促进了以效率主义为核心的大学教学，在以效率性为原理组织的大学学习空间中，课程与教学是通过把学习这一质性经验置换成均质的作业时间的量化单位来加以组织的。①

在科层型大学场域中，学习在本质上的经验性、质性化和个性化特征以及人本主义价值取向被人为地破坏了，代之以一种具有浓厚工业时代色彩的标准化、量化和同质化特征以及物本主义价值取向。标准化和统一化的教学以及单一的量化评估方式，在加剧大学行政化与官僚化趋势的同时，使得越来越多的大学朝着"综合型大学"的方向争取自身的合法性空间。由此，大学教学变成一种过分强调标准性和专业化的"工厂模式"，院校之间也在行政化和官僚化的趋势下变得"千校一面"，培养出

---

① ［日］佐藤学：《学习的快乐——走向对话》，钟启泉译，教育科学出版社2004年版，第40页。

来的大学生也因成为技术性的可控的客体而变得"千人一面"。以标准化和专业化为特征的大学教学几乎完全不考虑大学生个体间的能力和个性差异,而是始终关注如何将客观知识灌输到大学生的大脑之中。大学生表现出的一切个性特质,要么被漠视或忽视,要么被视为对统一的权威、制度和秩序的破坏和挑战,甚至一些大学生天性中值得和有待发展的特殊禀赋和才能也被科层型大学场域的客观结构压制或阻止。

3. 教师与学生之间的"权威—遵从"关系

在科层型大学场域中,知识被"模块化"地分割到专业、学科、课程等学校建制中,被分割成一门门的课程,浓缩为一本本的教材。"模块化"的结果导致了知识的去境脉化、中立化与抽象化,同时又构成了教科书知识的标志性特征;从这个意义上,与其称之为"知识",不如称为"信息"来得妥当。① 基于此,教师与学生之间,形成了一种基于客观化文化资本分布的"权威—遵从"关系,这种客观关系反映在实践层面,构建了一种以教师为中心的信息传输式教学样式:教师把持着师生之间的话语权威,学生的学习通常与教师的教学密切相关,在很大程度上依赖于教师循序渐进的课程传授;教师是知识的传播者,学生是被动的听觉和视觉上的知识接受者。由于这一教学样式所提供的教学很少或根本不考虑学生的心智、情感、思维以及先有知识与新知识之间的联系,因此,"以教师为中心"的信息传输式教学样式,反过来,又不断巩固和强化着师生之间基于教师权威与学生遵从的线性传递关系。

在科层型大学场域中,教师与学生之间的"权威—遵从"关系具体体现在以下三个方面:首先,从教师和学生在大学场域中的位置和立场来看,教师总是被认为拥有学生所需要的客观知识,且能够判断什么是对的,什么是错的,并确定和实施得分标准;学生则是被告知什么知识是需要的,哪些答案是对的,哪些是错的,区分好学生和坏学生、平均成绩和不及格成绩的标准是什么;在教师和学生之间存在一个默认的协议:好老师将这些方面明确加以表达并据此指导学生学习,好学生能快速掌握这些标准。② 其次,教学的重点集中于如何在作为发送者的教师与作为接受者

① [日]佐藤学:《学习的快乐——走向对话》,钟启泉译,教育科学出版社2004年版,第41页。

② [美]兰德、汉纳芬:《以学生为中心的学习环境》,载[美]戴维·乔纳森主编《学习环境的理论基础》,郑太年等译,华东师范大学出版社2002年版,第15页。

的学生之间建立一种基于信息和媒介的联结与反馈。教学目标由教师预先确定，并严格按照标准化的教学大纲来循序渐进地设计和执行日常课程计划。大学生所要求学习的内容、掌握的技能，以及学习进度和课堂互动等均由教师把控。再次，在教学过程中，教师大多采取刻板的、照本宣科的说教式显性教学样式，并以全盘教科书式的语言将各种事实性知识或技能，通过讲解、指导、学生回答问题、反复练习等方法，来促进学生获取或掌握。通常情况下，由知道正确答案的教师提问，不知道正确答案的学生回答，然后教师做出评价，这样一来，以"教师提问、学生回答、教师评价"三要素组成的自我完结的人为单位的连续，支配了课堂。①

二　大学生的常规性学习惯习与应试性学习实践

纵观工业文明高速发展的整个20世纪，不难发现，随着大学逐渐从象牙塔走向社会，大学与社会之间的关系也越来越紧密，甚至在某种程度上，呈现一种"结构同源"②的趋势，即大学场域与社会场域之间日益呈现一种结构上的对应关系。在工业社会的时代背景下，一种科层型大学场域的结构形态应运而生。然而，工业社会与科层型大学场域在结构上的对应关系，决定了科层型大学场域中的教育在本质上是一种基于目的（形式）合理性的文化专断，从而使大学生的学习实践也成为由工业社会的结构形塑机制与大学生的常规性学习惯习交互运作的产物。

1. 对应科层型大学场域的常规性学习惯习

科层型大学场域被工业社会赋予了一种文化专断的权力，大学教育在工业社会中始终发挥着文化再生产的功能。对此，布迪厄关于法国高等教育的研究表明："从教育行动是由一种专断权力所强加的一种文化专断的意义上说，所有的教育行动客观上都是一种符号暴力。"③由于物的生产和消费构成了工业社会发展的主要推动力，相应地，基于扩大再生产的经

---

① ［日］佐藤学：《学习的快乐——走向对话》，钟启泉译，教育科学出版社2004年版，第43页。

② "结构同源"一词最初是生物学概念，用于说明"那些不同物种因来自共同祖先而具有的相似性结构成为同源结构"。在此，采用"结构同源"概念，是为了说明大学在其不断的演进过程中，与社会的关系越来越密切，以至于同时根植于同一时代背景下的二者之间具有显著的结构相似性，从而表现出一种结构同源的典型特征。

③ ［法］P. 布尔迪约、J. C. 帕斯隆：《再生产》，邢克超译，商务印书馆2002年版，第13页。

济增长构成了工业社会的逻辑程式，目的（形式）合理性成为工业社会的主流价值取向。工业社会的结构再生产功能，从根本上是通过发挥教育的文化再生产功能来间接实现的。阿拉伯谚语云："与其说人如其父，不如说人酷似其时代。"在工业社会，大学生的学习实践也呈现出明显的时代特征。工业社会对大学生学习实践的结构形塑机制，是借助科层型大学场域的中介环节，并经由社会结构所形塑的一种常规性学习惯习，来发挥其长效作用的。

大学教育的文化再生产功能的实现，不仅有赖于师生之间基于"权威—遵从"关系的对客观知识的线性传递，而且也取决于个体对文化专断的教育行动这一真相的浑然不知。后者决定了人们对大学教育合法性的承认，这一承认又是借助于制度化文化资本——学历文凭的形式来加以实现的，它构成了科层型大学场域的特殊运作逻辑。然而，大学生之所以对教育行动的文化专断真相毫无察觉，正是他们在长期的学习经历中早已将工业社会的客观条件逐一内化并生成常规性学习惯习的结果。在这一学习惯习的作用下，大学生把科层型大学场域中的客观关系以及由此生成的一切实践活动都视为理所当然和本应如此的。对于大学生而言，学习什么和怎样学习早已在他们进入大学之前就被预先设定好，教师和学生只需要按照具有统一内容的教材、课程和教学计划来开展教学和学习实践，学生的学习几乎是以完全遵循和记忆教科书的文本内容为主，长此以往，大学生逐渐形成了一种"为每一个问题找寻一个标准答案"的认知、思维和行动图式，而一旦这一系列图式系统在个体的心智结构中固化和沉积下来，便生成了个体的常规性学习惯习。因此，与工业社会和科层型大学场域的客观结构相对应的常规性学习惯习的典型特征是：大学生在学习活动中表现出一种谦恭遵从、过分依赖社会和他人、顺从权威、追求效率和结果至上的趋于客观（潜在）可能性的实践倾向。

此外，值得一提的是，大学生的常规性学习惯习并非他们进入大学场域后才得以生成的，而是在过去长期的学习经历中借助于教育场域的中介作用，经由工业社会的客观结构与大学生心智结构的双向建构逐渐生成的。对于大学生而言，学习惯习作为一种生成性结构，本身是大学生学习经历的产物，是大学生在长期的受教育过程中获得的关于外在社会世界的图式系统。从这个意义上，学习惯习是一种"体现在大学生身体之中的学习历史"，因此，我们将其称之为常规性学习惯习。它一旦生成，便发挥一种前意识结构的作用，引导和形塑着大学生的学习实践。当具备常规性学习惯习的个体进入科层型大学场域后，由于这一场域与其常规性学习惯习生成之初的基础教育场域，都植根于工业社会的时代背景之中，即科层型大学场域的教学和学习实践在本质上是对以往应试学力教育的延续时，大学生的学习便如同他的走路一样，无须每走一步便仔细斟酌下一步该如何落脚，而是在常规性学习惯习的促动下，很快地适应科层型大学场域的客观结构，并在自身的学习实践中，顺利将科层型大学场域中的学习情境同其先有的实践知识和学习经验联系起来，进而完成各种学习任务和实现预期学习目标。

2. 基于常规性学习惯习的应试性学习实践

从上述分析，可以看出，科层型大学场域和常规性学习惯习在结构上的对应关系，使大学生学习实践在很大程度上呈现浓厚的结构决定论色彩。在常规性学习惯习的作用下，大学生在学习实践中更多是以被动的知识接受者的身份，而几乎很少以知识建构者的身份，接受来自外部的自上而下的对客观知识的强加与灌输；学习意味着获取书本上的客观知识和习得社会预先设定好的价值观、规范和行为准则等；学生通常情况下倾向于把所学的东西视为一种本质上凝固和静止的，"它们被作为已经完成的产品来加以传授，而丝毫不顾及它们最初是怎么被建立起来的，也没有考虑到它们将来又会发生怎样的变化，它们在很大程度上是一种假定未来会和过去十分相像的社会的文化产物"①。甚至，在面对一个已经到来的不断变化的社会时，它们还依然被用作教育的材料。大学生经由常规性学习惯习生成的学习实践，具有一种典型的应试性特征，突出表现在三个方面。科层型大学场域与常规性学习惯习之间的关系如图 3.1 所示。

第一，感知图式与大学生对学习环境的感知。在科层型大学场域中，大学生所感知的通常是一种以确定性、有序性和等级性为典型特征的学习环境。在这一情形中，学习是从书本和教师那里习得客观知识和社会文化的过程，学习目的更多是为了获取具有象征性符号效力的学历文凭，以便能在毕业后获得一份稳定的工作和收入。当进入这一学习环境时，他们会通过自身先有的感知图式来认识和理解学习环境的各个"客观"方面，

---

① ［美］约翰·杜威：《民主·经验·教育》，彭正梅译，上海人民出版社 2009 年版，第 278 页。

科层型大学场域

大学生的常规性学习惯习

| 感知图式：
大学生对学习环境
的被动感知 | 评判图式：
基于客观主义认识论
的学习取向 | 行动图式：
表层学习策略或
成绩获得学习策略 |

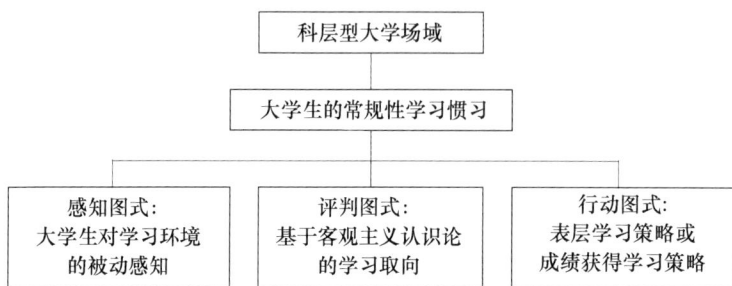

图3.1 科层型大学场域与大学生常规性学习惯习1

如教学目标、学习要求、教师的个人特点、课程测试的形式和标准等。久而久之，这些反复出现的对大学场域中各种客观条件的感觉，便以知觉的形式内化于个体的心智结构之中，进一步巩固和强化着先有的心智图式，使之成为一种自明的"直接知觉"或"直接意识"。科层型大学场域与工业社会在客观结构上的对应关系，决定了大学生学习仍是他们在基础教育阶段业已形成的应试性模式的延续；反过来，基于客观主义认识论的大学教学和大学生学习实践，又会进一步巩固和强化大学生常规性学习惯习中基于应试学习的感知图式，如"考试的重点是测试学生对信息的记忆，而不是强调理解"，"我通常都是为了考试而复习，而不大去想对这门课程本身的学习"，"每次考完试后，之前学习的那些东西都总是记不得了"，等等。

第二，评判图式与大学生学习实践的价值取向。通常情况下，评判图式在大学生的心智结构中塑造了一种"来源于过去，经由现实的力量指向未来"的实践信念。评判图式是个体在持续性的"外在结构内在化"和"内在结构外在化"的双向过程中生成的趋于"客观潜在性"的意识。其中，"外在结构内在化"是严格按照对个体而言"什么是可能的？"或"应该做什么？"以及"什么是不可能的？"或"不该做什么？"等分类体系来建构的。从这个意义上，大学生的心智结构所表征的实践信念或实践知识，几乎是遵循外在的社会结构和社会规范来确定其评判原则的。基于此，与工业社会的客观结构与目的（形式）合理性的价值取向相对应，大学生的学习取向通常表现为两种：一种是比格斯的表层学习取向，即大学生往往把学习看作是强加于他们的负担，就想应付了之，他们的动机目的性和现实性很强，只想花最小的努力应付学习要求①。另一种是比格斯、因特维斯特和拉姆斯顿所提出的成就学习取向中的成绩获得取向，它表现为"自我卷入目标和成绩学习"，即学习是一种手段和工具，目的在于通过获得成绩来证明自己。对此，米勒和帕勒特（Miller & Parlett）曾将这一取向描述为"以应试为目的的寻找线索的行动取向"②。

第三，行动图式与大学生学习实践的行动策略。行动图式是个体在感知图式和评判图式共同作用的基础上生成的关于自身如何行动的认知集合。当大学生从应试倾向的基础教育走向科层型大学场域时，这种在一定程度上仍然很正规、很客观主义的大学教育以及以教师为中心的教学样式，又会进一步强化大学生先有的应试学习取向：他们习惯于依赖和顺从外部的制度和规范，严格按照教师告之的原则和标准行事，并由教师来判断自己努力的程度、质量、准确性和完整性等，从而使原则上本应由自己决定的事情，在事实上都由外在的社会性因素或作为他者的教师决定。这些行动取向，反映在学习实践层面，就生成了以应试为导向的表层学习策略：关注不关联的内容，把相互关联的内容割裂开来，关注基本要点，尽可能准确地重复这些基本要点，为准备考试而死记硬背，不注重理解；③努力寻求和把握哪些知识点会在即将到来的考试中出现；试图加深教师对自己的印象，等等。

3. 应试性学习实践与大学生主体性的隐退

透过常规性学习惯习，回溯大学生过去的学习经历，他们在基础教育阶段，由于长期浸淫在一种强加和灌输客观知识的应试教育之中，在基于教师权威与学生顺从的主客二分的师生关系下，教师已经习惯于将一个既定的知识系统传授给学生，学生也已经习惯于从"无所不知"的教师那里获取客观知识或接受某种现成的答案，并且在通常情况下，学生总是能够接纳教师们的陈述和观点，只在偶尔的特殊情况下才对它们进行质疑。于是，个体在这一制度化学习环境和教学样式的反复作用下，逐渐生成了

---

① ［澳］迈克尔·普洛瑟、基思·特里格维尔：《理解教与学——高校教学策略》，潘红等译，北京大学出版社 2007 年版，第 110 页。

② Miller C. M. L. and Parlett M. , "Up to the Mark：A Study of the Examination Game", *Society for Research in Higher Education*, 1974.

③ ［澳］迈克尔·普洛瑟、基思·特里格维尔：《理解教与学——高校教学策略》，潘红等译，北京大学出版社 2007 年版，第 110 页。

一种以谦恭遵从、过分依赖他人、顺从权威、追求效率和结果至上为特征的常规性学习惯习。由于科层型大学场域与基础教育场域具有"结构上的亲和性",二者都植根于工业社会的时代背景之中,因此,科层型大学场域中的大学教育从本质上仍旧是应试倾向的基础教育的延续。科层型大学场域与常规性学习惯习交互建构的应试性学习实践,反过来,进一步再生产着科层型大学场域的客观结构,同时也不断强化着大学生的常规性学习惯习。

在科层型大学场域中,知识由于去语脉化、中立化和抽象化而蜕变为一种缺乏意义的信息,于是,追求效率性的传递与一元化的评价得以普遍存在,进而导致了教育市场中知识的商品化,亦即应试竞争市场与劳动力市场中知识的商品化,从根本上促使大学教育成为以"效率主义、正解主义、测验主义和受验学力"为典型特征的刻板、僵化的应试学力教育。在常规性学习惯习的作用下,大学生的学习实践成为一种单纯的从文本到文本的线性活动,甚至个体本身成为各种客观知识的附庸,因为在客观知识的习得过程中生成的常规性学习惯习,不仅外化于学习实践上,而且内化于心智结构中,使大学生成为社会决定机制形塑的产物。凡此表明,在客观主义教育认识论和工具理性共同支配的科层型大学场域中,大学生仅仅是一个在技术上可控和可塑的客体,而丧失了他原本应有的主体地位;大学生由于缺少一种批判反思精神,难以独立对自身的学习担负责任,从而使其学习实践变成一种程式化活动,甚至沦为一种缺乏内在兴趣和情感投入的效率至上和习得至上的功利化活动。

三 工业时代背景下大学生学习的实践逻辑

20 世纪以来,伴随工业文明的高度发展,一种科层型大学场域随之兴起,并逐渐成为工业时代占据主导地位的大学组织形式。现代意义上的科层型大学场域是大学适应工业社会发展的制度化产物。这种与工业社会相对应的科层化制度结构的生成,使大学在面对危机时,总是能够凭借以往的成功经验和各种客观有利条件,成功化解危机。然而,鲍曼指出:"任何一次成功地解决危机的背后都潜藏着一种'自我灭亡'的隐患,因为大学应对某次危机越成功,那么与解决危机之道相对应的制度烙印就会越深刻，也就意味着应对下一次不同危机的思路和效率越差。"① 因此，面对知识社会转型，虽然科层型大学场域仍普遍存在，但它同时也面临一场严峻的合法性考验和制度化危机。而这一考验和危机，又多半是由于制度化惰性所引起的，是大学无法应对外在社会的"元变化"（metachange）（鲍曼语）而导致的。对此，从社会转型视角出发，深入认识社会世界的元变化，即环境变化方式本身在不断变化，并在此基础上，把握大学场域和大学生学习实践的变迁趋势，就必须探讨即将成为"过去"的工业社会这一历史背景下大学生学习的实践逻辑。

1. 客观化文化资本：科层型大学场域的特殊利益形式

对于科层型大学场域而言，知识是一种具有客观性、普遍性和确定性的真理性认识，教学和学习内容也是以教科书的形式呈现，包括了一系列已知的事实、概念、定理和原则。从这一教育认识论视角出发，以客观知识为基础的客观化文化资本就理所当然地构成了科层型大学场域的特殊利益形式。在客观化文化资本的导向下，教师在大学场域中占据着把持和掌握丰富的客观化文化资本的知识传授者的位置，学生则处于文化资本相对匮乏、有待通过教师的教学来不断吸收和积累客观化文化资本的知识接受者的位置。

与知识传授者与知识接受者的客观关系相对应，教师被赋予了一种"权威"的身份和意义，学生则被赋予了一种"遵从"的身份和意义。师生之间、生生之间基于客观化文化资本的分布状况而占据的位置，以及位置之间的客观关系构型，既构建了科层型大学场域"以教师为中心"的结构特征，又强化了大学生在基础教育阶段就业已生成的常规性学习惯习。大学生的常规性学习惯习，从本体论意义上，是与科层型大学场域的客观结构相互契合的。科层型大学场域形塑和强化着大学生的常规性学习惯习，从而使大学生在身体层面生成一种适应于工业社会发展需求的心智结构。在这一心智结构的指引下，大学生不断开展着与制度化学习环境的客观要求相符合的学习实践，即一种以应试为导向的学习实践。这些实践，反过来，又不断再生产着科层型大学场域的客观结构。从这个意义上，科层型大学场域中所展现的大学教育实质上仍旧是一种应试学力

---

① ［英］安东尼·史密斯、弗兰克·韦伯斯特：《后现代大学来临?》，侯定凯、赵叶珠译，北京大学出版社 2010 年版，第 43 页。

教育。

2. 考试的实践逻辑：科层型大学场域的特殊运作机制

在科层型大学场域中，受客观化文化资本的分布状况所构建的客观位置关系的影响，教师的教学立场就是传授各种"事实"，而大学生的学习立场就是"接受事实"，即全盘接受从老师那儿听来的一切，之后简单地将其合并入某种业已存在的学习认知图式中，去巩固和扩展原有的知识结构。如此一来，大学生的学习就如同保罗·弗莱雷所谓的"银行存储式"的活动，对于大学生来说，学习意味着记住一切，并储存起来。一旦需要为某个问题找到答案时，他们就会从自己的记忆仓库中去寻找和提取。因此，基于客观化文化资本的量化考核而构建的一种标准化的考试制度，不仅创设了科层型大学场域的特殊运作机制，而且在大学生的常规性学习惯习中嵌入一种基于考试的实践逻辑。

一直以来，在进入科层型大学场域的资格遴选上，高考都是选拔千千万万的莘莘学子进入大学学习的主要制度化形式：只要大学生拥有了某种确定的禀赋构型，或者说，他们被认为是最富有学校所认同的惯习的个体时，他们就会被赋予进入大学学习的合法身份；然而，这种合法身份的考量和确立，则完全取决于大学生所把持的客观化文化资本的数量和结构。一旦个体获准进入大学场域，吸收和积累客观化文化资本也将继续构成他们学习实践的价值取向和最终目的；衡量大学生拥有多少文化资本的方式仍旧是以量化形式为主导的考试，即要求大学生准确地回忆教师在课堂上所讲的知识，或者是识别出正确的答案，并最终考察大学生在多大程度上记住了教师所传授的内容。

3. 学历文凭的意义：基于象征效力的制度化文化资本

在科层型大学场域中，伴随大学生的客观化文化资本的不断累积，最终大学借由学历文凭这一制度化文化资本形式，对大学生所掌握的客观化文化资本予以合法性证明，并确保学历文凭能够在各种结构再生产中发挥符号资本的象征性效力。在工业社会中，作为对大学生投入时间和精力后获得的客观化文化资本的合法证明，学历文凭既是一种制度化文化资本，同时也是具有象征性力量的特殊符号资本，将大学生笼罩在"天之骄子"的光环之下。社会公众也不假思索地被形塑了一种对于学历文凭的认知和评判图式，即认为一个人只要拥有了学历文凭，就等于把持了较高数量和质量的客观化文化资本，也理应获得与之相对应的位置和地位，这种认知和评判图式又在各种结构再生产中被反复巩固和强化。从这个意义上，大学生所获取的制度化文化资本——学历文凭，发挥着布迪厄所说的"文化资本的社会炼金术"作用，赋予了大学生"一种文化的、约定成俗的、经久不变的合法化价值"。

同时，不同大学子场域之间（如不同层次的院校之间）制度化边界的存在和发挥作用，必然使大学场域呈现一种基于客观化文化资本的数量和结构的差序格局，公立高校相对于民办高校，中央高校相对于地方高校，无论是在生源、师资、科研经费，还是学科建设的资源分配上，都拥有更多的优势，这些优势不仅导致了不同类型院校的大学生在学习过程和学习结果上的异质性，而且最终体现在具有等级差异的制度化文化资本——学历文凭上，它同时作为符号资本所蕴含的象征性意义，对大学生的未来发展将持续产生影响。大学生获取的学历文凭，如同社会建构的"身份标签"，无论何时何地，都作为他们所拥有的文化资本的合法性证明，深深影响着个体在未来所参与的基于资本积累和资本转换的一切实践活动。

4. 相互契合的关系：工具理性取向与标准化教学模式

标准化批量生产作为工业时代文明的标志性生产方式，无疑对大学场域的客观结构产生了根本性的影响。科层型大学场域也因此被赋予了极富工具理性色彩的"工厂隐喻"：大学作为工业社会中唯一的文凭授予机构，被人们视为"知识的仓库"和"教学的工厂"，教学和学习围绕一门门以标准化内容来统一设计的课程而展开，教师的教学方法以单一的课堂传授为主，学生学习的内容被认为具有"永恒的价值"。学习方式也成了从学校的"大仓库"中提取知识，通过记忆的方法，原封不动地直接将其储存到学生的"小仓库"中。尽管大学生的认知、情感和思维是千差万别的，但一旦进入了科层型大学场域的教学工厂模式中，就完全按照统一的标准化方式进行培养和教化。

大学作为学历文凭授予机构，所有的学生都通过参与课程学习来获得成绩。一旦大学生所掌握的客观化文化资本达到了制度化学习的客观要求，大学便通过颁发文凭这一神圣的制度化仪式来为大学生学习提供合法性证明。这就如同工厂中生产好的商品，经过最后一道质量检验工序后，被贴上"合格证"的标签，有待进入市场出售一样，学历文凭在很大程度上也是与一份稳定甚至具有终身保障的工作联系在一起的。因此，紧紧围绕客观知识的传递和接受活动而构建的科层型大学场域，以工具理性、实用主义、遵从权威、追求效率和结果至上为典型特征的常规性学习惯习，以及二者之间的交互作用，不断再生产着一批又一批能够"服务于工业社会需求"的大学毕业生。

凡此表明，在工业社会和科层型大学场域的交互影响下，大学生也因此被灌输了一整套关于如何获得和积累客观化文化资本的性情倾向，即常规性学习惯习。在科层型大学场域与常规性学习惯习的相互作用下，大学生在学习实践中表现出一种谦恭、过分依赖教师、顺从权威、追求效率和分数至上的认知取向和行动策略。从本体论的意义上说，客观主义教育认识论、工业社会、科层型大学场域以及常规性学习惯习彼此之间是相互对应、相互契合的。

第三节　知识社会中的学习型大学场域与大学生反思性学习惯习

知识社会的来临，意味着以重新配置资源和重新建构社会运行机制为目标的基础性结构变迁。同时，一种变动不居的建构主义知识观正逐渐取代以往凝固不变的客观主义知识观，成为社会变革的促动因素。面对知识社会的转型，科层型大学场域得以运行的客观社会条件已悄然发生改变，突出表现为：从科层型大学场域走出来的大学生，在生活世界中运用自己的学习成果时，会遭遇一种"实践震惊"，即他们在大学所学的东西几乎不为现实社会所接受，大学学习与现实社会发展需求之间的"不合拍"或"脱节"业已成为一种常态。从工业社会向知识社会的全面转型，从根本上促发了人的发展方式的革命性变化。在知识社会中，每一个个体，都将是知识的生产者和消费者；每一个机构，都将成为知识型和学习型组织。"知识不再意味着力量和权力，也不再意味着对自然的征服和对人的控制，而是主要体现为人的全面发展，知识将成为人类走出工业社会困境的手段。此时大学教育将告别标准化和批量化，真正迎来个性化的新时代。"[①] 从这个意义上，知识社会中的大学势必要经历一场从科层型大学场域向学习型大学场域的转型，相应地大学生学习实践的生成性动力机制

---

① 王建华：《我们时代的大学转型》，教育科学出版社 2012 年版，第 150 页。

也将发生根本性变化。

一　学习型大学场域的结构性特征

伴随从工业社会向知识社会的转型，无论是知识性质的转变，还是社会结构的基础性变迁，都将从根本上唤醒潜藏在人的身体内部的主体性意识。知识社会的来临，意味着人的发展与社会发展之间将衍生一种本体论意义上的和谐共生，而实现这一共生的中介则是实践行动。大学生的学习实践作为连接个体发展与社会发展的关键性中介活动，势必会在社会转型中发生根本性变化：从制度化学习转向终身学习，从社会化学习转向主体性学习，从应试性学习转向发展性学习。基于此，在社会转型的促动下，现代大学也将经历从现代的科层型场域向后现代的学习型场域的变迁过程，学习型大学场域也因此呈现一种与知识社会相对应的结构性特征。

1. 基于建构主义知识观的教育认识论

知识社会与工业社会最本质的区别在于：工业社会是一个"以物为中心"的社会，身处其中的个人具有一种浓厚的结构主义色彩；而在知识社会中，"人"则取代"物"成为社会发展的核心。从这个意义上，知识社会本身，既蕴含着"不断促进人的全面发展"的"价值合理性"取向，也表征着"人与人、人与社会、人与自然和谐共生与可持续发展"的运作逻辑。相应地，知识社会的认识论基础也转向建构主义知识观，突出表现在三个方面：其一，知识是变动不居的，而非凝固不变的，"知识改变得很快，今天还斩钉截铁的事情，明天就成为荒谬可笑的话题，这正是知识的本质"[①]。其二，知识是在具体的情境脉络中被建构的，当知识对于其生成的情境脉络具有生存力和适应力，并且能够被广泛地应用于生产和生活时，它才是真实、可靠的，是完全意义上的知识。其三，知识既是学习者在认知、理解和解释客观世界的过程中自我建构的，也是学习者在主体间性的合作协商中社会建构的产物。知识的建构性转变和知识社会的转型，从客观上推动大学朝着学习型大学场域的方向演进。在学习型大学场域中，学生是知识的建构者，学生的主体性是他们作为学习者天然具有的，"只有认识了学习的建构性才能真正认识到学生的主体性所在"[②]。

---

① [美] 彼得·F. 德鲁克：《后资本主义社会》，傅振焜译，东方出版社 2009 年版，第 38 页。

② 陈琦、张建伟：《建构主义学习观要义评析》，《华东师范大学学报》1998 年第 1 期。

凡此表明，强调知识的建构性、情境性和协商性的建构主义知识观，在本质上是与知识社会的价值取向和发展逻辑相契合的。

随着知识社会的转型和建构主义知识观的兴起，受客观主义认识论支配的现代大学教育模式，从根本上导致了大学教学与大学生学习同社会发展之间的"不合拍"或"脱节"。对此，丹麦学者伊列雷斯概括道："社会的发展，导致了教育计划与它们为之服务的教学世界之间越来越丧失同步性——导致一种延迟，使教育计划中的制度化性质与现代社会能力要求之间的隔阂正在变得如此巨大，可是，比较矛盾的是，社会对这两者缺一不可。"① 因此，要想重新构建制度化学习与个人发展之间、大学教育与社会发展之间的动态平衡与协调，就必须从根本上促进教育认识论从客观主义向建构主义转型。在建构主义认识论的导向下，学习不再囿于传统的客观知识的线性传授，而是旨在培养大学生学会学习的能力和可持续发展的能力。前者强调用统一的社会化目标来塑造大学生，使学习成为一种程式化和标准化的活动，每个大学生学到的都是大致相同的内容。后者则注重大学生在具体情境脉络中的意义理解和意义生成，注重与他人、社会合作协商来促进知识建构；这一过程表征着新知识和经验的生成，意味着对先有知识和经验的改造，使大学生学习在大学场域之外的社会情境中仍具有应用与迁移价值；基于个体间的特质与个性差异，大学生的学习过程和学习结果也因此呈现较大的异质性。

2. 以大学生为中心的建构主义学习环境

从工业社会向知识社会的变迁，从客观上推动现代大学从科层型场域向学习型场域转型，促进大学教育认识论从客观主义向建构主义转变。这些变化，又进一步引起实践层面大学教育范式的转变，即从"如何教"转向"如何学"的实践逻辑，这意味着学习正从以往的被动过程转变为一个主动的过程，意味着以大学生学习为中心的建构主义学习环境。通常来说，以学生为中心的建构主义学习环境为个体提供了从自身需求、偏好和兴趣出发进行自我认知、自我决策、自我反思以及对自己学习承担更大责任的机会。从这个意义上，以学生为中心的学习环境，是一种基于人的主体性发展的学习环境。只有以大学生的主体性发展需求作为出发点和落

_____

① ［丹］克努兹·伊列雷斯：《我们如何学习——全视角学习理论》，孙玫璐译，教育科学出版社 2010 年版，第 238—239 页。

脚点来开展教与学的实践行动，以学生为中心的建构主义学习环境才具有创设的可能性。这一学习环境具体体现在两个方面。

第一，基于知识应用和迁移的情境化学习环境。在以客观知识的传授为主的现代大学教育模式下，大学生习得的往往是教科书中脱离了真实情境脉络的孤立的、呆滞的知识，并形成过于简单、肤浅的理解，其结果必然是大学生所学内容缺乏实践性和应用性。对此，柏金斯和西蒙斯的研究表明：虽然学习者脱离了真实境脉的学习能够成功解决近迁移的问题，但在一个远迁移或新任务的问题中，学习者则表现出无法灵活地加以应用或批判地进行推理。① 针对现行大学教育中学生习得的知识与真实情境之间存在的学习迁移问题，以学生为中心的建构主义学习环境特别注重和强调情境学习的重要性。所谓情境学习，是指通过将学习置于知识生成和应用的真实的"宏情境"② 之中，即将学习抛锚在有意义的问题解决活动的情境脉络之中，确保大学生在学习情境中遇到的问题与真实情境中所遇到的是一致的，使学生在体验学习情境中形成一种自我感知和认识，并在主动提取先有知识和经验的基础上，在同他人的合作与协商中，实现对新知识的理解和建构。在情境化境脉中，当大学生认识到知识的实践效用并学会运用知识去理解、分析和解决真实世界中的复杂问题时，学习就自然而然地发生了。同时，大学生的认知和经验始终保持动态开放，随着主体持续体验式参与学习情境的互动而不断被调整、补充和完善。

第二，基于学习共同体的合作式学习环境。大学生学习实践是发生在大学场域的制度化空间之中，大学生不仅仅是作为个体学习者，更是作为学习共同体的成员，卷入合作学习之中。合作学习是基于学习共同体的互动而发生的，它强调大学生在与教师、专家和同学面对面的对话协商中积极合作，通过设置共同的学习目标、围绕学习材料和资源展开讨论和解释，使学生借助目标指向性努力（如问题解决）来掌握学习内容或完成

---

① Pekins, D. , & Simmons, R. , "Patterns of misunderstanding: An integrative mode for science, math, and programming", *Review of Educational Research*, No. 58, 1998, pp. 303 – 326.

② "宏情境"（Macro-contexts），是建构主义学习理论中的一个关键性概念，是与抛锚式教学相对应的一种学习情境。宏情境是指通过信息技术的支持，来将大学生的学习抛锚在有意义的问题解决活动的情境脉络之中来解决现代大学教育中呆滞知识的问题。与日常情境的随意性不同，宏情境呈现的是一些编制好的问题，是适合学生的年龄和认知特点的问题。在学习过程中，只有当学生将这些问题变成自己的问题时，他们才会真正融入宏情境之中，借助合作、交流和协商的方式来逐步解决那些真实且复杂的问题。

学习任务，从而形成共享的、高级的认知和理解。从这个意义上，合作式学习能为大学生提供一种认知和元认知的发生情境，在这一情境中，学习共同体的对话、交流和反馈，以及成员间相互冲突的观点和结论，能够引起学生对自身认知、思维和学习状态进行理性反思，促进他们批判思维、高级推理以及元认知思维的发展。同时，在合作式学习中，学生会对学习承担更多的责任，并不断致力于优化自身的合作式学习能力。凡此表明，基于学习共同体的合作式学习环境促进了大学生个体的知识建构，反过来，大学生的学习认知、思维和行动也造就着合作式学习环境，这种反馈的环形交互影响形成了循环的因果性。在循环的过程中，结果和产物对于产生他们的过程又形成了必要的条件，因此，产物变成了生产了它的东西的生产者。① 正是在这个螺旋形的环路进展过程中，有意义的合作式学习才得以持续发生，大学生基于学习迁移的主体性发展能力才得以不断提升。

3. 教师与学生之间的主体间性关系

如前所述，在工业时代的科层型大学场域中，大学生只是充当了自身学习实践的形式主体，隐藏在背后的真正主体却是社会结构。在工业社会的物本主义和工具理性的价值取向下，大学生的学习实践也被深深打上了应试教育的烙印。"一切都被物化了，就连人与人的关系也变成了人对物的关系。尤其是以支配和占有的心态来处理人与人之间的关系，必然带来一方对另一方的控制和奴役，人与人的关系就演变为人与物的关系，背离了人的自由本性和'人是目的'的基本原则。"② 在社会决定机制的作用下，普遍存在于大学生学习实践中的功利主义、犬儒主义和虚无主义等，无不凸显了人的"主体性危机"。知识社会的来临，从根本上创生出一种不同于以往工业社会的发展逻辑。人与人、人与自然、人与社会之间的和谐共生与可持续发展逻辑，正逐渐取代工业社会对自然的征服、对人的控制这一发展逻辑；价值合理性正取代目的（形式）合理性，逐渐成为知识社会的主流价值取向。与之相对应，伴随从科层型大学场域向学习型大学场域的转型，一种关注人的主体性发展与学习共同体的知识建构的

---

① ［法］埃德加·莫兰：《复杂性思想导论》，陈一壮译，华东师范大学出版社 2008 年版，第 37 页。

② 冯建军：《主体教育理论：从主体性到主体间性》，《华中师范大学学报》2006 年第 1 期。

"如何学"的实践逻辑，正逐渐取代科层型大学场域中基于客观知识线性传递的"如何教"的实践逻辑，这从根本上改变了大学场域中教师与学生之间的关系，使之从以往的"权威—遵从"关系转变成为一种"我"和"你"或"我们"的交互主体性或主体间性的关系。

在学习型大学场域中，主体间性关系是建立在师生之间平等交往的基础之上，它意味着师生同时作为交往实践的主体，以一种体验的方式，通过思想的对话、精神的交流、心灵的碰撞，来建构意义和知识，从而促进大学生的认知、情感和思维等可迁移能力和持续发展能力全面提升，并最终朝着主体性发展的方向演进。基于主体间性的师生关系，给大学生学习实践带来的转变主要体现在两个方面：其一，大学生从以往被动的信息接受者转变成为一个主动的知识建构者，对自身的学习实践担负责任。在外部学习目标的引导下，在教师的帮助和指导下，他们通过积极建构意义来形成自我的学习意图，扩展"自我知识"的内涵和外延，不断发展多元认知策略、自我调节程序、问题解决技能和高级思维技能，最终成为一个情绪健康、思维广阔、自我决策、自我反思、自我监控、能独立或合作完成任务的自我实现的主体。其二，教师不再是传统意义上的信息传递者，而是作为大学生学习的促进者和引导者，对知识进行澄清而不是直接传授，引导学生主动发现而不是将自己的认识和观点强加给学生；同时，作为支持者和反馈者，教师要以真诚、移情和可接受性为前提，构建主体间性的和谐师生关系，为学生提供情感支持、学习指导以及学习反馈，帮助学生最大限度地发挥自身的学习潜能，达到最佳的主体性发展状态。

二 大学生的反思性学习惯习与发展性学习实践

人的主体性发展，始终是与社会联系在一起的，并扎根于社会发展之中。对个体而言，一方面，只有置身于社会之中才能凸显主体性价值的存在，没有社会，也就无所谓主体；另一方面，主体性发展所要求的自我同一性和自我实现，是以个体生物性与社会性的和谐统一以及在自我与自我、自我与他人、自我与社会的互动交流中建构的多重身份认同为基础的。基于此，构建学习型大学场域的关键，在于如何生成一种从建构主义认识论出发，兼顾社会结构的客观性与大学生发展的主体性的反思性学习惯习。在学习型大学场域和反思性学习惯习的交互运作下，大学生的学习才能真正成为促进人的主体性发展的实践方式。

　　1. 对应学习型大学场域的反思性学习惯习

　　从工业社会向知识社会的转型，从根本上改变了人的存在方式和发展方式。在工业社会中，大学生的常规性学习惯习，促使他们建构了一种与工业社会的发展需求和运作逻辑相匹配的应试性学习实践。同时，科层型大学场域与常规性学习惯习之间的相互契合，又进一步强化了大学生基于应试性学习实践而生成的心智结构。对此，约翰·穆勒批判道："这样的学校更适合于培养信徒，而不是培养探究者。"① 当知识社会的变迁推动学习型大学场域的变革时，大学生基于客观主义认识论的常规性学习惯习与学习型大学场域的客观结构之间势必产生一种不相适应。这时，如果大学生采取一种漠视或逃避的态度来忽略这种不适应或不契合，那么，当常规性学习惯习同大学场域变迁和知识社会发展的"不合拍"或"脱节"达到一定程度时，大学生的应试性学习实践就会从一种机械、呆板的程式化活动，变成奴役他们的思维和行动图式。因此，要想促使大学生建构一种与知识社会转型相适应的、基于主体性发展的学习实践，就必须从根本上改变作为生成性动力机制的学习惯习。对于学习型大学场域而言，教育的根本在于培养一种促进人的主体性发展的学习惯习。

　　知识社会是一个充满变化性和不确定性的社会，同时也是一个充满风险和不安全感的社会。对此，贝克指出："前现代性经验视域中的现代化，正在为反思性现代化所取代。"② 在这里，工业社会代表一种前现代性经验视域中的现代化，而知识社会则对应于一种反思性现代化。因为，知识社会是在人们反思性地运用知识的过程中逐渐建构起来的；知识社会的来临，意味着"没有一个稳定的社会世界让我们去认识，对这个世界的认识本身，就存在着不稳定性和多变性"③。同时，知识社会的转型，标志着一种充满变化性和多样性的"个体化"社会的到来。"个体化"意味着主体性的解放和稳定性的丧失。从这个意义上，与知识社会和学习型大学场域的客观结构相对应的是一种反思性学习惯习。这一学习惯习的典型特征是：个体始终保持一种开放和弹性的认知、思维、情感和行动图式，在基于学习共同体的知识建构与多元化的学习体验中，以共情和同理

---

　　① ［美］约翰·杜威：《民主·经验·教育》，彭正梅译，上海人民出版社2009年版，第172页。
　　② ［德］乌克里希·贝克：《风险社会》，何博闻译，译林出版社2004年版，第27页。
　　③ ［英］安东尼·吉登斯：《现代性的后果》，田禾译，译林出版社2011年版，第39页。

心倾听他人，质疑并提出问题，持续地对学习情境和学习实践进行反思性监控，并将这种反思性监控作为一种能力深深嵌入自我的心智结构之中，使之内化成一种身体化状态。凡此表明，反思性学习惯习的生成，是确保大学生在当前和未来的社会中实现自身主体性发展的前提和关键所在。

2. 基于反思性学习惯习的发展性学习实践

在知识社会中，学习不再像过去那样是对教师传授的客观知识的无条件接纳和遵从，而是通过重构大学生的学习惯习，去改变大学生的认知、情感、思维和行动图式，提升可持续发展能力，从而使他们的大学学习，对他们未来的继续学习、工作和生活产生持久而深远的积极影响。因此，学习型大学场域与反思性学习惯习的交互建构，是以尊重大学生的主体性为预设前提的。相比传统大学教育实践自上而下的强加和灌输，它们更符合人的成长发展的内在规律。在反思性学习惯习的引导下，大学生的学习实践也将朝着促进主体性发展的方向演进。学习型大学场域与反思性学习惯习之间的关系如图3.2所示。

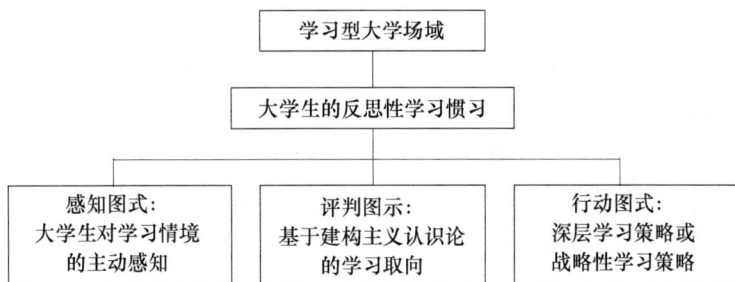

图3.2　学习型大学场域与大学生反思性学习惯习

第一，感知图式和大学生对学习情境的感知。在学习型大学场域中，知识是建构的，而不是灌输的。因此，大学生是以一种主体的身份进入学习环境之中，他们所感知的是一种以不确定性、多变性、真实性和复杂性为特征的情境化学习环境。教师与学生之间是一种基于主体间性的平等关系；学习是大学生在积极参与学习共同体的知识建构中，不断培养和提升自身的可迁移能力和反思性行动能力，从而生成一种基于终身学习和主体性发展的反思性学习惯习的过程。在此过程中，社会性因素和个体性因素之间不再是科层型大学场域中的"支配—屈从"关系，而是在同一时刻共同作为建构力量发挥作用的动态交互关系。主体性自我的积极投入，使大学生得以能动发挥内在的心智力量，而不是受制于外在结构性力量的约束，发展一种以共情和同理心去感受自我认知、情感和思维变化以及倾听他人的想法和建议的感知图式。如"学习不仅是为了满足我未来职业发展的需要，更为重要的是它改变了我看待自己、他人和外在世界的方式"；"我之所以受教育，是为了不再一味地适应这个社会的既定模式，而是获得一种自我决定的能力"；"学习是一个很多有思想的人聚集在一起交流、探索和协商的创造性过程"；"我在大学的学习体验和经历，将影响未来我成为怎样的人和我能做什么"，等等。

第二，评判图式和大学生学习实践的价值取向。在基于建构主义认识论的学习型大学场域中，大学生关于学习的评判图式不再是单纯受外在社会结构形塑，而是更多基于自身主体性发展的内在评判标准；不再以传统意义上的"我应该怎样"和"我能够怎样"，而是以"什么对我来说更具意义和价值""怎么做才能让我成为更好的自己"以及"我想成为一个什么样的人"等作为自身认知观念和实践行动的分类标准。从这个意义上，对于学习型大学场域中的大学生而言，各种社会性评判标准是作为一种积极的建构力量，来支持大学生主体性发展的内在评判标准的生成，并最终使二者达到协调一致。这一评判图式，反映在学习实践层面，通常体现为两种典型的学习取向：一种是比格斯的深层学习取向，即大学生的学习意图在于寻求观点和意义的理解；另一种是战略性学习取向，对应于成就学习取向中的"任务卷入目标与掌握学习"①，是指大学生期望通过主动的学习投入来全面提升学习能力和学习水平。

第三，行动图式和大学生学习实践的行动策略。在学习型大学场域中，由于大学生主体性意识的日益觉醒以及他们被赋予了真正意义上的主体性地位，因此，他们倾向于将学习看作是自己的事情，而非外在的他人或社会加诸身体上和心智上的负担；他们更加乐意对自己的学习承担责任，并且更加自觉主动地发展自主学习、批判学习和创造学习的能力。同时，师生的主体间性关系使他们不再一味受制于权威约束，而是敢于向教

---

① "任务卷入目标和掌握学习"是与"自我卷入目标和成绩学习"相对应的两种不同的学习取向。前者强调，学习本身就是一种终极的目标，个体学习的目的在于提升能力以及对知识的理解和掌握；后者则认为，学习仅仅是一种手段和工具，学习的目的在于表现自我，以及通过获得成绩来证明自己的能力。

师、向书本等以往的"权威性知识"提出批判、质疑和挑战，敢于大胆地表达自己的想法和观点，主动与学习共同体中的他人交流和互动，从而在知识建构的过程中，不断促进理智发展和情感发展，使自己对自身学习实践的反思性监控和改进，逐渐从有意识的策略行动转变成以内隐形式的实践感存在并发挥作用的反思性学习惯习。在反思性实践逻辑的运作下，大学生采取的学习策略通常表现为：大学生对学习任务具有内在的兴趣并希望在学习中获得乐趣；能够把新的学习内容和先有知识或自己的经历联系起来；把论点和论据联系起来；找出规律和潜在的原理；明确部分和整体的关系；对学习内容进行推理；形成假设；从同一课程其他内容的视角或从其他课程的角度去理解所学内容。[1]

3. 发展性学习实践与大学生的主体性发展

知识社会的来临，深刻地改变了大学生学习的性质——"我们再也不能刻苦地一劳永逸地获取知识了，而需要终身学习如何去建立一个不断演进的知识体系——'学会生存'。"[2] 知识的爆炸式增长使得大学不可能教授完已有的全部事实性知识，大学生要想在知识时代有所作为，就必须学习如何思考、如何解决问题以及如何创造新的知识。知识社会的转型，从根本上促进了大学生的主体性觉醒，但同时，也导致大学生在工业社会中相对稳定性的丧失，使大学生置身于一个充满变化性、不确定性和风险性的现实之中。然而，个体的主体性发展，又必然是建立在"本体性安全"的基础之上。在知识社会中，寻求本体性安全的关键，在于构建一种灵活的发展性学习实践。从这个意义上，"教育即生活"——"教育是生活的过程，而不是为未来的生活作准备"，"学校即社会"——"学校教学的所有项目都应该在学校与维系人们的社会活动的网络的联系中反映出来"。[3]

在学习型大学场域中，构建基于大学生主体性发展的学习实践，最重要的在于，通过培养他们的反思性学习惯习，从根本上激发他们的主体意

---

① ［澳］迈克尔·普洛瑟、基思·特里格维尔：《理解教与学——高校教学策略》，潘红等译，北京大学出版社2007年版，第109页。

② 联合国教科文组织：《学会生存——教育世界的今天和明天》，教育科学出版社1996年版，第2页。

③ ［美］约翰·杜威：《学校与社会——明日之学校》，赵祥麟等译，人民教育出版社2005年版，第4页。

识，积极建构一种基于知识应用和迁移的学习能力和发展能力，从而促使他们的学习从以往封闭的、单一的实践方式转向更加开放的、弹性的实践方式，从大学场域顺利过渡到社会场域，从制度化学习阶段扩展到终身学习。借助反思性学习惯习，大学生对自身的认知、情感、思维和行动图式以及由此生成的学习实践进行持续反思和改进，进而挣脱以往受机械决定论主宰的认知方式和思维方式，培养正向积极的习性，拥抱丰富充实的人生，实现自我的主体性发展。

　　然而，反思性学习惯习的生成并非一蹴而就的。大学生长期以来业已形成的、具有良好稳定性的常规性学习惯习本身所固有的滞后效应，决定了它的改造或重构势必需要社会性变量和个体性变量的交互建构（见图3.3）。反思性学习惯习的生成，有赖于大学生有意识的发展性学习实践。借助自觉意识，大学生使自身先有的常规性学习惯习，从内隐状态上升到外显状态，以发展的眼光和开放的心态对其进行审视和反思，并在学习实践中有意识地改变自己先有的认知、情感、思维和行动图式，重新建立关于现实世界的新的图式系统，从而在自我认同的连续性以及对制度化学习环境的信任中建构一种"本体性安全"。反过来，这种"本体性安全"一旦生成，便促使大学生将对自身学习的反思性监控和改进，逐渐从一种有意识的实践行动，转变成以身体化形式存在、以内隐式方式发挥作用的心智结构（或性情倾向系统）。由此，一种新的反思性学习惯习才得以在实

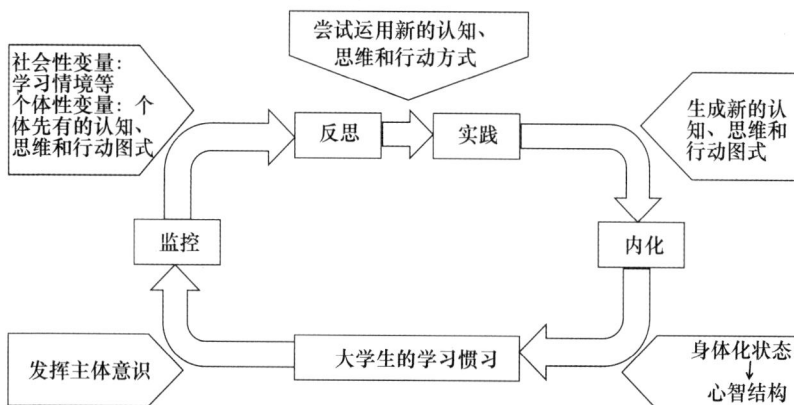

图3.3　大学生学习惯习调适或重构的循环路径

践中生成，并持续不断地旨在发挥各种实践作用。从这个意义上，反思性学习惯习与大学生的发展性学习实践之间，是互为前提、互为因果的关系；与其说学习惯习是大学生学习实践恒定的前提，不如说反思性学习惯习所形塑的心智结构是大学生对学习实践的持续性监控、反思和改进的结果。

三 知识时代背景下大学生学习的实践逻辑

美国学者布鲁贝克指出，高等教育合法存在的哲学基础有两种[①]：一种是认识论哲学，另一种是政治论哲学。前者强调知识本身的价值，后者则注重知识的社会功用。从认识论看，学习型大学场域为知识建构与知识共享创设了一个自然的批判性和开放性的学习环境；从功用论看，学习型大学场域注重大学生的主体性价值，强调培养大学生的学习能力与可持续发展能力，促使他们主动为个人成长和社会发展肩负起更多的责任。从这个意义上，学习型大学场域同时具备认识论和政治论上的双重合法性基础。

1. 身体化文化资本：学习型大学场域的特殊利益形式

知识性质和教育认识论基础的改变，从客观上导致工业社会所倚重的客观化文化资本和制度化文化资本的"神话效力"日渐式微。与建构主义知识观相对应，一种身体化文化资本成为学习型大学场域的特殊利益形式。所谓身体化文化资本，既是大学生建构和运用知识的能力，也是指内化于大学生身体和心智之中的一种持久存在又可变更的"性情倾向"。它具有三个特征：一是身体性，它是以身体作为载体，通过外在结构内在化的方式，将各种客观社会条件内化为大学生的认知、情感、思维和行动图式；二是独特性，身体化文化资本与大学生个体的学习和成长经历密切相关，不同个体所拥有的身体化文化资本，无论在数量上还是结构上，都是完全相异的；三是默会性，大学生身体化文化资本的获得，并非单纯以语言形式的知识传递来实现的，更多时候是在学习共同体的知识建构与学习体验中，以耳濡目染、潜移默化的方式生成的。

在学习型大学场域中，身体化文化资本的分布状况决定了行动者在场

---

① ［美］约翰·S. 布鲁贝克：《高等教育哲学》，王承绪等译，浙江教育出版社1987年版，第13页。

域中所处的客观位置与主观立场。对此，布迪厄指出："它的积累，采取了文化、教育、修养的形式，预先假定了一种具体化、实体化的过程。这一过程因为包含了劳动力的变化与同化，所以极费时间，而且必须由投资者亲力亲为，就像肌肉发达的体格或被太阳晒黑的皮肤，不能通过他人的锻炼来获得那样。力求收获的工作是针对自身（自我进步）的一种工作，这种努力预先就假定了必须要有个人性的投入，首先是时间的投资，另外还有社会性建构的里比多形式的投资，这种里比多形式的投资，意味着你在开展该项工作时，可能需要忍受某种匮乏，需要克制自己，需要某种牺牲。"[1] 与制度化文化资本赋予相同学衔者以相同价值所不同的是，身体化文化资本最大限度地凸显了人的异质性和主体性发展。身体化文化资本的生成机制，决定了大学生的学习将不再仅仅是对知识和技能的获取，而是作为人在社会世界中的存在和发展方式，意味着大学生认知、情感、思维和行动图式的整体性转变。学习不再是个人生命中特定性的阶段需求，而是普遍性的终身需求；不再是"诉求于外"的受动式适应，而是"诉求于内"的主体性发展，即主体意识的觉醒、主体能力的提升、主体人格的养成。

  2. 心智惯习的发展：学习型大学场域的特殊运作机制

  在学习型大学场域中，以建构主义认识论为导向的大学教育不再强调学生具体掌握了多少数量的客观化文化资本，而是转而关注大学生心智惯习的发展。在以建构主义认识论为基础的知识社会中，基于客观知识与标准化考试的制度化文化资本——学历文凭逐渐丧失了其在传统工业社会中的象征性效力，大学教与学的实践，不再是教师主体与学生客体之间简单的线性传递，而是学生所体验的大学教育对他们的认知、情感、思维和行动图式产生的持久的、实质性的积极影响。科层型大学场域和常规性学习惯习所形塑的大学生的心智结构，使他们习惯以机械记忆的方式去存储和提取各种客观知识。然而，面对知识社会，这种先有心智结构已呈现明显的滞后效应。如果大学生继续以这种心智结构去应对业已发生变化的知识社会，那么"存在性焦虑"甚至"本体性危机"就会出现，它会迅速打破大学生一贯以来的认知平衡，使其对外在世界的认识与真实世界之间出

---

  [1] ［法］皮埃尔·布迪厄：《文化资本与社会炼金术》，包亚明译，上海人民出版社1997年版，第194—195页。

现"不合拍"或"脱节",从而使大学生陷入一种持续的焦虑感和不安全感之中。

要想打破或消除大学生的存在性焦虑,构建基于"本体性安全"的发展性学习实践,就必须在知识社会的客观结构与大学生的心智结构之间重新寻求和建立一种新的平衡协调关系。面对知识社会的来临,大学生"本体性安全"的构建,决定于他们实践行动的改变与心智惯习的发展。从这个意义上,大学生学习变革的关键在于通过创设一种学习型大学场域,促使大学生把自身先有的常规性惯习与学习型大学场域之间"不合拍"或"脱节"的压力转化为动力,进而建构一种反思性惯习,重新生成学习型场域与反思性惯习之间的契合关系。对大学生而言,本体性安全与"存在"密切相关,它同实践感一样,植根于无意识之中,既意味着个体内在自我的可信任性,即"我可以相信自己",也表征着个体利用外在环境所具有的同一性和连续性,策略性建构自我对外在环境的信任;只有在对内在自我与外在社会保持"可靠性感受"的基础上,大学生的发展性学习实践才得以开展,大学生的主体性发展才得以可能。

3. 终身学习的意义:基于主体发展的身体化文化资本

伴随知识社会的来临和学习型大学场域的转型,"传统上那种建立在学科、专业和课程基础上的终结型的高等教育将为一种可持续性的终身教育体制所取代"[1],学习成为促进人的主体性发展的有意义的实践形式。对于大学生而言,学习不再囿于大学场域这一制度化学习环境,而是贯穿于个体的终身发展。从这个意义上,学习是一个成长与发展的过程,是一个持续不断自我监控、自我反思和自我建构的过程。"透过学习,他们重新创造自我;透过学习,他们能够做到从未能做到的事情,重新认知这个世界及他们与它的关系,以及扩展创造未来的能量。"[2]

相较于工业社会注重大学生的客观化文化资本的积累,知识社会更加强调大学生的身体化文化资本的生成。在工业社会中,科层型大学场域相对稳定的客观结构,具有"永恒价值"的客观化文化资本,以及大学生的常规性学习惯习,它们彼此之间的相互契合、交互运作,始终强化着大

---

① 王建华:《我们时代的大学转型》,教育科学出版社 2012 年版,第 140 页。
② [美]彼得·圣吉:《第五项修炼——学习型组织的艺术与实务》,郭进隆译,上海三联书店 1998 年版,第 14 页。

学生应试性学习的实践感，使他们无须借助反思，便能较好地适应工业社会的客观要求。面对知识社会转型所带来的"元变化"，没有任何一个个体可以一劳永逸地维持自身的生存和发展。学习型大学场域的结构性变迁，从客观上给仍秉持常规性学习惯习的大学生造成了普遍化的紧张状态，这种紧张状态如同一把"双刃剑"：它既可能作为一种促进大学生主体性发展的自我实现潜能，也可能作为一种导致大学生难以克服学习障碍的学习阻抗潜能。

在现实情境中，究竟哪种潜能会在大学生学习实践中被激活和释放，在很大程度上决定于大学生学习惯习的调适或重构，即大学生持续反思和改进自身的认知、情感、思维和行动图式的能力。对此，大学生需将自己塑造成为能够灵活应对复杂多变的外部环境的反思性主体：借助"自我察觉""自我监控""自我决策""自我反思"等一系列有意识的认知和思维行动，反复审视和改变自身的学习实践，针对现实情境调适或重构新的感知、评判和行动图式系统，进而"重新发现自我""重新塑造自我"。一旦大学生在持续生成的反思性学习实践中，将有意识的"反思理性"内化为无意识的"实践理性"（或实践感）时，大学生的反思性学习惯习便得以生成，并由此建构一种灵活、开放的心智结构，使大学生在未来的发展中，能够以独立的思想、敏锐的洞察力和高度的责任心，持续性建构基于主体性发展的学习实践与身体性文化资本。反过来，基于主体性发展的身体化文化资本与学习实践，又不断巩固着大学生的反思性学习惯习，并再生产着学习型大学场域与知识社会的客观结构。

4. 相互契合的关系：价值理性取向与大学生主体发展

在工业社会中，科层制度的首要目标是选拔那些能顺从、尽职和可靠地完成任务的人，因此招聘人员的重点通常是考察那些愿意按"游戏规则"行事的人，还有那些能够在劳动分工中与别人合作的人。① 由此带来的结果是：高等教育制度按照科层职业秩序被安排和设置。大学为科层制组织培养大批无须具有"创造力""创业精神""批判精神""个性"的技术、管理和专业人才，因为这样的人才能按"常规"科层组织方式行事，会最大限度地遵循科层制有效运作所需的循规蹈矩的文化。从这个

————————

① ［英］安东尼·史密斯、弗兰克·韦伯斯特主编：《后现代大学来临?》，侯定凯、赵叶珠译，北京大学出版社 2010 年版，第 148—149 页。

意义上，工业社会是技术理性和工具理性占主导的社会形态，对自然的征服、对人的控制，成为工业社会发展逻辑的现实表征。大学作为"为工业社会发展服务"的工具性存在，其本身的内在逻辑以及人的主体价值，都无一例外地被经济增长的外在逻辑以及工具理性给——消解了。

　　然而，在知识社会转型以及建构主义知识观的推动下，工业社会相对稳定的局面正在被打破和改变：知识社会中的组织越来越向"灵活"范式转变，组织的"去科层化"发展趋势日益凸显，高等教育与职业秩序之间的对应关系已经不再像过去那么紧密了。首先，以往居于垄断地位的科层型大学场域正在被灵活性的学习型大学场域所替代，大学不再仅仅被视为国家性或区域性的，而是扩展到国际化与全球化的范畴。其次，个体受教育的方式也不再囿于制度化的大学场域，而是呈现越来越多样化的空间、场所和方式，如跨国教育、在线学习等。再次，职业市场所需的文化资本也发生了重大变化，这种变化可概括为从"科层型"人格到"卡里斯玛型"人格的转变。① "卡里斯玛型"人格又称魅力型人格，它强调人的全面素质和能力，重视人们打破常规的心智结构以及更具有批判性和创造性的行动；具有"卡里斯玛型"人格的人，通常是新秩序的建构者和旧秩序的终结者。

　　学习型大学场域重视大学生身体化文化资本的生成和积累，这种身体化文化资本反映在心智结构层面，即是"卡里斯玛型"人格的塑造。具体来说，通过学习型大学场域与反思性学习惯习的交互建构，生成大学生的发展性学习实践，进而在反复的主体性学习实践中不断形塑大学生的"卡里斯玛型"人格。对于大学生而言，"卡里斯玛型"人格意味着他们将具备专业技术能力、人际交往能力和可迁移能力；能够在处理问题时深思熟虑，而非一味地按"老规矩"行事；他们更富有灵活性、创新性和进取心，对自身的角色定位是"影响者"而非"追随者"。从这个意义上，建构主义知识观、学习型大学场域、反思性学习惯习、大学生的主体性学习实践，不仅在本体论上与知识社会的客观结构和价值理性相互契合，而且共同构成了大学生主体性发展的生成性动力机制。

---

　　① Brown and Phillip, "Culture Capital and Social Exclusion: Some Observation on Recent Trends in Education, Employment an the Labour Market", *Work, Employment and Society*, Vol. 9, No. 1, March 1995, pp. 29 – 51.

第四章

Z 市本科院校大学生
学习实践的现状分析

在前面两章中，本书从"场域—惯习"的视角出发，对大学生学习实践的性质、内涵、生成性动力和历史进程进行了解读和诠释，探讨了大学场域与大学生学习惯习的动态交互关系及其变迁，阐释了二者之间的宏观演进逻辑以及大学生学习实践变迁的内在运作机理。透过结构分析和历史分析，可以看出，大学场域与大学生学习惯习的交互运作构成了大学生学习实践的生成性动力机制。外在的社会结构与大学生的心智结构之间，存在一种相互对应的关系，二者的互动为彼此的演进创造了必要的条件。无论是大学场域的结构性变革，还是大学生心智结构的改变或重塑，其根本动力来源于在应对外在社会变迁和内在知识转型时行动者所做的一切努力。

反观当前中国大学场域的结构性特征，不难发现，现代意义上的大学场域仍然在制度和规则上沿袭着与工业社会相对应的科层型结构。伴随知识社会的转型和高等教育大众化进程的加速，科层型大学场域中以客观化文化资本为特殊利益形式、"以考试分数定英雄"的运作逻辑以及学历文凭的象征性效力，已渐渐褪去其昔日的炫目色彩，大学文凭已不再是大学生美好前途的根本性保证。时至今日，面对大学生主体性意识的日益觉醒，大学教育的目的是激发和引导学生的自我发展之路；大学生学习实践的根本在于建构一个"积极活动着的心灵"，从而使他们能够"借助树木来认识树林"（怀特海语）。面对外在社会转型和内在知识转型的双重挑战以及科层型结构带来的困境，大学场域也正经历着一场基础性的结构变迁。在这一背景下，大学生的学习惯习及其所生成的学习实践的现状如何？对此，本章尝试从学习惯习的三个维度出发，即"大学生对学习环境的感知""学习取向"和"学习策略"三个方面，深入分析和考察大学生学习实践的现状。

第一节　Z市本科院校大学生学习实践的研究设计

如前所述，大学生与他们所置身的社会世界之间并非二元的，而是呈现出相互依赖、相互对应的关系形态。大学生的学习惯习是紧紧围绕他们在大学场域所处的客观位置而运作和改变的，大学生的学习实践正是大学场域与大学生学习惯习动态交互的产物。从这个意义上，对大学生学习实践的现实考察，实质上也是对大学场域的客观结构、大学生的学习惯习以及二者之间关系的考察。

一　研究架构

由于学习是一种注重个人体验的实践，因此，关于大学生学习现状的调查在很大程度上是通过测量大学生的认知、立场、感受和判断等主观状态来实现的。对此，笔者尝试采用一种混合研究的路径，以"开放—封闭式问题""即时呈现—预设方法"以及"定性—定量的数量和分析"[①]相结合的研究方法，既收集定量数据，又收集定性资料，力图最大限度地从"事实"出发，把握和分析当前中国大学生学习的现实状况（见图4.1）。总体来说，本章力图探索的问题如下。

第一，从大学生的基本学习情况、对学习情境的感知、学习取向以及学习策略等方面考察大学生学习实践的基本现状；

第二，考察当前大学场域以及大学生学习惯习的结构性特征，以及二者之间的关系状态；

第三，检验不同类属本科院校的在校大学生的学习状况及其差异；

第四，检验不同年级的在校大学生的学习状况及其差异。

二　研究方法

1. 研究对象

本章主要以H省Z市的本科院校在校大学生为例展开调查和访谈。

---

① ［美］约翰·W. 克雷斯威尔：《研究设计与写作指导：定性、定量与混合研究的路径》，崔延强主译，重庆大学出版社2007年版，第14页。

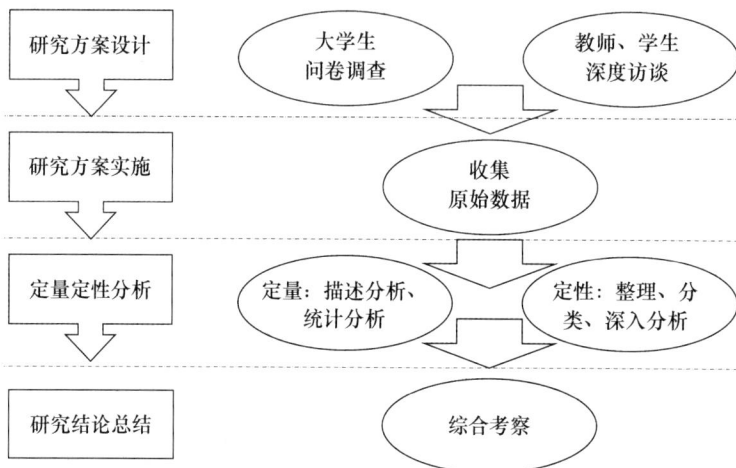

图4.1　定量、定性混合研究方案

之所以选择 H 省 Z 市的本科院校在校生作为研究对象，主要是基于如下两方面的考量：一方面，近年来，关于大学生学习的研究已经出现了大量的实证文献，但这些研究基本都将关注的焦点集中于中央属院校或部属院校的大学生，如"985"院校、"211"院校，而对于地方属院校大学生的学习状况则关注较少。然而，随着高等教育大众化阶段的到来，中国高等院校也呈现多元化的分类标准，如按隶属关系，可分为中央部属院校与地方省属院校；按办学体制，可分为公办院校与民办院校等。基于此，现有的以中央部属院校大学生为研究对象的研究成果虽富价值，但却并不能从事实上反映在高等教育中占据主力的地方院校在校大学生的学习境遇。

　　另一方面，H 省地处中原腹地，人口众多，高等教育资源数量相对丰富，但优质高等教育资源相对较少，H 省也因此成为高等教育资源区域性分布中的"短板"。Z 市作为 H 省的省会，高等教育资源更为集中。在 H 省现有的 55 所本科院校中，Z 市本科院校占 25 所，其中，省部共建的本科院校 7 所，其他普通本科院校 18 所（公立本科院校 9 所，民办本科院校 9 所）。面对高等教育大众化阶段的到来，"短板效应"对高等教育内涵式发展带来的影响不容小觑，高等教育质量提升业已成为越来越多的地方院校改革和发展中亟待解决的关键问题。基于此，本章以 Z 市本科院校的在校生作为研究对象，深入考察当前大学生学习的现状，力图提供一种关于大学生学习实践的具有现实意义的现状描述和阐释。

2. 样本情况

本次问卷调查采取分层抽样的方法进行。首先，依据院校类型（省部共建，一般省市属公办、民办），按简单随机抽样的方法，先从Z市本科院校中分别抽取了三个类型的6所院校，每个类型各2所。其中，在本章中，省市属院校是指除了省部共建院校之外的其他省市属院校。然后，从各个院校的大一、大二和大三的每个年级中，按简单随机抽样方式分别抽取理工类和文史类专业各1个。再次，在每个年级的每个专业内，按简单随机抽样方式抽取1个班级。最后，以所抽取班级的学生作为问卷调查的对象。本次调查共计发放问卷1500份，回收问卷1378份，其中，有效问卷1323份，有效回收率88.2%。问卷调查的样本情况如表4.1所示。

表4.1　　　　　　　　　　问卷调查样本基本情况

	类别	样本数	百分数（%）
性别	男	618	46.7
	女	705	53.3
	合计	1323	100
院校类型	省部共建院校	456	34.5
	省市属院校	456	34.5
	民办院校	411	31.1
	合计	1323	100
学科	文史类	693	52.4
	理工类	630	47.6
	合计	1323	100
年级	大一	408	30.8
	大二	481	36.4
	大三	434	32.8
	合计	1323	100

同时，本章采用质性研究的目的抽样方法，对三个类型本科院校的教师和学生进行了深度访谈。共计访谈教师15人，其中，省部共建院校教师5人，省市属院校教师5人，民办院校教师5人；被访谈的教师中，既有公共课教师，也有专业课教师，既有经验丰富的中年教师和教授，也有年轻的、刚刚入职不久的讲师。共计访谈学生16人，其中，省部共建院

校学生5人，省市属院校学生6人，民办院校5人；被访谈的对象中，既有成绩优异、表现突出的大学生，也有成绩平平、表现一般的大学生，甚至还有一些不爱学习、个性十足、特立独行的大学生，等等。访谈对象的样本情况如表4.2、表4.3所示。

表4.2　　　　　　　　　　访谈对象基本情况（学生）

姓名	性别	专业类别	年级	院校类型
LN	女	理工类	大一	民办院校
WZR	男	文史类	大一	民办院校
ZX	女	文史类	大三	民办院校
SY	男	理工类	大二	民办院校
LZ	女	文史类	大二	民办院校
JDS	男	理工类	大一	省部共建院校
XY	女	文史类	大一	省部共建院校
YL	男	理工类	大三	省部共建院校
WHX	女	文史类	大二	省部共建院校
ZZ	男	文史类	大二	省部共建院校
FTM	男	理工类	大一	省市属院校
YJR	女	文史类	大一	省市属院校
ZMZ	男	文史类	大三	省市属院校
SJ	女	文史类	大三	省市属院校
CJ	男	理工类	大二	省市属院校
XJ	女	文史类	大二	省市属院校

表4.3　　　　　　　　　　访谈对象基本情况（教师）

姓名	性别	年龄	学历	职称	专业类别	入职时间	院校类型
DCH	男	39	博士	副教授	理工类	2007年	省市属院校
FQA	男	35	博士	讲师	理工类	2014年	省市属院校
BNM	女	36	博士	讲师	理工类	2014年	省市属院校
FGD	男	48	硕士	教授	文史类	1997年	省市属院校
LDS	男	37	博士	讲师	文史类	2012年	省市属院校
CH	男	36	博士	讲师	文史类	2013年	省部共建院校
DFC	女	37	博士	讲师	理工类	2012年	省部共建院校
SDK	女	32	博士	讲师	文史类	2016年	省部共建院校

姓名	性别	年龄	学历	职称	专业类别	入职时间	院校类型
KL	女	44	博士	副教授	文史类	2010 年	省部共建院校
PLK	男	41	博士	副教授	理工类	2007 年	省部共建院校
LFF	女	35	硕士	讲师	理工类	2010 年	民办院校
LX	女	45	硕士	教授	文史类	2008 年	民办院校
HGQ	女	43	硕士	副教授	理工类	2009 年	民办院校
WJJ	女	47	硕士	教授	文史类	1998 年	民办院校
CFJ	男	44	硕士	教授	文史类	2000 年	民办院校

3. 资料收集方法

大学生学习实践研究的资料收集以问卷调查为主，辅以深度访谈。由于访谈作为研究者"寻访""访问"被研究者并且与其进行"交谈"和"询问"的一种活动，是研究者通过口头谈话的方式从被研究者那里收集（或者说"建构"）第一手资料的一种研究方法。与问卷调查相比，访谈具有更大的灵活性以及对意义进行解释的空间。[①] 所以，本章在针对本科院校的在校大学生（大一、大二、大三）开展问卷调查的同时，还通过目的抽样方法，以信息饱和为原则，抽取能够为研究提供最多信息量的教师和学生作为访谈对象，开展深度访谈，以发挥交互检验研究结果的作用。最终，在收集和整理定量数据和定性资料的基础上，通过对定量数据的描述分析和差异性比较分析，以及对定性资料的归纳分析，来全面把握大学生学习实践的现状，比较不同院校类型、不同性别、不同专业及不同年级的大学生学习实践特点，为进一步讨论大学生主体性学习和发展提供可供参考的客观依据。

三 研究工具

1. 问卷调查工具——"关于大学生学习实践的调查问卷"

在自编"关于大学生学习实践的调查问卷"后，首先，针对在校大学生进行了小规模的预调查，根据预调查的结果，进一步调整了问卷的结构；其次，请有关专家审阅修改过的问卷，并在专家审阅意见和建议的基础上，对问卷再次进行了调整，并最终形成正式问卷。

---

① 陈向明：《质的研究方法与社会科学研究》，教育科学出版社 2000 年版，第 165—170 页。

（1）调查问卷的结构。正式问卷共有49道题目，由四部分构成：第一部分，了解被调查者的个人基本信息，包括性别、学校层次、所学专业、所在年级4道题目；第二部分，了解大学生的基本学习情况，包括被调查者对大学学习的认知和参与情况，该部分既有多选题，也有单选题，共10道题目；第三部分，从大学生对制度化学习环境的感知、大学生的学习意图与学习方法、大学生的学习策略与学习行为三个维度，考察被调查者目前学习实践的现实状况，该部分以"Likert"量表形式呈现，共33道题目，答案按照由低到高的程度采用五级计分，分别对"非常不符合""不太符合""有时符合""比较符合"和"非常符合"赋值1分、2分、3分、4分和5分；第四部分是1道开放性题目，用于收集大学生对自身所处的学习环境的感知，以及大学生个体的现实学习感受的定性资料。

（2）数据资料的统计处理。本章使用SPSS11.5，对问卷调查所收集的数据资料进行处理和描述统计分析。

（3）调查问卷的项目分析。为了确保调查问卷所收集的数据资料的科学性、合理性和有效性，笔者对大学生学习实践调查问卷进行了项目分析。分析结果如表4.4。

表4.4　　　　大学生学习实践调查问卷项目分析结果

项目号	临界比率（CR值）	与总量表的相关	项目号	临界比率（CR值）	与总量表的相关	项目号	临界比率（CR值）	与总量表的相关
c1	15.778***	0.456***	d1	20.270***	0.530***	e1	16.464***	0.474***
c2	13.207***	0.392***	d2	20.196***	0.524***	e2	13.442***	0.412***
c3	16.439***	0.469***	d3	21.763***	0.548***	e3	11.905***	0.372***
c4	14.415***	0.449***	d4	20.372***	0.523***	e4	16.016***	0.489***
c5	18.163***	0.552***	d5	14.673***	0.464***	e5	16.779***	0.466***
c6	18.385***	0.492***	d6	14.899***	0.475***	e6	13.432***	0.404***
c7	13.612***	0.421***	d7	16.043***	0.474***	e7	17.494***	0.474***
c8	16.630***	0.461***	d8	10.845***	0.352***	e8	16.814***	0.501***
			d9	11.101***	0.370***	e9	13.370***	0.407***
			d10	12.662***	0.404***	e10	14.824***	0.417***
			d11	14.056***	0.429***	e11	17.664***	0.510***
						e12	14.982***	0.467***

续表

项目号	临界比率（CR 值）	与总量表的相关	项目号	临界比率（CR 值）	与总量表的相关	项目号	临界比率（CR 值）	与总量表的相关
						e13	17. 322 ***	0. 484 ***
						e14	21. 398 ***	0. 552 ***
α = 0.7490			α = 0.7293			α = 0.7790		
总量表 α = 0.8829								

注：* $p < 0.05$；** $p < 0.01$；*** $p < 0.001$。

第一，通过测量 CR 值的显著性水平来对调查问卷进行区分度分析（见表 4.4）。首先，根据被调查者在每个量表题目上的得分，计算出被调查者在总量表上的得分；其次，将被调查者的总分按照从高到低的顺序排列，将总分得分前 27% 和后 27% 分别设置为高分组和低分组两组；再次，针对高分组和低分组两组被调查者，分别在量表的各个项目上进行独立样本 T 检验，从而测算出每一个项目的 CR 值，以及各个项目得分平均数的差异显著性水平；最后，统计结果表明，本问卷的量表中所包含的 33 个项目均达到了显著性（$p < 0.001$），且各个项目的 CR 临界值也均超过了 3.5 的例行标准，这一结果表明，量表中的 33 个项目均具有良好的区分度。

第二，调查问卷的信度分析和效度分析。利用 SPSS11.5 对调查问卷进行信度分析的结果（见表 4.4）显示，全量表的内部一致性信度系数（*Cronbach α* 系数）为 0.8829，3 个分量表的内部一致性信度系数分别为 0.7490、0.7293、0.7790，说明调查问卷具有较好的稳定性。同时，采用相关分析法来对调查问卷进行效度分析的结果（见表 4.4）显示，各项目与总量表之间的相关系数均在例行的 0.3—0.8[①] 之间，且均达到了显著性（$p < 0.001$），意味着量表具有较好的效度。

（4）因子分析。大学生学习实践调查的总量表（33 个项目）由三个分量表构成：学习环境感知分量表（8 个项目）、学习取向量表（11 个项目），以及学习策略量表（14 个项目）。由于各个量表的不同项目之间具

① 根据 Tuker 的理论，量表的各个项目与量表的相关在 0.30—0.80 之间，项目间的组间相关在 0.10—0.60 之间，在这些相关全距之内的项目能够为量表提供满意的信度和效度。参见戴忠恒《心理与教育测量》，华东师范大学出版社 1987 年版，第 262 页。

有一定的相关性,因此,本章借助因子分析这一探索性分析方法来对大学生学习实践的各个分量表的测量项目进行简化(降维)。在进行因子分析之前,先分别对三个分量表的项目之间的相关性进行了分析,结果(见附表4.1、附表4.2、附表4.3)显示,三个分量表的各个项目之间的相关性均在例行0.10—0.60的标准之间,且都达到了显著性(p<0.05)。

首先,学习环境感知分量表、学习取向量表以及学习策略量表因子分析的KMO检验①结果分别为0.797、0.796、0.850,意味着三个分量表的项目均适合于因子分析。其次,采用主成分分析法对各个分量表进行因子提取,并以方差极大法(Varimax)进行因子旋转,求出各个分量表的旋转因子负荷矩阵(见表4.5、表4.6、表4.7)。

对学习环境感知量表进行因子分析后,提取两个特征值大于1的公因子,累计解释总方差的51.594%。其中,因子一为学习支持因子,这一维度主要反映大学生对其所处的学习环境的感知。因子二为有效教学因子,这一维度主要反映大学生对教学状况的感知。

表4.5　　　　　　　学习环境感知量表的因子旋转的负荷矩阵

	因子一	因子二
c1	0.790	
c2	0.741	
c3	0.600	
c4	0.615	
c5		0.728
c6		0.695
c7		0.658
c8		0.616
因子特征值	2.923	1.204
解释方差	27.362%	24.232%
KMO	0.797	

---

① KMO统计量用于比较变量间的简单相关和偏相关系数。KMO的取值范围在0和1之间。Kaiser给出了一个KMO的选取适合做因子分析的标准:KMO>0.9,非常适合;0.8<KMO<0.9,适合;0.7<KMO<0.8,一般;0.6<KMO<0.7,不太适合;KMO<0.5,不适合。参见杨晓明《SPSS在教育统计中的应用》,高等教育出版社2004年版,第309页。

对学习取向量表进行因子分析后，提取三个特征值大于1的公因子，累计解释总方差的51.314%。其中，因子一为成就学习取向因子，该维度表明大学生注重通过学习竞争获得高分来提升自我价值感和自尊。因子二为深层学习取向因子，主要反映大学生对知识具有内在的兴趣并希望在学习中获得乐趣。因子三为表层学习取向因子，表明大学生将学习视为一种外部强加于他们的活动，倾向于以最小的努力达到最基本的学习要求。

表4.6　　　　　　　　　学习取向量表的因子旋转的负荷矩阵

	因子一	因子二	因子三
d1	0.629		
d2	0.681		
d3	0.620		
d4	0.599		
d5		0.717	
d6		0.659	
d7		0.612	
d8			0.680
d9			0.634
d10			0.631
d11			0.601
因子特征值	3.041	1.538	1.065
解释方差	19.409%	16.579%	15.326%
KMO	0.796		

对学习策略量表进行因子分析后，提取三个特征值大于1的公因子，累计解释总方差的45.022%。其中，因子一为深层学习策略因子，该维度主要反映大学生在学习过程中，能够对自身的学习取向、学习行动和学习结果进行持续反思和监控，并主动建构意义和价值的学习实践。因子二为表层学习策略因子，突出表现为大学生常常为应付考试死记硬背，不注重理解，缺乏反思，更多地采用消极的学习方法和学习策略。因子三为成就学习策略因子，表明大学生在学习过程中注重通过对自身情感的调节，来实现个体信念、态度、观点和行动与学习情境之间的动态平衡和协调。

表4.7　　　　　　　　　学习策略量表的因子旋转的负荷矩阵

	因子一	因子二	因子三
e1	0.687		
e2	0.676		
e3	0.655		
e4	0.551		
e5	0.505		
e6		0.768	
e7		0.722	
e8		0.590	
e9		0.545	
e10		0.427	
e11			0.698
e12			0.630
e13			0.560
e14			0.558
因子特征值	3.664	1.624	1.016
解释方差	16.106%	14.879%	14.037%
KMO	0.850		

2. 访谈调查工具——"关于大学生学习实践的访谈提纲"（见附录三）

第二节　Z市本科院校大学生学习实践的现状调查

从本质上说，大学场域中教与学的实践都是由社会性因素与个体性因素双向建构的产物。社会性因素是指大学场域的客观关系构建的制度化教学环境。个体性因素是指大学生在制度化学习的过程中不断将外在结构内在化而生成的学习惯习。二者交互运作，才得以生成大学生的学习策略和学习实践。基于此，要了解当前大学生学习实践的现实境况，就必须考察作为大学生学习实践的本体性根源的学习惯习。学习惯习是制度与身体之间的交接点，它是大学生作为生物体存在与社会结构秩序联系起来的基本途径。对此，借助大学生学习调查问卷的数据分析结果，笔者尝试从大学生对学习环境的感知、学习取向以及学习策略三个维度来对大学生学习惯习及学习实践现状进行描述分析。

一　大学生学习实践的基本情况

为了全面地考察和描述大学生的学习状况，问卷在最初始的部分设计了10个题目，分别从学习投入和学习方式、师生关系和学习求助以及大学生对自身学习状况的感知三个方面，来了解当前大学生学习的基本情况。

1. 学习投入和学习方式

所谓学习投入，是指学生投入各项有效学习活动的程度。大量研究表明，学习投入是影响大学生教育收获的关键变量；同时，院校环境支持也与大学生的学习投入度呈正相关。基于此，问卷从大学生上自习的程度和时间两个方面，来对大学生的学习投入进行调查。具体的分布情况（见表4.8）显示，扣掉漏答、错答后的有效样本量为1312人，在上自习的程度方面，3.4%的被调查大学生选择了"从来不上"，26.3%选择了"考试前会上"，39.6%选择了"偶尔上"，还有30.7%选择了"经常上"；在每天的平均自习时间方面，41.7%的被调查大学生选择了"1—2个小时"，26.5%的被调查大学生每天的自习时间为"2—3小时"，"1小时以内"的占24.0%，而每天上"4小时以上"自习的仅占7.9%。由此可见，"考试前上自习"和"偶尔上自习"的比例高达65.9%，而选择"经常上自习"的学生尚不到1/3，65.7%的大学生平均每天用来上自习的时间在2小时以内。

表4.8　　　　　　　　　　　**大学生学习投入的分布情况**

题目	选项	频次	%
你平时上自习吗	从来不上	45	3.4
	考试前会上	348	26.3
	偶尔上	524	39.6
	经常上	406	30.7
除正常上课外，你平均每天的学习时间	1小时以内	317	24.0
	1—2小时	552	41.7
	2—3小时	350	26.5
	4小时以上	104	7.9

凡此表明，当前大学生对学习投入的时间和精力还相对较少。从学习

投入的基本假设出发，这一结果意味着：从学校支持上，高校为提升大学生学习投入而创设的鼓励性和支持性活动仍需进一步加强；从学习投入上，当前大学生知识、技能和情感的发展也亟待全面重视和提升。

与高中阶段相比，高等教育阶段学习与基础教育阶段学习最大的不同在于有很大一部分时间是由大学生自由支配，这意味着大学生学习被赋予了更多的自主性。相关统计表明，在大学，除去每天 8 小时的睡眠时间，以每周 30 节课，每节 45 分钟计算，每周上课时间为 1350 分钟，而课余时间为 5370 分钟，几乎是上课时间的 4.24 倍。因此，考察大学生学习的基本情况，必须了解大学生是如何利用课余时间进行规划学习的。对此，问卷设置了两个题目，分别为"你绝大部分课余时间会如何度过?"（多选题）"你认为在大学阶段让你受益最大的学习方式是什么?"调查结果（见表 4.9）显示，对于如何度过课外时间，78.8% 的被调查大学生选择了"娱乐休闲"，47.4% 选择了"自主学习"，25.1% 选择了"参加社团活动"，22.8% 选择了"参加社会实践"，2.9% 选择了"其他"；在受益最大的学习方式上，68.3% 的调查对象认为是"自主学习"，26.4% 认为是"与他人合作学习"，选择"教师的课堂授课"的仅占 20.3%，"听名师讲座"占 12.0%。

表 4.9　　　　　　　　大学生学习方式的分布情况

题目	选项	频次	%
你绝大部分课外时间会如何度过	自主学习	627	47.4
	娱乐休闲	1042	78.8
	参加社会实践	301	22.8
	参加社团活动	332	25.1
	其他	38	2.9
你认为在大学阶段让你受益最大的学习方式是什么	教师的课堂授课	269	20.3
	自主学习	903	68.3
	听名师讲座	159	12.0
	与他人合作学习	349	26.4
	其他	26	1.7

上述数据表明，大学生在课余时间的活动丰富多彩，大部分学生的课余时间都是用来休闲娱乐和自主学习，其中休闲娱乐的比例最高，这也相

应解释了大学生对学习投入不足的原因所在。同时，大多数学生认为，"自主学习"是让他们受益最大的学习方式，其比例远远高于"教师的课堂授课"，这也在一定程度上反映了当前大学生对教师教学的满意度较低，甚至低于"与他人合作学习"；相较于其他学习方式，他们认为自主学习的效果更好。此外，他们对"听名师讲座"的满意度最低，这也表明院校给学生提供的学习支持难以满足大学生的实际学习需求。

2. 师生关系与学习求助

大学生的学习作为一个体验过程，从根本上说，是与教师的教学相互关联的。从教师怎样设计课程到他们的学生如何理解教师对课程的设计是一个视角上的转换。① 因此，有效的教与学都是建立在师生互动、相互交流反馈的基础之上。对此，问卷设置了大学生对师生关系的看法和解决学习困难的方式两个题目。调查结果（见表4.10）显示，在师生关系上，64.3%的被调查大学生认为自己和教师的"关系一般，偶尔有所交流"，22.5%的认为自己和教师的"关系淡漠，不好也不坏"；对于"当你在学习中遇到困难时，你会采取什么方式解决"（多选题）这一题目，66.4%的被调查大学生选择了"与同学交流讨论"，59.9%选择了"利用网络、图书馆等查阅资料"，53.7%倾向于"自己想办法解决"，而"请教教师"仅占26.8%，此外，还有6.2%的被调查大学生选择"忽略这一困难"。

表4.10　　　　　　大学生师生关系与学习求助的分布情况

题目	选项	频次	%
你在大学学习过程中，与大部分教师的关系如何	关系淡漠，不好也不坏	298	22.5
	关系不好，经常与教师发生摩擦	34	2.6
	关系一般，偶尔有所交流	851	64.3
	关系很好，经常与教师沟通交流	140	10.6
当你在学习中遇到困难时，你会采取什么方式解决	请教教师	355	26.8
	与同学交流讨论	879	66.4
	自己想办法解决	710	53.7
	利用网络、图书馆等查阅资料	792	59.9
	忽略这一困难	82	6.2
	其他	7	0.5

① ［澳］迈克尔·普洛瑟、基思·特里格维尔：《理解教与学——高校教学策略》，潘虹、陈锵明译，北京大学出版社2007年版，第13页。

上述数据结果表明，半数以上的被调查大学生认为自己和教师的关系一般，且交流互动较少；同时，当大学生们遇到学习难题时，他们更倾向于向同辈群体求助，其次是利用网络、图书馆和自己克服困难，而选择求助教师的比例则较低，表明当前的大学生还是会下意识地"躲避教师"，这或许是一直以来他们常规性学习惯习中所内化的"对教师权威的刻板印象"造成的。相较于师生互动，生生互动的频率相对更高，这表明大学生对生生互动的信任感更强，无论是情感上，还是行动上，他们都更倾向于与同辈群体开展学习交往。

　　3. 大学生对自身学习状况的感知

　　大学生如何看待自身的学习在很大程度上也对他们的学习过程和学习结果产生着至关重要的影响。大学生对自身学习状况的感知与他们的心智结构息息相关，感知是因人而异的，两个拥有同样数量资本的大学生，由于各自对自身学习状况的感知不同，也因此生成了不同的学习实践。对此，问卷设置了4个题目来对大学生对自身学习状况的感知进行了解，这4个题目分别是："你是否有过挂科经历？""你在大学期间有过几次挂科经历？""你认为你的大学学习生涯对个人未来发展的影响如何？"以及"你认为，目前影响大学生学习的主要因素有哪些？"（多选题）调查结果（见表4.11）表明，80.7%的被调查大学生表示"没有挂科，不挂科是最基本的要求"；关于"大学学习生涯对个人未来发展的影响如何"，49.3%的被调查大学生认为"影响较大，虽然我不打算从事与所学专业对口的工作，但是现在所学的知识和技能对我未来的发展有所帮助"，28.9%的被调查大学生选择了"影响很大，我将来准备从事的是与我所学专业相关的工作"，6.6%的被调查大学生则认为"影响不大，我将来不打算从事与我目前所学专业相关的工作，现在所学对我将来用处不大"，这一结果显示，大部分大学生认识到大学学习生涯的重要性，并认为不管我未来是否从事与专业相关的工作，这一过程都会对自己未来发展有所帮助，意味着大学生不再将大学学习拘囿于知识习得上，而是认识到大学学习经历本身及其给自己带来的改变将会对个人未来发展产生重要影响。

表4.11　　　　　　　　**大学生对自身学习状况的感知的分布**

题目	选项	频次	%
你在大学期间是否有挂科经历	有挂科，但是我不在意	92	7.0
	有挂科，但我感到很内疚	124	9.4
	没有挂科，不挂科是最基本的要求	1067	80.7
	没有挂科，即使挂了也无所谓	40	3.0
你在大学期间有过几次挂科经历	0次	1106	83.6
	1次	160	12.1
	2—3次	48	3.6
	3次以上	9	0.7
你认为你的大学学习生涯对未来发展的影响如何	影响很大，我将来准备从事的是与我所学专业相关的工作	383	28.9
	影响较大，虽然我不打算从事与所学专业对口的工作，但是现在所学的知识和技能能对我未来的发展有所帮助	652	49.3
	影响不大，我将来不打算从事与我目前所学专业相关的工作，现在所学对我将来用处不大	87	6.6
	不好说	201	15.2

关于影响大学生学习的因素分布情况（见表4.12），在问卷列出的12个备选项中，被选频次排在前四位的分别是："自身惰性太大，自律意识较差"（74.7%）、"对所学专业缺乏兴趣和动力"（68.6%）、"缺乏明确的学习目标"（64.4%）和"学校的学习氛围不浓"（41.8%），这四个选项的百分比分布表明，从紧张的高中生活过渡到相对自由的大学生活，大学生获得了更多的学习自主性，然而，一直以来，他们早已在教育社会化的经历中习惯了被安排好的学习计划、严格的应试训练以及他律型学习等。一旦进入大学面临着需要自己去探索、选择和决策时，大学生在自我管理、自我激励、自我决策以及自律型学习等方面的认知和能力缺失就会体现得较为明显，甚至在对自身学习状况的感知上更倾向于外部归因。

表4.12　　　　　　　　　影响大学生学习的因素分布情况

题目	选项	频次	%
你认为，目前影响大学生学习的主要因素有哪些	对所学专业缺乏兴趣和动力	907	68.6
	学习负担过重	136	10.3
	参加太多社团活动或兼职，没有时间学习	253	19.1
	缺乏教师及时的指导和反馈	482	36.4
	自身惰性太大，自律意识较差	988	74.7
	忙于恋爱	272	20.6
	沉迷于网络	350	26.5
	先前基础较差，导致学习吃力	163	12.3
	学校的学习氛围不浓	553	41.8
	缺乏明确的学习目标	852	64.4
	受身边的人影响较大，对学习产生抵触情绪	295	22.3
	其他	7	0.5

二　大学生学习实践的描述分析

在对大学生学习实践调查问卷进行因子分析后，一共提取了8个因子，分别从大学生对学习环境的感知、学习取向以及学习策略三个方面反映大学生学习实践的现实情况。由于采用主成分分析法提取的各因子的均值和标准差不利于分析和解释，对此，笔者采取因子值转换方法[①]，来对因子值进行转换，使其成为一个最小值为1，最大值为100的分值，以便于后述分析。因子转换前后的描述见表4.13所示。

表4.13　　　　　　　大学生学习实践因子值的描述分析

		均值	标准差	最小值	最大值
转换前	学习支持	0	1	-3.22	3.11
	有效教学	0	1	-3.36	3.17
	成就取向	0	1	-3.38	3.07
	深层取向	0	1	-3.70	2.55
	表层取向	0	1	-3.44	3.46

---

① 转换公式为：转换后的因子值 =（因子值 + B）＊A。其中，A = 99/（因子最大值 – 因子最小值），B =（1/A）– 因子最小值。也就是说，B 的公式还可以表示为：B = ［（因子最大值 – 因子最小值）/99］– 因子最小值。参见边燕杰、李煜《中国城市家庭的社会网络资本》，《清华社会学评论》（特辑）2000年，第1—18页。

续表

		均值	标准差	最小值	最大值
转换前	深层策略	0	1	−3.55	2.83
	表层策略	0	1	−3.09	2.60
	成就策略	0	1	−3.38	3.28
转换后	学习支持	51.30	15.64	1	100
	有效教学	52.00	15.16	1	100
	成就取向	52.95	15.35	1	100
	深层取向	59.51	15.87	1	100
	表层取向	50.37	14.35	1	100
	深层策略	56.03	15.52	1	100
	表层策略	55.81	17.40	1	100
	成就策略	51.27	14.86	1	100

由表4.13可以看出，大学生在对学习环境感知的两个因子上的均值分别为51.30和52.00，说明大学生对自身所处的学习环境和教学情境的满意度不高，这与前述的数据结果较为一致。在学习取向上，深层取向均值最高，为59.51；成就取向次之，为52.95；表层取向的均值则最低，仅为50.37。这表明当前大学生对学习的看法更倾向于深层取向，而对表层学习取向的认可度较低。在学习策略上，首先深层学习策略均值最高，为56.03；其次是表层学习策略，均值为55.81；最后为成就学习策略，均值为51.27。表明当前大学生在注重深层学习策略的同时，仍然伴随着大量的表层学习策略，而成就学习策略的运用则相对较少。此外，比较学习取向与学习策略的均值发现，大学生在学习取向上高度认可深层学习观，但是深层学习策略的均值却低于深层学习取向，这意味着大学生虽然倾向于深层学习，但在行动能力上却力有未逮；大学生的主观学习期待和客观学习能力之间的差距明显存在。

1. 大学生对学习环境感知的维度分析

大学生对学习环境的感知包括两个维度，一个是学习支持，另一个是有效教学。前者是指学生对院校从环境或制度方面提供的学习支持的感知情况，后者是学生如何看待和评价教师的教学。"大学生对学习环境的感知量表"中的各个项目均采用Likert的五级计分法，按照由低到高的程度，分别对"非常不符合""不太符合""不确定""比较符合"和"非常符合"赋值1—5分，分值越大，大学生对学习环境越感到满意。

调查结果（见表 4.14）显示，就均值而言，大学生所感知的学习环境中，"教师的讲课能激发我的学习潜能，促使我努力做到最好""教师能够听取学生的想法和建议"以及"教师的教学能帮助我明确自己的学习方向和目标"等项目得分较高，均值在 3.3—3.6 之间，即倾向于"比较符合"；"学校能提供各种实习和实践机会""学校的整体学习风气很浓厚"等项目的均值在 3.0—3.3 之间，即倾向于"有时符合"；"学校的制度设置能切实考虑学生的学习需求""教师能够对我的学习情况给予适时的反馈"以及"学校能及时提供与课程相关的最新学习资料"则得分最低，均值在 3.0 以下，即倾向于"不太符合"。

表 4.14　　"大学生对学习环境感知量表"的各项目均值与标准差

	项目内容及编号	均值	标准差
学习支持	c1 学校能提供各种实习和实践机会	3.04	1.090
	c2 学校的整体学习风气很浓厚	3.05	1.109
	c3 学校能及时提供与课程相关的最新学习资料	2.96	1.053
	c4 学校的制度设置能切实考虑学生的学习需求	2.51	0.973
有效教学	c5 教师能够听取学生的想法和建议	3.48	1.011
	c6 教师的讲课能激发我的学习潜能，促使我努力做到最好	3.34	1.007
	c7 教师能够对我的学习情况给予适时的反馈	2.69	1.027
	c8 教师的教学能帮助我明确自己的学习方向和目标	3.55	0.933

为进一步了解大学生对学习环境感知的各维度的具体情况，本章对大学生在各个项目上的选择进行了频次和百分比统计。统计结果（见表 4.15）表明，在学习支持的感知维度上，"学校的制度设置能切实考虑学生的学习需求"这一项，11.8% 的被调查大学生选择了"非常不符合"，同时，选择"不太符合"和"不确定"的比例分别为 45.5% 和 25.5%，据此，82.8% 的消极选择表明大部分学生都倾向于认为学校的各种制度规范没能真正考虑学生的学习需求；而在"学校能及时提供与课程相关的最新学习资料"这一项上，被调查大学生的认同度不高，倾向于消极选择（"非常不符合""不太符合"和"不确定"）的占 67.9%，表明大多数大学生认为院校对学习资料的更新不够及时。

表4.15　　　"大学生对学习环境感知量表"的各项目的百分比与频次分布

	非常不符合	不太符合	不确定	比较符合	非常符合
c1	7.8（103）	25.9（342）	29.0（395）	28.0（371）	8.5（112）
c2	7.6（101）	27.5（364）	26.2（364）	29.9（396）	8.8（116）
c3	7.4（98）	28.6（378）	31.9（422）	25.2（334）	6.9（91）
c4	11.8（156）	45.5（600）	25.5（337）	14.6（193）	2.8（37）
c5	2.8（37）	15.9（211）	26.2（347）	40.7（539）	14.3（189）
c6	3.4（45）	19.5（258）	26.8（354）	40.6（537）	9.8（129）
c7	10.5（139）	37.3（494）	28.6（379）	19.5（258）	4.0（53）
c8	2.1（28）	11.0（146）	30.4（402）	42.7（565）	13.8（182）

注：表中数据为各项目的选项所对应的百分比，括号中为频次。

在对有效教学的感知维度上，认为"教师的教学能帮助我明确自己的学习方向和目标""比较符合"的被调查大学生占42.7%，认为"非常符合"的占13.8%，趋于积极选择的比例达到56.5%，意味着大部分大学生都认为教师的教学对自身的学习具有促进作用。然而，对于"教师能够对我的学习情况给予适时的反馈"这一项目，37.3%的被调查大学生选择了"不太符合"，28.6%的被调查大学生选择"不确定"，10.5%的被调查大学生则选择了"非常不符合"，表明大部分被调查的大学生都认为当前的学习缺乏教师的有效反馈。

总体而言，在对学习环境的感知方面，大学生对有效教学的满意度要明显高于对学习支持的满意度。在有效教学上，教师积极的教学态度和良好的教学水平能有效提升大学生的学习投入，激发大学生对课程学习的兴趣；但同时，大学生普遍认为教师对学生学习的反馈相对缺乏且不够及时。在学习支持上，大学生对学校学习风气以及学校给学生提供的实习实践机会满意度较高，这也反映了近年来高校越来越重视大学生的实践教学；同时，大学生对学校学习资源以及制度设置的满意度则相对较低，突出表现为学校对学习资料的更新不及时，学校的制度设置不能切实考虑和满足学生的学习需求。

2. 大学生学习取向的维度分析

大学生的学习取向分为三种：一是成就学习取向，即借助学习竞争和获得高分的方式来提升自我价值、自尊和自信心；二是表层学习取向，即学习往往仅限于达到最低标准，因此学习也常常介于失败和达到基本学习要求之间；三是深层学习取向，即学习的动力主要来自个体对学习内容的实质兴趣，学习目的在于发展自身的综合素质和能力。

从"大学生学习取向量表"中各项目的均值和标准差（见表4.16）来看，深层学习取向的均值相对较高，均值都达到3.6以上，即倾向于"比较符合"。在成就学习取向维度上，除了"把取得高分当作一场竞赛，我参与它就是为了赢得胜利"这一项目的均值在3.0以下，其余各项目均值都在3.3—3.6之间。在表层学习取向维度上，"我不喜欢在离开学校后还要继续学习，但是我觉得这样做的最终结果是值得的"以及"不管我喜欢与否，我都认为继续学习是获得一份稳定或高薪工作的好方式"这两个项目均值都在3.3—3.6之间，即倾向于"比较符合"；而在学习内容方面，"我认为，广泛浏览会浪费时间，只需认真学习教师所讲的或课程大纲中规定的内容"和"一般情况下，我的学习都是与我的专业相关，因为我觉得没有必要花费时间在其他的东西上"这两个项目的均值则相对较低，都在3.0以下，即倾向于"不太符合"。

表4.16　　　**"大学生学习取向量表"的各项目均值与标准差**

维度	项目内容及编号	均值	标准差
成就学习取向	d1 我希望我能在所有的课程上或大多数课程上取得高分，这样我在毕业后就能选择最适合我的职位	3.57	0.953
	d2 我把取得高分当作一场竞赛，我参与它就是为了赢得胜利	2.87	1.067
	d3 优异的考试成绩会让我觉得自豪，并增加我的自信心	3.30	1.056
	d4 我是个很有雄心的人，不管做什么，都力求做到最好	3.36	1.029
深层学习取向	d5 对于课堂上讨论过的有趣课题，我会在课下花时间去进一步学习，以增强我对它的认识	3.64	0.931
	d6 我发现学习有时能给我带来很深的自我满足感	3.87	0.896
	d7 对于一个课题，只有在做了足够的工作后，才能形成让我满意的观点	3.67	0.915
表层学习取向	d8 我不喜欢在离开学校后还要继续学习，但是我觉得这样做的最终结果是值得的	3.30	1.118
	d9 我认为，广泛浏览会浪费时间，只需认真学习教师所讲的或课程大纲中规定的内容	2.89	1.051

续表

维度	项目内容及编号	均值	标准差
表层学习取向	d10 不管我喜欢与否，我都认为继续学习是获得一份稳定或高薪工作的好方式	3.42	0.971
	d11 一般情况下，我的学习都是与我的专业相关，因为我觉得没有必要花费时间在其他的东西上	2.60	1.107

结合"大学生学习取向量表"中各项目的选择统计情况（见表4.17），就深层取向而言，在被调查的1323名在校大学生中，50.6%的大学生在"我发现学习有时能给我带来很深的自我满足感"这一项目上选择"比较符合"，23.1%的大学生选择"非常符合"，这在一定程度上表明当前越来越多的大学生认识到学习的重要性以及学习对于自身发展的正功能；同时，63.6%（选择"比较符合"和"非常符合"）的倾向于认为"对于一个课题，只有在做了足够的工作后，才能形成让我满意的观点"，63.8%（选择"比较符合"和"非常符合"）的认为"对于课堂上讨论过的有趣课题，我会在课下花时间去进一步学习，以增强我对它的认识"。

表4.17　　"大学生学习取向量表"的各项目的百分比与频次分布

	非常不符合	不太符合	不确定	比较符合	非常符合
d1	1.4 (19)	12.4 (164)	20.2 (267)	44.5 (589)	21.5 (284)
d2	8.0 (106)	34.4 (455)	26.2 (346)	25.5 (338)	5.9 (78)
d3	2.6 (34)	24.6 (326)	25.4 (336)	34.6 (458)	12.8 (169)
d4	2.4 (32)	20.6 (273)	29.0 (384)	34.5 (456)	13.5 (178)
d5	2.0 (26)	10.9 (144)	23.4 (309)	48.8 (646)	15.0 (198)
d6	1.2 (16)	7.6 (101)	17.5 (231)	50.6 (670)	23.1 (305)
d7	1.4 (18)	10.3 (136)	24.7 (327)	47.2 (625)	16.4 (217)
d8	6.3 (83)	21.2 (280)	20.3 (268)	40.4 (535)	11.9 (157)
d9	7.3 (96)	34.0 (450)	27.3 (361)	25.7 (340)	5.7 (76)
d10	3.2 (42)	16.4 (217)	24.4 (323)	47.0 (622)	9.0 (119)
d11	14.6 (193)	40.3 (533)	21.4 (283)	18.3 (242)	5.4 (72)

注：表中数据为各项目的选项所对应的百分比，括号中为频次。

　　成就学习取向在一定程度上表征着获得成功的强烈愿望，这一维度的各项目选择情况表明，66%的大学生比较认同"我希望我能在所有的课程上或大多数课程上取得高分，这样我在毕业后就能选择最适合我的职位"这一观点，48%的大学生倾向于认为"我是个很有雄心的人，不管做什么，都力求做到最好"，47.4%的大学生倾向于认为"优异的考试成绩会让我觉得自豪，并增加我的自信心"，上述各项目的百分比分布表明，持成就取向的大学生往往具有较为强烈的获取高分的学习意图。但同时，42.4%（选择"非常不符合"和"不太符合"）的大学生又不同意"将取得高分当作一场竞赛，我参与它就是为了赢得胜利"这一观点。

　　就表层学习取向而言，52.3%的调查对象倾向于认为"我不喜欢在离开学校后还要继续学习，但是我觉得这样做的最终结果是值得的"，与之相对应，56%的认为"不管我喜欢与否，我都认为继续学习是获得一份稳定或高薪工作的好方式"，41.3%和54.9%的调查对象认为"我认为，广泛浏览会浪费时间，只需认真学习教师所讲的或课程大纲中规定的内容""一般情况下，我的学习都是与我的专业相关，因为我觉得没有必要花费时间在其他的东西上"与自身的现实学习情况不相符合。

　　凡此表明，当前大学生已经呈现明显的深层学习取向，其次是成就学习取向，而表层学习取向仍然存在但不再占主流。具体来说，在成就学习取向上，大学生越来越认同学习是与自我成长与发展密切相关的事情；学习投入和学习满意度呈正向相关，对于自己感兴趣的内容，他们愿意投入时间和精力去钻研；同时，大学生普遍认可优异的在校成绩将有助于他们在未来职业市场上获得一定的选择权，同时也会增强个体的自尊心和自信心，但不认可学习是在竞赛中取得高分。在表层学习取向上，大学生对继续学习持认同态度，但认为继续学习投入会让自己获得满意工作或其他回报，这从侧面反映了当前大学生学习中的工具理性倾向。

　　3. 大学生学习策略的维度分析

　　大学生学习策略量表包含三个维度：一是深层学习策略，即注重对观点和意义进行理解和建构；二是表层学习策略，即学习往往比较低效，更多停留在机械记忆层面；三是成就学习策略，即学习是基于获得优异成绩、追求成功的强烈愿望而生成的极具目的性和组织性的学习策略。

　　从"大学生学习策略量表"各项目的均值和标准差（见表4.18）来

看，深层学习策略维度包括五个项目，其中，"当我学习新知识时，我会把自己先有的知识和观点与之联系起来"和"我会根据自己的学习情况，评价和总结自己在学习方面的优势和不足"两个项目的均值达到 3.6 以上，"我会尝试从多种视角出发推敲可能的问题解决方案""我愿意放弃常规性解题思路，去探究新的解题方式"和"有一定的综合概括能力，能把广泛的阅读内容归纳整理成有条理的东西"三个项目的均值也均在 3.3—3.6 之间，即倾向于"比较符合"。表层学习策略维度也包括五个项目，其中，"我很看重考试成绩""我发现，在考试后，我总是很快就忘记了所学课程的内容"以及"我通常会倾向于接受教师的陈述和观点，只是在特殊情况下才对它们进行质疑"这三个项目的均值都在 3.3 以上，即倾向于"比较符合"；"回答问题时，我会猜测教师希望得到什么答案"与"我发现大多数考试只要记住关键章节的内容就能够通过，并不需要努力理解它们"这两个项目的均值也在 2.9—3.2 之间，即倾向于"有时符合"。成就学习策略维度包括四个项目，除"我在整个学期中都坚持不懈地努力学习，并且在考试临近前我会系统地进行复习"这一项目的均值未达到 3.0 之外，其他三个项目——"每次布置了作业后，我都争取尽快完成它们""对所遇到的难题进行努力是一种乐趣"以及"对认真准备课件和笔记，并在黑板上整洁地列出主要内容大纲的教师的课程，我能学得最好"的均值都在 3.3—3.7 之间，即倾向于"比较符合"。

表 4.18　　　　"大学生学习策略量表"的各项目均值与标准差

维度	项目内容及编号	均值	标准差
深层学习策略	e1 我会尝试从多种视角出发推敲可能的问题解决方案	3.37	0.946
	e2 我愿意放弃常规性解题思路，去探究新的解题方式	3.32	0.954
	e3 当我学习新知识时，我会把自己先有的知识和观点与之联系起来	3.68	0.891
	e4 我会根据自己的学习情况，评价和总结自己在学习方面的优势和不足	3.66	0.869
	e5 有一定的综合概括能力，能把广泛的阅读内容归纳整理成有条理的东西	3.43	0.917
表层学习策略	e6 我很看重考试成绩	3.31	1.051
	e7 回答问题时，我会猜测教师希望得到什么答案	2.92	1.082
	e8 我发现，在考试后，我总是很快就忘记了所学课程的内容	3.72	0.980

续表

维度	项目内容及编号	均值	标准差
表层学习策略	e9 我通常会倾向于接受教师的陈述和观点，只是在特殊情况下才对它们进行质疑	3.59	1.036
	e10 我发现大多数考试只要记住关键章节的内容就能够通过，并不需要努力理解它们	3.20	1.027
成就学习策略	e11 每次布置了作业后，我都争取尽快完成它们	3.36	0.995
	e12 对所遇到的难题进行努力是一种乐趣	3.66	0.908
	e13 对认真准备课件和笔记，并在黑板上整洁地列出主要内容大纲的教师的课程，我能学得最好	3.33	1.053
	e14 我在整个学期中都坚持不懈地努力学习，并且在考试临近前我会系统地进行复习	2.99	1.068

从"大学生学习策略量表"各个项目的频次与百分比分布（见表4.19）来看，在深层学习策略上，66.6%的调查对象倾向于"我会根据自己的学习情况，评价和总结自己在学习方面的优势和不足"，64.6%的倾向于"当我学习新知识时，我会把自己先有的知识和观点与之联系起来"。在表层学习策略上，66.0%的被调查大学生觉得"在考试后，我总是很快就忘记了所学课程的内容"，63.1%的倾向于"接受教师的陈述和观点，只是在特殊情况下才对它们进行质疑"。在成就学习策略维度上，大部分被调查的大学生都倾向于进行有组织、有目的的学习，如在被调查的1323名在校大学生中，对"对所遇到的难题进行努力是一种乐趣"的积极选择（"比较符合"和"非常符合"）达到66.4%，对"每次布置了作业后，我都争取尽快完成它们"的积极选择（"比较符合"和"非常符合"）达到50.4%；而对于"我在整个学期中都坚持不懈地努力学习，并且在考试临近前我会系统地进行复习"这一项目，选择"非常不符合"或"不太符合"的大学生占36%，29.9%的大学生则选择"不确定"。

表4.19　　　"大学生学习策略量表"的各项目的百分比与频次分布

	非常不符合	不太符合	不确定	比较符合	非常符合
e1	2.3（30）	17.2（228）	30.2（399）	41.4（548）	8.9（118）
e2	2.3（33）	18.0（238）	34.2（452）	36.1（478）	9.2（122）

续表

	非常不符合	不太符合	不确定	比较符合	非常符合
e3	1.1 (15)	9.8 (130)	24.5 (324)	49.0 (648)	15.6 (206)
e4	1.4 (19)	10.0 (132)	22.0 (291)	54.4 (720)	12.2 (161)
e5	1.7 (22)	16.3 (216)	28.0 (371)	45.5 (602)	8.5 (112)
e6	3.9 (51)	21.2 (281)	26.7 (353)	36.5 (483)	11.7 (155)
e7	8.6 (114)	30.2 (399)	28.0 (370)	26.7 (353)	6.6 (87)
e8	1.7 (22)	13.6 (180)	18.8 (248)	43.3 (573)	22.7 (300)
e9	3.4 (45)	14.3 (189)	19.2 (254)	46.1 (610)	17.0 (225)
e10	3.5 (46)	25.5 (338)	27.7 (366)	34.5 (456)	8.8 (117)
e11	3.2 (42)	18.3 (242)	28.1 (372)	40.3 (533)	10.1 (134)
e12	1.7 (22)	11.1 (147)	20.8 (275)	52.6 (696)	13.8 (183)
e13	3.6 (47)	20.5 (271)	28.6 (379)	34.1 (451)	13.2 (175)
e14	6.8 (90)	29.2 (386)	29.9 (395)	26.4 (349)	7.8 (103)

注：表中数据为各项目的选项所对应的百分比，括号中为频次。

综上表明，当前大学生越来越注重深层学习策略的运用，如反思学习、对知识的关联性理解。但同时，大学生采用表层学习策略也较为普遍，如基于信息传输和机械复制的学习，由于缺乏对知识的根本性理解，会使学生在考试后迅速遗忘所学内容；学生倾向于接受教师的陈述和观点且很少质疑，这在一定程度上表明，学生眼里的教师仍是知识权威的形象；看重考试成绩则与当前的学业评价制度以及社会文化秩序有关。此外，大部分大学生都难以做到在整个学期中一以贯之地努力学习，已有研究和访谈均表明，"平时不烧香，临时抱佛脚"的考前突击恶补现象仍是校园常态。

三　大学生学习实践的比较分析

基于大学生学习实践调查问卷数据的描述分析，从总体上考察了当前大学生学习的现实状况。然而，不同类型院校、不同年级、不同性别、不同专业的大学生之间对学习的认知和参与情况、对学习环境感知、所秉持的学习取向和采取的学习策略之间是否存在差异？对此，本部分运用SPSS 11.5对数据资料进行差异推断统计，以探讨大学生学习实践的异质性。

1. 不同性别大学生学习实践的差异性分析

为验证不同性别的大学生在学习实践上是否具有显著性差异，本书采取独立样本 T 检验的方法，来对不同性别大学生在各维度上的均值进行比较。统计结果（见表 4.20）表明，不同性别的大学生在学习实践上存在显著性差异。

表 4.20　　　　不同性别的大学生学习实践的显著性差异分析

	男生（n = 558）	女生（n = 755）	T 检验	Sig
对学习环境的感知				
学习支持	50.80 ± 16.08	51.63 ± 15.35	− 0.949	0.343
有效教学	50.79 ± 15.94	52.77 ± 14.59	− 2.267 *	0.024
学习取向				
成就取向	52.66 ± 16.08	53.15 ± 14.87	− 0.562	0.574
深层取向	56.70 ± 17.57	61.13 ± 14.36	− 4.798 ***	0.000
表层取向	51.26 ± 14.96	49.79 ± 13.92	1.791	0.074
学习策略				
成就策略	49.83 ± 15.41	52.19 ± 14.43	− 2.827 **	0.005
深层策略	57.44 ± 16.27	55.12 ± 14.96	2.662 **	0.008
表层策略	53.55 ± 17.59	55.62 ± 17.24	− 2.120 *	0.034

不同性别的大学生在学习实践上的显著性差异具体体现在有效教学、深层取向、成就策略、深层策略和表层策略五个方面。在对学习环境的感知方面，女生对有效教学的感知显著优于男生（$P < 0.05$）。在学习取向上，女生比男生更具深层学习取向（$P < 0.001$）。但是，在学习策略上，女生更倾向于采用成就学习策略（$P < 0.01$）和表层学习策略（$P < 0.05$）；男生却比女生更多地采用深层学习策略（$P < 0.01$）。在学习支持、成就取向、表层取向三个维度上，男女生之间则无明显差异。

通过具体考察男女生在对学习环境感知、学习取向和学习策略三个维度上各项目的得分情况，可以发现，在有效教学上，女生比男生更倾向于认为"教师的讲课能够激发个人的学习潜能"。就深层学习取向而言，"我发现学习有时能给我带来很深的自我满足感"以及"对于一个课题，只有在做了足够的工作后，才能形成让我满意的观点"这两个项目存在显著的性别差异，女生的认同度均高于男生。在学习策略的三个维度上，男女生之间均存在显著性差异：首先，在深层学习策略的五个项目中，男女生在"我会尝试从多种视角出发推敲可能的问题解决方案""我会根据自己的学习情况，评价和总结自己在学习方面的优势和不足"以及"有一定的综合概括能力，能把广泛的阅读内容归纳整理成有条理的东西"三个项目上均有显著性差异：男生的综合概括能力相对优于女生，且男生比女生更倾向于从多元视角出发思考和解决问题，而女生则比男生更加注重对学习进行自我评价。其次，在表层学习策略的五个项目中，"我很看重考试成绩""回答问题时，我会猜测教师期望得到什么答案"这两个项目上，女生选择符合的程度相对高于男生。再次，在成就学习策略上，只有"对认真准备课件和笔记，并在黑板上整洁地列出主要内容大纲的教师的课程，我能学得最好"一项存在显著的性别差异，女生的符合程度高于男生。

总体来说，大学生学习实践的性别差异突出表现为：在学习环境的感知上，女生对教学的满意度普遍高于男生，同时她们倾向认为教师的教学态度会直接影响个人学习潜能的激发。在学习取向上，女生比男生更倾向于深层学习取向，她们认为学习能给自己带来情感的愉悦和内心的满足，学习投入与学业成就密切相关。在学习策略上，女生对成就学习策略和表层学习策略多于男生，而男生对深层学习策略的运用优于女生，这意味着女生虽然在认知和情感上更加认同深层学习取向，但具体的学习策略上却偏向成就学习和表层学习；男生尽管对深层学习取向的感知上没有女生明显，但在现实的学习策略中却更多采用深层学习策略，如多元视角、综合概括能力。

由此观之，男生和女生对学习实践的认知方式和思维方式呈现较大差异性。已有研究对此早有关注，如美国心理学家季丽淦认为男女两性在认知判断上存在差异性——男性重是非，多数从"理"的观点看问题，女性重善恶，多数从"情"的观点看问题——此种差异是文化教养的后果，虽有方向之别，而不能有高低之分。[1] 国内相关研究表明，男性和女性的创造性思维具有显著差异，女性发散思维相对优于男性，且以言语发散思维的优势最为明显，但男性的聚合思维相对优于女性。[2] 基于此，在具体

① 张春兴：《现代心理学——现代人研究自身问题的科学》，上海人民出版社 2009 年版，第 282 页。
② 沈汪兵、刘昌、施春华、袁媛：《创造性思维的性别差异》，《心理科学进展》2015 年第 8 期。

的教学实践中，可考虑从男生和女生在认知、情感和思维上的性别差异入手，分别有针对性地进行教学设计、学习指导和反馈激励。

2. 不同类型院校大学生学习实践的差异性分析

为了比较不同类型院校的大学生在学习实践上的特点，本书将院校类型作为自变量，将大学生实践的各个维度作为因变量，进行方差分析。F检验结果（见表4.21）显示，不同类型院校的大学生除了表层策略维度不存在显著性差异外，其他七个维度均存在显著性差异。

表4.21　　　　　不同类型院校大学生学习实践的方差分析

	F 检验	Sig.	（I）学校层次	（J）学校层次	均值差（I－J）	Sig.
对学习环境的感知						
学习支持	31.683 ***	0.000	省部共建	省市属	5.5055 ***	0.000
				民办	8.0338 ***	0.000
			省市属	民办	2.5283 *	0.015
有效教学	23.033 ***	0.000	省部共建	省市属	－3.8208 ***	0.000
				民办	－6.8516 ***	0.000
			省市属	民办	－3.0308 **	0.003
学习取向						
成就取向	7.003 ***	0.001	省部共建	省市属	2.1898 *	0.082
			省市属	民办	－3.8670 ***	0.001
深层取向	23.394 ***	0.000	省部共建	省市属	5.6980 ***	0.000
				民办	6.5839 ***	0.000
表层取向	5.857 **	0.003	省部共建	民办	－2.7098 **	0.023
			省市属	民办	－3.0689 **	0.003
学习策略						
成就策略	10.257 ***	0.000	省部共建	省市属	－0.0267 *	0.038
			省部共建	民办	－4.5436 ***	0.000
			省市属	民办	－2.5169 *	0.012
深层策略	3.794 *	0.023	省部共建	省市属	2.1721 *	0.034
			省市属	民办	－2.7067 *	0.019
表层策略	0.950	0.387				

注：* p < 0.05，** p < 0.01，*** p < 0.001。

第一，在学习支持上，省部共建院校的状况优于省市属院校和民办院校，而省市属院校的状况又优于民办院校，这表明院校层次越高，大学生对学习支持的感知满意度也越高。第二，在有效教学上，民办院校大学生对教学的满意度相对高于省部共建院校和省市属院校（P<0.01），而省市属院校的状况又优于省部共建院校（P<0.001），表明院校层次越高，大学生对有效教学的感知满意度反而越低。第三，在成就取向和成就策略方面，省部共建院校大学生比省市属院校大学生更具成就学习取向（P<0.005），而省市属院校大学生的成就学习取向则不如民办院校大学生强烈（P<0.001），省部共建院校和民办院校之间则在成就取向这一维度上不存在显著性差异；但在成就学习策略上，民办院校大学生的均值最高，其次为省市属院校，最后为省部共建院校。第四，在深层学习取向和深层学习策略方面，省部共建院校大学生的深层学习取向比省市属院校、民办院校大学生的倾向更为明显（P<0.001）；但是，在深层学习策略上，省部共建院校和民办院校大学生的程度均高于省市属院校大学生的程度（P<0.05），而省部共建院校和民办院校之间则不存在显著性差异。第五，在表层取向和表层策略方面，民办院校大学生的表层取向最为明显，省市属院校次之，省部共建院校的程度则相对最低；而在表层学习策略上，省部共建院校、省市属院校和民办院校的大学生之间则不存在显著性差异。

大学生对学校支持的感知满意度与不同类型院校在大学场域中基于资本分布的位置密切相关。省部共建院校与省市属公办院校无论在经济资本、文化资本、社会资本，还是符号资本上都要明显优于民办院校，其中省部共建院校相对于省市属院校的资本优势相对更大，因此，他们给学生提供的学习支持也具有显著的差异性。大学生对有效教学的感知满意度，既取决于大学教师的教学态度和教学水平，同时也与大学生对教师教学的主观期待密切相关。在学习取向和学习策略方面，不同类型院校大学生的学习差异性突出表现为：

其一，民办院校大学生具有明显的成就学习取向，且相对更多地运用成就学习策略，这表明他们不仅从认知和情感上非常渴望获得学业成功，而且从行动层面上他们也非常愿意通过增加学业投入来获取成功。民办院校大学生的成就学习取向和成就学习策略也同样与他们在大学场域中基于资本分布的相对劣势位置有关。

其二，民办院校大学生的表层学习取向最为明显，而省部共建院校大学生在深层学习取向和深层学习策略上的均值则相对最高，这表明不同类型院校大学生在学习惯习上具有明显的差异性：省部共建院校大学生在文化资本积累、深层学习取向和深层学习策略上的优势显著大于民办院校大学生。

其三，省市属院校大学生在成就学习取向和成就学习策略上的均值相对低于民办院校大学生，同时他们在深层学习策略上的表现也不如省部共建院校和民办院校的大学生。究其原因，在于省市属院校大学生在大学场域中占据的位置呈现"比上不足、比下有余"的特征，受这一客观关系影响，他们在学习取向和学习策略上更倾向于维持现状，而民办院校大学生则基于自身在大学场域中暂时的劣势地位，迫切期望通过学习改变自己在场域中所处的位置，因此就导致了省市属院校和民办院校大学生在学习取向和学习策略上的差异性。

3. 不同专业大学生学习实践的差异性分析

不同专业大学生学习状况的显著性检验（见表4.22）表明，在对学习环境的感知和学习策略两个维度上，文史类和理工类大学生的差异并不显著。在学习取向上，大学生在成就取向上也不存在显著的专业类别差异，但文史类大学生的深层学习取向高于理工类大学生（P<0.001），理工类大学生的表层学习取向则比文史类大学生的程度更高（P<0.01）。

表4.22   **不同专业的大学生学习实践的显著性差异分析**

	文史类（n=693）	理工类（n=630）	T检验	Sig.
对学习环境的感知				
学习支持	51.24±15.29	51.47±16.67	−0.215	0.882
有效教学	51.99±14.64	52.02±16.66	−0.023	0.982
学习取向				
成就取向	52.89±15.22	53.17±15.77	−0.288	0.773
深层取向	60.28±15.45	56.76±16.71	3.500***	0.000
表层取向	49.66±14.07	52.49±14.98	−3.108**	0.002
学习策略				
成就策略	51.57±14.62	50.35±15.55	1.291	0.197
深层策略	56.40±15.07	54.90±16.78	1.524	0.128
表层策略	54.78±17.62	54.90±16.74	−0.114	0.909

注：* p<0.05，** p<0.01，***p<0.001。

通过进一步考察文史类和理工类大学生在深层取向和表层取向上的项目得分情况发现，在深层取向方面，"对于课堂上讨论过的有趣课题，我会在课下花时间进一步学习，以增强我对它的认识""对于一个课题，只有在做了足够的工作后，才能形成让我满意的观点"这两个项目上存在显著的专业类别差异，文史类大学生对此具有更高的认同度；在表层取向方面，"我认为，广泛浏览会浪费时间，只需认真学习教师所讲的或课程大纲中规定的内容"以及"一般情况下，我的学习都是与我的专业相关，因为我觉得没有必要花费时间在其他的东西上"这两个项目上，理工类大学生的认同度相对更高。凡此表明，文史类和理工类大学生在学习取向上存在一定的差异，这些差异在某种程度上是由于学科和专业性质造成的。

4. 不同年级大学生学习实践的差异性分析

通过将年级作为自变量，将大学生学习实践的各个维度作为因变量进行方差分析的结果（见表4.23）显示，不同年级大学生在学习支持感知、有效教学感知、成就学习取向、深层学习取向和深层学习策略以及表层学习策略六个维度上存在显著性差异。

表4.23　　　　　　不同年级的大学生学习实践的方差分析

	F 检验	Sig.	(I) 学校层次	(J) 学校层次	均值差（I－J）	Sig.
对学习环境的感知						
学习支持	17.587***	0.000	大一	大三	6.5153***	0.000
			大二	大三	6.8190***	0.000
有效教学	3.570*	0.028	大一	大三	－2.7434*	0.024
学习取向						
成就取向	5.097**	0.006	大一	大二	－3.3686**	0.002
深层取向	4.130*	0.016	大一	大二	－2.9574*	0.025
			大二	大三	3.3089*	0.033
表层取向	0.85	0.427				
学习策略						
成就策略	0.664	0.515				
深层策略	14.732***	0.000	大一	大二	－5.5918***	0.000
			大二	大三	5.6490***	0.000
表层策略	5.044**	0.007	大二	大三	3.2918*	0.011
			大一	大三	4.7505**	0.002

注：* $p < 0.05$，** $p < 0.01$，*** $p < 0.001$。

　　多重分析（见表4.23）表明，第一，在对学习支持的感知方面，大一学生比大三学生具有更高的满意度（P<0.001），大二学生的满意度也高于大三学生（P<0.001）。第二，在对有效教学的感知方面，大三学生比大一学生的满意度更高（P<0.05），具体比较两个年级在三个项目上的得分发现，在"教师的教学能够帮助我明确自己的学习方向和目标"上，存在着显著的年级差异，大三学生的认同度相对高于大一学生。第三，在成就学习取向方面，大二学生的均值比大一学生相对更高（P<0.01）。比较二者在各项目上的得分发现，大二学生比大一学生更加倾向于认同"我希望我能在所有的课程上或大多数课程上取得高分，这样我在毕业后就能选择最适合我的职位"。第四，在深层学习取向上，大二学生比大一和大三学生具有更强烈的深层学习取向（P<0.05）。在深层学习策略上，大二学生优于大一学生（P<0.001），也优于大三学生（P<0.001）。第五，在表层学习策略上，三个年级之间存在明显的年级差异，大一学生采用表层学习策略的程度最高（P<0.01）。

　　综上表明，在对学习环境的感知上，大一和大二学生对学习支持的满意度均高于大三学生，但大三学生对教学的满意度要高于大一学生。由于大一学生仍延续着高中阶段形成的常规性学习惯习，习惯于目标明确、内容具体、结构良好且具有高度组织性的教学方式，一时间面对相对自由、宽松、陌生的大学学习环境，难免会感到不适、迷茫甚至方向感缺失，因此，相较于已经适应了大学学习环境的高年级大学生而言，他们对教学的满意度则相对较低。随着年级的增长，大三学生面临着考研或就业的现实压力，他们的学习需求、学业期待和学习投入发生了较大变化，他们迫切期待从院校层面得到更多的学习支持，如考研指导、就业指导等。在学习取向上，较之大一和大三学生，大二学生成就学习取向和深层学习取向更为明显。由于大二学生既没有大一学生刚刚进入大学时的不适和困惑，也没有大三学生即将面临的毕业压力和焦虑，他们逐渐意识到当前学习对个人未来发展的影响和意义，也愿意投入更多时间和精力去开展基于自身兴趣和未来发展的学习探索。在学习策略上，大一学生受常规性学习惯习的影响，更倾向于采用表层学习策略，大二和大三学生则更倾向于采用深层学习策略，这表明大学场域有着或多或少不同于高中场域的实践逻辑，大学生倾向于从自身在大学场域中所处的客观位置出发，不断在学习经历中通过"即兴创作"的行动来建构自身对大学场域的实践感，调适学习惯习，从而使自己越来越适应和把握大学场域的"游戏规则"。

第三节　Z市本科院校大学生学习实践的综合考察

上述关于大学生学习实践的现状调查为审视大学生学习提供了定量数据资料。基于此，围绕量化研究得出的一般性结论，本节进一步结合质性访谈资料，力图从整体主义视角出发，综合分析和勾勒大学生学习实践的图景。

一　大学场域的资本分布对于大学生学习的影响

大学场域是由占据不同地位和位置的行动者之间的客观关系所建构的社会空间。对大学生学习而言，行动者包括院校和行动者个体两个层面：不同院校的地位和位置建构了大学场域基于符号资本的象征性权力关系，不同行动者个体的地位和位置建构了大学场域基于文化资本的客观关系。大学场域既是一个力量的空间，也是一个斗争的空间。大学场域中的所有行动者都有着自己的实践知识，这些知识取决于他们的社会轨迹和特定位置。大学生的学习实践必须遵循大学场域的资本状况及其走向以及特定运作逻辑。也就是说，行动者开展实践行动的参照依据取决于大学场域的关系结构，它包括三个方面：自己所处的位置、他们如何达到那些位置（资本的积累与惯习的生成）以及他们试图到达的位置。从上述三个位置出发，行动者在惯习的引导下，运用各种行动策略，不断维持或改变自身在大学场域中所处的位置。

1. 院校的制度设置影响大学生对学习支持的感知

第一，不同类型院校的大学生对学校支持的感知满意度呈现出差异性：省部共建院校的大学生对学习支持的满意度最高，其次是省市属院校，最后是民办院校。不同院校在大学场域中所掌握的资本状况，既决定了他们在场域中所处的客观位置，也形塑了置身于院校之中的行动者的主观立场。基于此，在大学场域的客观关系网络中，公办院校所拥有的经济资本、文化资本和社会资本，无论在数量上，还是结构上，都要明显优于民办院校，而省部共建院校又优于省市属院校，从而导致了院校间的地位和层级分化，并建构了大学场域基于符号资本的象征性权力关系。这种分化带来的直接结果既体现在他们对大学生学习支持的资本投入力度的差异上，也反映在各类型院校制度化文化资本的结构性差异上，即学历文凭的含金量不同，进而导致不同院校的大学生对院校学习支持的感知满意度上呈现主观立场的差异性。

第二，大多数学生认为院校不能及时为他们提供与课程相关的最新学习资料。结合对访谈资料的分析，这一情形突出反映在院校图书馆的馆藏资源和数字资源方面。一方面，图书馆作为学生学习的"第二课堂"，能够有效帮助大学生拓展学科知识、开展自主学习以及提升信息素养。馆藏资源和数字资源的及时补充和更新，对于大学生学习和发展尤为重要。图书馆资源作为客观化文化资本，它的积累决定于经济资本的投入力度。不同院校对于图书馆建设在经济资本投入上的不同，势必会导致各院校图书馆的文化资本在数量和结构上的差异性，以及院校内部不同学科文献资源配置的差异性。一旦图书馆的文献保障率和文献覆盖率不能满足大学生学习需求，图书馆作为"第二课堂"对大学生学习的积极作用便会大打折扣。

> 我的专业是社会学，老师们在课堂上会推荐专业书籍，让我们课后阅读。可每次去图书馆借阅，都发现"查无此书目"。只有一些非常老旧的书，数量少，还经常借不到。自己又不太想花钱买，怕买回来不看浪费。这可能和我们专业在学校太小众、太边缘有关吧！图书馆能查阅的专业书实在不多。我们学校是财经类院校，金融、经济和会计是学校的王牌专业，所以图书馆中大多都是这类书籍。相比之下，我们的专业书却又少又陈旧，这是很令人无奈的。（YJR，学生，女，大一，文史类，省市属院校）

另一方面，信息社会的发展，推动高校图书馆在注重实体文献资源建设的同时，也越来越重视虚拟馆藏资源建设，从而使虚拟资源以其便于检索、查阅和利用的优势，成为传统文献资源的一种有益补充。但是，在现实的学习实践中，受限于大学生的信息知识和信息能力，以及院校对大学生信息素养教育的重视程度不够，导致大学生对虚拟资源的利用非常有限。一些院校的信息教育课程只针对大一新生开展，如入馆教育、阅读素养、馆内资源文献和数据库检索等。然而，大多数本科生只在写课程论文或毕业论文时才使用数据库资源检索文献，即便如此，他们对虚拟资源的利用程度和利用质量都相对较低。因此，大学生信息素养教育的不足甚至缺失大大限制了大学生的学习和发展。

　　我每次在指导学生的学年论文和毕业论文时都感到很痛苦，即使投入大量心血帮他们把关论文选题，调整和确定研究框架，但到最后成稿还是没法看。我也反思了原因，主要在于学生对已有文献的把握不到位。后来我找几个学生聊了聊，发现他们都不太会查阅文献，虽然会用知网，但对于如何查找与研究主题相关的文献，如何检索高质量文献，如何对文献进行梳理和分类……学生们基本都不太知道。对于读秀、超星这些数据库，很多学生甚至都没听说过。所以，学生对图书馆数字化资源的利用能力太低，也限制了他们的论文写作水平。（LDS，教师，男，博士，讲师，文史类，省市属院校）

　　第三，大学生普遍认为学校的制度设置不能切实考虑他们的学习需求。结合对访谈资料的分析，这一情形主要与院校对大学生的学业评价制度有关。在大学场域的考试逻辑下，各院校仍以终结性考试的量化成绩来衡量和评价大学生的学习，考核方式通常为闭卷考试且附设有标准答案，答案大多来自课本、课堂笔记和期末教师划定的复习范围。这种机械的标准化测验仍属于应试教育范畴，它巩固和强化了大学生的常规性学习惯习，同时由于考试成绩直接关系到大学生的评优评先、获取学位甚至考研保送资格，原本作为手段的考试也因此沦为目的，使大学生学习趋于功利化。为了在场域竞争中占据优势位置，大学生在自身常规性学习惯习的引导下，更倾向于采用表层学习策略来获取高分或其他回报，如一到期末，大家都用高强度的机械记忆方式囫囵吞枣、突击恶补；大学生沉迷于各种考证之中，疏于专业课程学习。所以，这种单一、量化的学业评价制度既无法反映大学生的特质和潜能，也难以促进大学生的深层学习。

　　大学考试基本延续了高中时代的模式，像我们学校，越重要的课，越要集中闭卷考试，而且考试中客观题占多数，大部分主观题也都设有固定答案，这就逼着我们考前狂背。公共课和选修课大多只需交一篇论文，"自己写"和"网上下载修改复制粘贴"的区别不大，有些老师负责任还会看看，有些老师索性不看，直接拿给研究生修改。这样的考试设置完全不能反映学习效果，考试分数高的学生不一定有思想，有思想的学生也不一定考分高。而且，学校的评优评先几乎都是和学习成绩挂钩，我觉得这不太公平、过于片面。（WHX，学生，女，大二，文史类，省部共建院校）

中国的学生都是考出来的，好不容易跃过龙门，进了大学，还是离不了考试，将来出校门，找工作，招聘单位首先关注的还是考试成绩。这几年就业形势越来越严峻，学校为了提升毕业生就业率，就开始鼓励学生考研，把考研率作为院系考核标准之一。高等教育产业化趋势越来越明显，本来是教育人、塑造人的地方，却沦为各种考试和培训的场所。学生们为了找好工作，也功利性地把时间和精力投入到外语、考研和各种考证上。（WJJ，教师，女，硕士，教授，文史类，民办院校）

当前大学的教学在很大程度上还是延续应试教育的老路子，学校总提倡教师进行教学改革，可教师评价机制不改，应试教育的培养模式不改，谈什么改革都无济于事。应试教育对中国教师和学生的影响都太根深蒂固了。我个人觉得，大学教育的根本，在于启发思维，帮助学生学会思考，而不是教给他们一门手艺，如果这样的话，职业学校就能做到，还要大学干嘛？对大学生的发展来说，学会思考比学习知识更重要，综合素质比专业技能更重要。只可惜很多教师认识不到这个问题，就算有些认识到了也很难去改变。（PLK，教师，男，博士，副教授，理工类，省部共建院校）

2. 教师的指导反馈影响大学生对有效教学的感知

大学生对有效教学的感知满意度，既决定于大学教师的教学态度和教学水平，同时也与大学生对教师教学的主观期待密切相关。教师积极的教学态度和良好的教学水平，能有效激发大学生的学习兴趣，提升他们的学习投入。

相对于知识的传授，我更加注重学习能力也就是知识运用能力的培养。对文科生来说，学会独立思考很重要，任何时候，只要你缺乏独立思考的能力，你永远都是一个受外在束缚的惘学之人。书本上的现成知识，学生们看看教材都能自学，所以我不太常讲，我会多从问题出发，抛砖引玉，让学生在讨论和争辩中学会归纳、演绎、批判和反思，这些方法一旦学会，便会受用终生。我的考试也不是死考知识，而是考学生分析和解决问题的能力。我会提前告诉他们，考试没有标准答案，你不必和我讲的观点或书上的观点一致，只要你言之成理即可。就学生的反馈来看，我的授课和考核方式大家还是比较接受的。(CH，教师，男，博士，讲师，文史类，省部共建院校)

在师生关系方面，半数以上的大学生认为"自己和教师的关系一般，偶尔有所交流"，并且当他们在学习中遇到困难时，大部分大学生表示不会向教师请教，而是倾向于求助同辈群体或自己想办法解决。同时，半数以上的大学生认为，大学阶段让自己受益最大的学习方式是"自主学习"，而不是"教师的课堂授课"。对此，访谈中也有学生表示："不到迫不得已，我是不愿意去'麻烦'老师的。""我觉得老师们都挺忙的，总是去问问题，打扰他们，挺过意不去的。""我曾经问过老师问题，结果老师说我的问题与课程无关，他无法回答。从那以后，我再也没敢主动找过老师。"这些情形表明，在当前的大学场域中，师生关系仍是一种基于文化资本的"权威—遵从"的关系。在学生眼里，教师象征着一种高高在上的知识权威，他们对教师的感知常常介于"尊敬"和"畏惧"之间，因而大学生在学习中更多扮演着被动、遵从和压抑的虚心接受者角色。同时，由于高校教师不强制坐班，所以大多数教师只在上课时间来学校，上完课就直接回家，这样一来，学生与教师面对面的沟通交流机会就相对更少，更谈不上教师对学生进行学习指导。

大学不过是个"升级版的高中"，甚至还不如高中呢，起码高中的学习氛围是浓厚的，大家心里都还有个明确的目标。现在呢？大部分学生宅在寝室上网打游戏，很少谈论学习。课堂上，老师在上面讲自己的，一下课就走人，从来不问学生怎么看、怎么想。下面学生有的听课，有的玩手机、聊天、睡觉。我不喜欢这些老师讲课，他们还是和高中老师一样，课堂气氛一点儿也不活跃。我自己的学习也是被动性很大，自主学习能力也差，但对我感兴趣的学科，也经常主动找

书看。每到考前就突击复习，以防考试不及格。（YJR，学生，女，大一，文史类，省市属院校）

在对有效教学的感知上，大多数大学生认为教师的教学能让他们明确学习方向和学习目标，激发自身的学习潜能，但同时，他们认为当前教学中的问题在于教师不能及时有效地给自己的学习提供反馈。当前教师职业发展评价制度使教师面临学术研究和教学的矛盾。对此，大多教师更加注重自身知识资本和经济资本之间的转化，倾向于从现实利益出发，对能给他们带来丰厚回报的科研投入更多的时间和精力，对教学则更多采取传统教学方式授课。因为相较于新的教学方法，讲课是相对最省时省力的，教师只需在初次上课时准备好教学大纲和课件，以后每年根据情况进行略微调整和更新即可。基于此，教师给学生的反馈不经常、不及时，导致学生不能了解自己的真实学习情况，哪些知识已经掌握，哪些还存在进步空间。教师基本上都是根据平时作业、期中和期末测试情况进行反馈，每次反馈的间隔时间较长，评语也只有寥寥数语，甚至很多教师只是打个分数，连反馈都没有。

刚入职那会儿，我总是投入很多精力去备课，课程质量相对也高，学生也有兴趣听。但是，时间一久，我发现，教学投入再多也没太大意义，职称评定的时候完全不考虑你教得好不好，只看你课时上够了没有，有没有达到学校的规定要求，更重要的是看你的核心论文数量。慢慢地，我对教学的兴趣就小了，投入的精力也少了，毕竟生存是第一位嘛，有时间的话基本都是搞科研，多发论文，为评职称做准备。（BNM，教师，女，博士，讲师，理工类，省市属院校）

现在高校教师评职称是以科研为主，教学和工资、晋升的关系微乎其微，很多老师上课就是为了完成教学任务，几乎没有老师愿意在额定任务之外主动承担更多的教学工作。我身边有老师，上课前既不备课，也不做课件，我花一暑假时间做的课件，直接被他拷走，连课件下面的署名都不改。论文也是，有老师花一两个晚上找几篇论文，一拼凑，再找些外文资料，让学生翻译一下，直接引用到论文里，就投出去发表。类似这样的现象不胜枚举，也让我对身处的这个大环境

倍感无奈。(LDS，教师，男，博士，讲师，文史类，省市属院校)

3. 大学生参照群体的"位置辐射效应"作用明显

大学生对学习的感知和理解建立在他们所置身的特定关系之上，同时也建立在对特定文化模式的理解之上。他们对于其在大学场域中所处位置的态度，显然不孤立地单纯依据文化资本的自我判断，而是把自己所处的位置以及造成这种位置的资本状况，同相关的其他行动者的资本状况和客观位置加以比较，在动态的相互关系中，在生成性的相互关系中，观察和更新自身客观位置。问卷数据和访谈资料表明，大学生的学习状态受学习环境和学习风气影响较大，学习风气具有"以点带线、连线成面"的效应：宿舍的学习风气对大学生学习状态影响最为显著，其次是班级，再次是学校。

在访谈中，很多学生谈到，大学生学习的"宿舍效应"非常突出。如果一个宿舍，整体学习风气好，再有个别拔尖、优秀的学生带动室友一起学习或成立学习小组，培养学习兴趣，激发学习动力，开展学习讨论，相互帮助解决学习问题，那么大家就会相对较早地确立明确的学习目标和未来的发展方向。同时，学习表现不好的同学也喜欢"扎堆儿"。在访谈中，有同学谈到，宿舍中的"集合行为"屡见不鲜，即大学生在宿舍环境的结构性压力下，违背学习常规而共同做出的组织性、结构性和秩序性较差的行为。对此，有同学戏谑地将自己的学习状态描述为"收着大学的学费，过着幼儿园的生活""十五周幼儿园，两周高三，一周考试"。对于大学生而言，大学阶段是个体社会化的关键时期，他们在心智发展上尚未完全独立和成熟，他们的学习极易受周围环境和朋辈群体的影响。宿舍作为大家每天一起生活、学习的共同体，成员间关系的亲密程度、对待学习和生活的态度、学习惯习、学习策略以及学习行动都会对他们的学习产生至关重要的影响。由于大学生之间在年龄和阅历上都比较相似，相较于父母和教师，朋辈群体之间能够更好地理解和沟通彼此遇到的问题，相互提供帮助和支持。

我和室友组成学习小组，平时学习乐趣很大，学习气氛浓厚。互相鼓励是一个非常好的学习方式，我们的学习地点一般是图书馆，安静、舒适。在宿舍集体的带动下，我们的学习很有规律：除了上课，一般我们都会自觉地去图书馆，每天至少在那里学习 4 个小时，然后去操场跑步，锻炼身体。回到宿舍，偶尔交换一下学习心得，有时还会谈谈各自的经历和人生理想，畅想未来。当然劳逸结合也是必须的，周末宿舍同学会一起组织活动，适当放松。我最有成就感的是我对学习充满激情、越学越兴奋，这最让我得意。(LN，学生，女，大一，理工类，民办院校)

宿舍六个人，人手一台电脑，除了上课，六台电脑几乎是从早开到晚，一下课，就回到寝室，看电影、聊天、打游戏，甚至有时通宵达旦，很疯狂。第二天早上索性连课都不上，在宿舍睡觉。平时没人学习，作业也是上网百度，找到答案就一起抄，改都不带改。(CJ，学生，男，大二，理工类，省市属院校)

我们院有个模范宿舍，都是学霸，几个女生长得漂亮，人还优秀，她们宿舍关系很好，大家平时总是一起上课、一起学习，每年期末考试评优评先，个个都榜上有名。今年考研，全宿舍都考上了，一个女孩保送复旦，另外一个女孩考上北大，其他同学也都是 985 高校，真让人羡慕啊！(SJ，学生，女，大三，文史类，省市属院校)

同时，班级学习风气对大学生学习的影响也不容小觑。在访谈中，很多老师讲述了班风对教与学的影响：班级学习表现的好坏，与班级学风关系密切。一旦班级出现几个优秀的活跃分子，那么课堂气氛就会好很多，在他们的带动下，其他同学也会积极参与学习互动，教学效果相对较好；相反，如果班级缺乏积极分子的调动，整个班级气氛就会呆板、缺乏生气，学生的学习热情、课堂参与度也相对较低。一位曾经做过七年班主任、带过三届毕业班的教师将"好班风"的标准总结为五点："一是学习风气浓，二是做事风气正，三是同学关系好，四是特色活动多，五是成员才艺广。"他认为班风建设要坚持"因时制宜"原则，针对不同年级大学生的学习特点进行设计和引导。此外，问卷调查和访谈结果表明，院校学习风气与大学生个体、群体的学习状态呈交互建构关系，优秀的同学、优秀的教师以及榜样人物等，都无一例外地对大学生学习发挥着积极的辐射效应。

我所处的环境学习氛围较差，周围同学要么标榜个性解放，不拘于学习；要么沉迷网络，不在乎学习。在这种环境下，想要洁身自好是不可能的。实际上，我有时也会迷茫一阵子，想着娱乐一下，玩会儿游戏，可当我想到自己的未来时，就会激励自己坐下来学习、看书。总之，大学生学习是需要自主性的，自制力要强。(FTM，学生，男，大一，理工类，省市属院校)

理工科较强的学校，学习氛围必然是很好的。我喜欢去自习室学习，那里环境不错，因为有几个学霸，所以有所压力，也会产生很多动力。(JDS，学生，男，大一，理工类，省部共建院校)

受挫时，我会拿他人的成功来激励自己；失落时，我会找个安静的地儿静静思考。每个人心中都会有一个能够让你在迷茫时可以找到原点的人，我也不例外。柯南——虽然他只是日本动漫中的一个虚拟人物，但他对探索真相的执着让我倾慕，我想和他一样执着追求我的生命价值，任何时候，为了爱我和我爱的家人而努力。(LZ，学生，女，大二，文史类，民办院校)

二　大学生的常规性学习惯习呈现明显滞后效应

社会结构的变迁势必会在大学场域中引起同样深刻的转型。最基本的社会变迁不仅仅表现为正式结构的变迁，而且也表现为行动的习惯性定位方面的变迁。① 大学场域不会容许置身其中的行动者静止不动或消极怠工，因为只要其中任何一个成员处于消极被动的位置，就会很快在场域激烈的斗争中被淘汰，并被推向场域的边缘或不重要的位置，成为任他人宰制的对象。大学场域的运作逻辑本身，会促使大学生意识到积极参与场域竞争的必要性和重要性，也会促使他们意识到能动选择、调整和改变自身学习策略的决定性意义。

---

① ［美］乔治·瑞泽尔：《布莱克维尔社会理论家指南》，凌琪、刘仲翔、王修晓等译，江苏人民出版社2009年版，第717页。

1. 深层策略与表层策略兼而运用的融合性学习

调查问卷的数据结果表明，在学习取向上，当前大学生已具有明显的深层学习取向，其次是成就学习取向，而表层学习取向仍然存在却不再是主流。在学习策略上，大学生在更加注重深层学习策略的同时，仍采用大量的表层学习策略。这表明在当前的学习实践中，大学生表现出一种"融合性学习"的特点，即同时采用以意义理解和意义建构为特征的深层学习策略与以机械记忆和信息复制为特征的表层策略。大学生越来越注重深层学习策略的运用，如反思学习、对知识的关联性理解。同时，在常规性学习惯习的形塑作用下，大学生采用表层学习策略也较为普遍，如考前突击恶补，考试后会迅速遗忘所学内容；学生倾向于接受教师的陈述和观点且很少质疑；看重考试成绩等。

> 我很质疑现在的教学模式，我觉得最有效的学习方式就是自主学习。我总是能专注地学习自己感兴趣的课程，对于不感兴趣的、没有实用性的课程，我会选择逃课。我最大最强烈的感受是，学习受到束缚，效率低，总不得不修我不想学的课程，厌恶至极，自主性严重受挫。尽管如此，我还是依旧会做自己，哪怕挂科也在所不惜。(FTM，学生，男，大一，理工类，省市属院校)

> 我会在脑子比较兴奋、注意力高度集中时，去努力学习；大脑不清晰时，去做些别的事情。我学习喜欢讲究方法，追求高效率地完成，不死记硬背，会灵活运用所学知识。(SJ，学生，女，大三，文史类，省市属院校)

> 对于学习，我会在一点一滴中慢慢积累，该上的课一定争取去上，我会把功夫下在平时，不希望自己一到期末就为考试忙得不可开交。我的心态比较积极，我相信现在所学一定会对未来有帮助，也常常在心里给自己树立榜样来激励自己。(LZ，学生，女，大二，文史类，民办院校)

这种表层策略与深层策略兼而运用的融合性学习，是大学生在面对知识变迁与大学场域结构转型时的"一种自然的、更具适应性的学习模式"①。一方面，在当前的学习实践中，大学生仍然保持和延续着以机械记忆和信息复制为特征的学习方式，因为这是他们在过去长期的教育经历中经由常规性学习惯习的生成而建构的表层学习策略。另一方面，知识社会变迁所引起的大学场域的结构变迁，使大学生越来越意识到场域逻辑的改变，要求自身的学习策略必须随之发生变化，才能继续适应大学场域进而在文化资本竞争中占据优势地位。如果继续沿用过去的学习策略，故步自封，势必会使自己在场域的斗争中丧失竞争优势或败下阵来。因此，面对大学场域的结构性变迁，大学生也会借助自觉意识，调整或改变自身在场域中的学习策略，从表层学习转向深层学习。

> 自习室环境不错，因为有几个学霸，所以会感到有压力，但也会产生很多动力。我现在每天都给自己定下目标，到晚上临睡前想想当天的目标是否完成，然后把第二天的目标写好，让自己不会因为没有事情可做而焦虑恐慌。(JDS，学生，男，大一，理工类，省部共建院校)

> 我对自己的学习有四个基本要求：第一，以不挂科为前提，在完成专业学习的同时，看一些自己感兴趣和对自己有益的书。第二，坚持每天上自习，2—3小时。第三，充分利用网络、报刊资源来促进学习。第四，制订学习计划，自我检测学习进度。(ZZ，学生，男，大二，文史类，省部共建院校)

2. 大学生的学习认知与学习实践呈现非同步性

对学习取向与学习策略的比较分析发现，大学生虽秉持深层学习取向，但在深层学习策略的运用上却力有未逮，也就是说，大学生的主观学习期待和客观学习能力之间存在一定的差距。大学生的学习惯习作为外在结构内在化和内在结构外在化的产物，同时兼具认知与实践的双重属性：学习惯习一方面表征着大学生的认知结构，另一方面又生成着大学生的学习实践。学习惯习的滞后效应就产生于学习认知与学习实践的非同步性。从这个意义上，大学生的学习并非总是知行合一、知行同步的，知与行的

---

① 吕林海：《融合性学习：西方学术的梦魇，抑或中国学生的圣境——从普罗瑟的"脱节型学生"说起》，《现代远程教育研究》2018年第2期。

非平衡状态或非对应性也是普遍存在的，即大学生的学习认知和学习实践之间常常是不能同步发展的。认识与实践的非同步性可分为两种情形：一是超前式的非同步性，它是指在实践过程开始之前或在实践过程尚未充分展开的情况下，人的认识对实践对象、过程和结果的猜测和预见；二是移后式的非同步性，是指在实践过程中已经充分展开或已经结束之后，认识对实践对象、过程和结果的追溯性的把握。①

> 我在教学中接触到一些学生，他们都很有自己的想法，喜欢读书，乐于思考，愿意和老师交流观点和看法。他们对未来有明确的规划，自律性很强，会主动思考学习对自我发展的意义。但他们也存在一些共性问题，比如他们几乎在期末考试中都不会有特别突出或优异的成绩，考研成绩也常常不理想。我也和其他同事探讨过这个问题，大家的共识是觉得这些孩子普遍缺乏元认知的能力，没有探索出一套适合自己的学习方法。（SDK，教师，女，博士，讲师，文史类，省部共建院校）

> 我对自己的专业不太感兴趣，当初是调剂到这个专业的，不是很喜欢，感觉很多课程太空洞也不够实用。对我来说，按时去上课，考前认真复习，完全是为了应付考试，顺利毕业，拿到文凭。我打算考研时候换专业，选择我喜欢的金融专业，所以平时只要不上课，我就会看金融专业的书，去金融学院蹭课。争取考研顺利换专业，并考个不错的学校，是我目前最大的心愿。（XJ，学生，女，大二，文史类，省市属院校）

基于上述分析，大学生学习认知与学习实践的非同步性可用于解释大学生常规性学习惯习的相对滞后效应，即大学生虽具有明显的深层学习取向，但对深层学习策略的运用能力却有限。面对大学场域的结构转型，大学生逐渐感受到大学场域的实践逻辑和竞争逻辑正在发生变化，这一体会使大学生意识到自身的学习也要从表层学习向深层学习转变。他们对场域的走向及其逻辑产生的感知和体会，促进了他们学习认知的转变，这一转

_____

① 吕国忱、王本浩：《认识和实践的非同步性》，《人文杂志》1988 年第 4 期。

变是先于学习实践的变化的，是一种超前性的非同步性，类似于人们常说的"先知而后行"。这种超前式的认识，虽然产生于学习实践的改变过程之前，但它是根据大学生现有的认知结构和当前实践体验来预测场域未来走向及其逻辑的结果。此后，通过发挥学习认知对学习实践的指导作用，大学生才能不断提升自己对深层学习策略的运用能力，改变或重塑常规性学习惯习，并努力使自身的学习认知与学习实践保持协调一致。

> 我不是个喜欢死学习的人，我会更加注重对知识的理解。我不喜欢老师照本宣科地讲课，更喜欢那些能够启发思维和引导思考的老师。每次考试老师划的范围，我都不会去死记硬背，我会翻着看几遍，理解理解，到考场上用自己的话表达出来。可我每次考试成绩都是不算好也不算坏，那些考试前背得死去活来的同学往往都能拿高分，但我觉得挺没意思的。学习方法上，我觉得自己还需要再摸索，最近我也在看一些关于思维方法和时间管理的书，以前我觉得这类书没啥用，现在发现这些书对自己的认知提升是很有帮助的。（WHX，学生，女，大二，文史类，省部共建院校）

三　不同类型院校大学生的学习策略具有差异性

处于大学场域不同位置的大学生，究竟如何正确估计整个场域中的资本分布状况及其可能的走向，又如何依据场域的实际状况来制定和执行恰当的学习策略？这取决于两个因素：除了大学生手中拥有的文化资本之外，更重要的是大学生学习惯习的状况。大学生不同的学习惯习，反映了他们长期以来在教育场域中基于学习实践开展所掌握的经验的差异，生成了对大学场域的实践逻辑的不同认知、感受和体验。在现实的学习实践中，不同大学生在认知、感受和体验上的微小差异，都可能导致他们学习策略选择上的重大差异，进而也会带来学习结果的严重差异。

1. 民办院校大学生的劣势位置与"奋起直追"策略

调查问卷的数据结果表明，相较于省部共建院校和省市属院校，民办院校的大学生具有更明显的成就学习取向和成就学习策略。成就学习取向，是指借助学习竞争和获得高分的方式来提升自我价值、自尊和自信心。成就学习策略，是指为了获得优异成绩、追求成功而生成的极具目的性和组织性的学习策略。以组织性为特征的成就学习策略具有表层学习和深层学习的双重特征，对学习的组织管理偏向于深层，对考试的过分重视则偏向于表层。对访谈资料的分析表明，多数民办院校大学生渴望通过考研来改变自己上大学最初的"出身"问题，他们渴望通过努力学习实现自己在大学场域中位置的"向上流动"。

> 当初被这个学校录取的时候，我犹豫了很久，不知道是该来上学，还是该回去复读一年，重新再考个好学校。后来，在家人的建议下，选择来学校读书。但我从进来的那一刻开始，就准备好了将来一定要考研，去个好学校。所以，从入学的第一天开始，我就端正学习态度，按时上课上自习，控制上网娱乐时间。我给自己制订了四年总体学习计划和每学期学习计划，并严格督促自己按计划执行，以避免到大三考研时，过于消极被动。我这两年每年都拿学校奖学金，四六级都通过了。对于将来考研，自己也还是有信心的。（SY，学生，男，大二，理工类，民办院校）

民办院校大学生的成就学习取向和成就学习策略与他们在大学场域中基于资本分布的相对劣势位置有关。布迪厄指出，"场域的结构本身始终都是游戏赌注。场域中的斗争，就是为了维护或颠覆特殊的资本分配的结构。……在特定的力量关系的状况中，那些或多或少垄断着作为特殊场域的政权或特定权威的基础的特殊资本的人们，总是倾向于采取维护文化财富的再生产中的正统性的策略；而那些较少掌握资本的人们，那些在多数情况下属于新兴起的人们（其大多数往往是年轻一代）则倾向于采取异端的颠覆策略"[1]。相对于公办院校，民办院校在大学场域中所处的位置具有明显的边缘性特点。同时，民办院校的这一结构性特征对于置身其中的大学生而言，也意味着他们在大学场域中所处位置的劣势性。基于此，当大学生意识到自身在大学场域中所处的位置及其意义时，便会从学习策略上寻求对自身地位的改变，借助权宜性努力，奋起直追。因此，民办院校的大学生不仅从认知和情感上非常渴望获得学业成功，而且从行动层面上也非常愿意通过增加学业投入来获取成功，以改变自身在大学场域中所处的劣势位置。

---

① 高宣扬：《当代法国思想五十年》（下册），中国人民大学出版社2016年第2版，第516页。

　　我所在的大学是一所省属本科院校,我教英语公共课。因为每年学校的一些重点专业在省内是放在本科一批招生,其他普通专业则是本科二批招生,再加上自己经常去民办院校兼职代课,所以对各个层次、类型院校的学生都有过很多接触。对于他们的学习状况,我感受最明显的是:重点本科专业的学生综合素质最高,学习表现最好;其次是民办院校的学生,有一部分同学特别努力,学习态度也很端正;表现最为平平的是处在中间的普通本科专业的学生。重点本科专业的学生学习态度最认真,毕竟他们都是高分考进来的,基础搁在那里,较多优秀的学生聚集在一起,学习的劲头儿会更足。民办院校学生动机很明确,忧患意识较强,一些同学对自己大学要做什么以及将来做什么有一个相对清晰的认识。这可能是因为他们上大学家庭负担的学费成本较高,所以他们也更珍惜大学的学习机会。大多民办院校学生的考证热情都比较高,对他们来说,考证作为一种"补偿",或许能为他们未来的就业增加优势吧。在三个层次的大学生中,普通本科专业的学习风气最松弛,这也和学风、班风有关,不排除个别班级表现良好,但是相对于重点本科专业和民办院校学生,大多数普通本科专业的学生对学习的热情和投入都明显不足。我想这可能是一种"比上不足,比下有余"的"中庸"心态造成的吧。(KL,教师,女,博士,副教授,文史类,省部共建院校)

2. 省市属院校大学生的中间位置与"维持现状"策略

　　调查问卷的数据结果显示,省市属院校大学生在成就学习取向和成就学习策略上的得分相对低于民办院校大学生,同时他们在深层学习策略上的得分又均低于省部共建院校和民办院校的大学生。大学场域的结构,是参与到专门资本的分配斗争中去的行动者与行动者,或者,院校与院校之间力量关系的状况。对院校和大学生而言,参与到大学场域斗争中的特殊资本,既包括一般意义上的经济资本、文化资本和社会资本,也反映在具有象征性效力的符号资本上,即各院校给学生颁发的学历文凭的含金量各不相同。这些特殊资本,是在先前的大学场域斗争中积累,并指导着今后行动的策略方向。省市属院校作为公办院校,相对于民办院校的资本优势较为突出;但相对于省部共建院校,省市属院校又与之存在一定的客观差距。

　　我大一、大二的生活还算是风生水起，担任过学生会干部，参加了各种社团，组织了很多活动，拿了一堆奖励证书，积累了在别人眼里很厉害的经历。大三时候，手头有一个创业项目，老板投了钱开了公司之后就交给我负责。于是，我就辞去了学校的一切职务，一心做项目。我挺看不上学生会那些为了主席副主席职位争得你死我活的人，我觉得自己比他们好。可这样一来，我和之前的同学、学生会的伙伴联系就少了，慢慢也就疏远了。现在项目做得也挺艰难，本来是需要大家一起努力的事情，结果变成了你既不能强势要求别人遵从你的意见（因为他们每个人都认为自己挺对），可你又忍受不了他们各种想当然的想法，所以真的很为难……我老板对我说，你现在的经历已经超过90%的大学生了，我也这么觉得。看着大一大二学弟学妹为学生会的事情忙碌着，每天发着毫无意义的朋友圈；大三的同学要么考研，要么继续王者荣耀，觉得好没意思。自己在见过外面的世界后，学校里的职位就再也满足不了我了。我目前的状态，不想考研，又不知道该如何继续提升自己，学校的那些事情不想做，也看不上，特别是在这个非985、非211院校。我现在也结识不到志同道合的朋友，常常觉得自己很孤独。（ZMZ，学生，男，大三，文史类，省市属院校）

　　省市属院校大学生在大学场域中所处的客观位置也呈现"比上不足、比下有余"的特征。受这一客观结构与关系的影响，相对于民办院校大学生基于自身的劣势位置，而迫切期望通过努力学习，找到自己的上升空间，省市属院校大学生在学习取向和学习策略上更倾向于维持现状。访谈资料的分析表明，对大学生而言，维持现状并非安于现状或满足于当下，而是潜藏着对当下和未来的迷茫、困惑和焦虑，它突出反映在大学生对自我学习和发展的认知失调上，即个体认识到自己的态度之间、或态度与行动之间存在矛盾。访谈中有很多学生表示，从入学的第一天开始，每天的生活都是忙忙碌碌，忙着上课、忙着考试、忙着考证、忙着评优评先、忙着学生会竞选、忙着社团活动、忙着考研、忙着找工作……但这些事情很多时候对他们又是没有意义的，不是自己真正想做的，而是更多地受外在环境或他人影响，觉得不得不做的事情。这样一来，大学生的认知和行动之间就出现了矛盾，进而导致他们被迫陷入"进退两难"的局面。

很多学生天天各种忙，每次请假的理由，除了身体不适，基本都是院里有事、学生会开会、社团活动或考证，忙得连课都没法按时上。我有时候问他们，"你们选择做这些事情的时候，有想过它对你的意义是什么吗?"大多同学对此都没有认真思考过。有的学生是从众随大流，看别人都这么做，自己也跟着做;有的是为了将来找个好工作积累经历;甚至还有学生说，当学生会干部、做社团工作，获得外界的赞誉和鼓励后，能使自己的虚荣心得到极大满足。几乎没有同学能从自身的兴趣和发展出发，去考虑这些问题。从一度紧张的高中生活过渡到丰富多彩的大学生活，容易被这些事情吸引实属正常，但同时，这也反映了很多学生沉溺于安逸舒适的校园生活，对自己的学习缺乏明确目标，对未来缺乏职业和人生规划。(FQA，教师，男，博士，讲师，理工类，省市属院校)

大学生在大学场域中所处的客观位置会潜移默化地塑造他们的主观立场，但主观立场并非一成不变的，而是始终处于生成与变化之中。大学生的迷茫困惑和维持现状，正是他们不断变化的主观立场与客观位置之间的冲突所引起的认知感受和行动策略。认知失调引发的迷茫焦虑是大学生动机或话语意识得以激发的前提，它是重新审视自身和场域关系的时机，是反思的时机，也是转型的时机。这一情形对于大学生而言，具有双重意义:一方面，一旦大学生对自身所处位置及其未来走向的认识，从无意识层面上升到自觉意识层面时，他们便可能借助有意识的反思，调整自身的主观立场，进而反身性地改变自身的行动策略，能动性地规划学习目标和未来发展。另一方面，一旦大学生沉溺于认知失调，任由常规性学习惯习的无意识机制发挥作用，那么他们学习和发展就会继续受制于外在结构，维持被动状态，甚至会在大学场域激烈的竞争中被推向边缘化的位置。

第五章

大学生学习实践的现实观照

　　大学生的学习实践，是大学场域的客观结构及其所形塑的大学生的学习惯习之间动态交互的产物。在前一章中，笔者分别从大学生学习的基本情况、大学生对学习环境的感知、学习取向以及学习策略四个方面考察了大学生学习实践的现实境遇。尽管人类行为的外在表现可以用客观的经验性方法来进行研究，但是其内在过程和主观方面——动机、意图、目标等，则只有通过理解的方法才能把握。① 因此，在对大学生学习进行实证分析的基础上，本章力图从社会转型和大学场域的动态变迁出发，通过问题透视，考察大学场域的客观结构及其所形塑的大学生学习惯习之间的关系演变，探讨制约大学生主体性学习和发展的各种原因和机制。

第一节　大学生学习实践的现状透视

　　对大学生学习实践进行的问卷调查和深度访谈表明，当前大学生的学习呈现出一种多元化的实践态势，不同变量特征的大学生在学习上呈现明显的分化趋势。从整体上看，大学生学习实践表现出两个典型特点：一是当前大学生的学习认知逐渐从以往的客观主义取向转向建构主义取向，学习行动也相应表现出以意义理解与知识建构为特征的深层学习取向和深层学习策略。但同时，问卷调查和访谈资料的分析结果显示，在当前的学习实践中，大学生仍普遍采用具有浓厚应试色彩的表层学习方法。例如，大学生倾向于人为地将课堂学习和自主学习分离对待：一方面，他们更多地

---

　　① 郑杭生、杨敏：《社会互构论：世界眼光下的中国特色社会学理论的新探索——当代中国"个人与社会关系研究"》，中国人民大学出版社 2010 年版，第 133 页。

采用表层学习方法应对课程学习和考试；另一方面，他们又尽可能地在课外的自主学习中采用深层学习方法。对于当前大学生学习实践中的这些特征和趋势，本节试图从大学生主体性学习与发展的视角切入，去洞悉隐藏在种种现象背后的问题根源。

一 主体性发展与制度化学习的冲突

人的生命价值实质上体现在两个方面：一种是生理意义上的生存和发展，另一种是精神或心智意义上的生存和发展。对个体而言，如果实践最终不能指向人的自我完善和全面发展，而是使其一味顺从社会结构的既有模式，那么个人就难以获得真正的发展。主体性发展，既是以价值理性或实质理性为基础的发展形态，也是以人的精神或心智发展为旨归的发展形态。基于主体性发展的学习实践，意味着大学生的学习必须能够对他们当下和未来的认知、情感、思维和行动产生某种深远的积极影响，否则，"学习"就丧失了真正的主体意义。然而，反观现实，当前中国高等教育中呈现的工具理性取向以及科层结构特征，无不导致大学生学习中主体价值的隐退。

1. 人的个性化发展与标准化模式的矛盾

问卷调查和深度访谈的分析结果表明，大学生并非在所有的学习实践中都一以贯之地采用同一种学习方法，而是针对不同的现实情况，选择不同的学习方法。对此，美国学者肯·贝恩在访谈了35位卓越的大学教师后发现，学习不仅影响学生所认知的一切，而且还会改变学生对认知本质的理解方式（元认知）；学生并非是一直向上发展，而是在不同层次之间来回移动，他们可以同时处于不同发展阶段上。① 对大多数大学生而言，对于他们感兴趣的、认为对自己将来有价值的或自己喜欢的教师的课程，他们的学习投入往往相对多一些，并且会针对自己感兴趣的某个理论或课题进行课外延伸学习；对于他们不感兴趣的、认为对自己将来没有太大帮助的或者不喜欢的教师的课程，他们倾向于拒绝或减少投入，只要求自己达到最基本的学习要求即可，甚至对自身的学习失败进行外部归因。

对教师的访谈表明，虽然深层学习、表层学习与成就学习在实践中均有所体现，但后两者相对更为常见。例如，有些学生擅长应对挑战，乐意

---

① ［美］肯·贝恩：《如何成为卓越的大学教师》，北京大学出版社2007年版，第42—44页。

深入学习某门学科，努力寻求对复杂知识的个人理解，对自己的学习和未来发展有明确的目标和规划，总是能够把学习和个人发展紧密联系在一起。还有些学生也会努力投入学习，但往往具有强烈的外部动机，如为了获取高分、评优评先、获得好工作等。在课堂上，这类学生的课堂参与程度通常较高，能积极配合教师的讲课和提问，带动班级学习氛围。但同时，他们的问题也很明显，比如过分注重成绩使他们将学习视为一种手段：虽然愿意为考高分而努力，但却缺少对自身学习的元认知思考，即无法从人的主体性发展的角度，审视和反思自己的学习情境、学习方式以及学习成效。因此，这种类型的大学生常常被称为"食欲过剩型学习者"，即极力强调一种局部的短期的收效，全然不顾任何有可能产生于连续的喂食—消化循环过程中的长远的利益。① 此外，还有一些学生，他们对学习既无兴趣，也不愿意花费时间和精力去进行学习投入。对他们而言，学习是为了应付考试，甚至有学生表示，之所以愿意以小组合作的方式学习，是因为这种方式能让他们避免承担责任，并凭借"搭便车"蒙混过关。

由此观之，身处同一制度化学习环境中的大学生，彼此之间在学习上的差异性是客观存在的。面对不同的课程、不同的教师以及不同的兴趣爱好，他们的学习表现也呈现出明显的动态性和变化性。针对大学生学习的异质性，如何因材施教地开展个性化人才培养以促进大学生主体性学习和发展？这些都是大学制度化教学设计理应考虑的问题。反观当前大学的制度化学习环境，刻板僵化的科层组织形式，以量化考试为核心的学业评价机制，整齐划一的标准化教学模式，缺乏启发式指导和有效反馈的大学教学，缺乏批判、反思和创新精神的大学生，均无一例外地凸显了隐藏在科层型大学场域中的制度化危机。因此，基于客观主义知识观的标准化培养模式与制度化学习模式，不仅难以针对大学生的个性特质进行差异化培养，而且使大学生沉溺在常规性学习惯习所固化的表层学习策略或应试性学习实践中而无法自知，从根本上禁锢了大学生的心智发展。当大学生们走出学校，在社会生活实践中运用自己的学习成果时，会引发一种"实践震惊"，即大学教育成果越来越不为知识社会所接受。凡此表明，科层型大学场域与常规性学习惯习的交互运作，导致大学生学习实践的结构主义视角以压倒性的优势钳制了存在主义视角，反映在现实层面上，即大学

---

① ［美］肯·贝恩：《如何成为卓越的大学教师》，北京大学出版社2007年版，第41页。

教育的"育人"宗旨被"制器"所代替，"以文化人"理念被"以识造物"所代替；"主体作为干扰或噪音被打发走了，完全因为它是根据客观主义的标准无法描述的"①。对此，怀特海指出，"在教育中如果排除了差异化，那就是毁灭生活"②。

2. 心智结构的异化与单向度的人的生成

作为"外在结构内在化"和"内在结构外在化"的产物，常规性学习惯习与科层型大学场域在结构上的对应关系，曾一度生成与工业社会的运作逻辑和发展需求相互契合、相互适应的大学生应试性学习实践。然而，时至今日，面对知识社会的来临，常规性学习惯习的滞后效应日益凸显，突出表现为它对生成自身的客观社会结构的认同与文饰，导致大学生心智结构的固化，结果对大学生遮蔽了变革自我、变革现实的可能性，使他们不能真正认识和实现人的主体性发展需求，在某种程度上导致了他们的异化。换言之，常规性学习惯习通过操纵大学生的学习取向和学习策略，持续不断地生成应试性学习实践，同时由于大学生对惯习的内化而产生的对其作用机制的"无意识性"，使这一惯习本身变成了压抑人的自由和自主性的异化力量。

常规性学习惯习所形塑的大学生的心智结构，使他们在文化模式上保持了对工业社会和科层型大学场域的"顺应"与"随俗"，即大学生不再是他自己，而是完全承袭了常规性学习惯习所给予他的那种人格。从这个意义上，心智结构的固化意味着它的相对封闭性、不可逆性以及先有经验的优先性，使大学生主动放弃自己的个性和主体性，成为海德格尔所说的无主体的"常人"。大学生心智结构的固化所带来的异化突出表现为自我防御机制的异化，即在现实的学习实践中，大学生并非总是寻求认知一致性来满足自己的需求，他们经常运用各种心理防御抑制来保护自我。

大学生在学习实践中最常见的自我防御策略③包括如下几种：一是选择性知觉，大学生对引起干扰的学习惯习或没有满足期待的学习策略和学

① ［法］埃德加·莫兰：《复杂性思想导论》，陈一壮译，华东师范大学出版社 2008 年版，第 37 页。

② ［英］怀特海：《教育的目的》，庄莲平译，文汇出版社 2012 年版，第 13 页。

③ 美国学者乔纳森·特纳在《人类情感：社会学的理论》一书中指出，人们对自我的保护具有程度上的变化，并且因抑制程度和持续时间、心理动机机制发生变化。在抑制的最后，是防御策略。他将防御策略归纳为五种，分别是：选择性知觉、选择性解释、退出、信誉延续以及否认行为或他人。在此，本书借用乔纳森的五种策略来分析大学生学习中的心理防御机制。

习行动采取选择性知觉，即从心理上拒斥那些自己不愿意接受的东西；二是选择性解释，大学生将他人的反应解释为肯定性支持，将自己的行动解释为满足了期望，试图像鸵鸟一样活在自己幻想的安全世界里；三是信誉延续，大学生运用以往成功的经历和信誉，来尽可能地掩盖当下的过错或失败，或者说，用过往的辉煌来遮蔽当下的过失；四是退出，大学生从不能证实自我能力和不能满足期望的学习情境中退出，即个体虽然极力想证明自己，但又因为过分害怕和担心失败而放弃尝试；五是否认行为或他人，大学生倾向于将未能满足期望的行动解释为一时失常因而没有真实地反映自我能力，或者否定那些未曾给予他肯定性支持的他人，认为"他没有资格评价我"；六是拒绝感知，大学生逃避或拒绝将引起干扰的学习惯习或未满足期望的学习行动纳入自我意识之中，表现出一种无视或完全不在乎的态度，而继续保持先有的常规性学习惯习，当作什么事情也没发生一样。

大学生对学习的各种自我防御机制往往伴随大量负性情感的发生和累积，当这种心理上的抑制积淀到一定程度时，必然会使个体的心智发生改变，生成一种类似于威廉·赖希（Wilhelm Reich）所谓的"身体盔甲"或"性格盔甲"的防御性性格特征，这种盔甲会对很多学习机会起到阻碍或防御作用，甚至导致大学生心智结构的异化。对此，丹麦学者伊列雷斯指出："防御也许是一种最能促使学习不发生或变成不同东西的心理机制，而且，作为一种规律来说，需要有高度的安全感、许可和动机来克服这种防御，因为在某种程度上需要它来维持自我价值和身份认同；与此同时，克服防御也常常是自我价值实现的最为决定性的因素，这种实现既可以是学业上的，也可以是个人的。"① 凡此表明，伴随常规性学习惯习"外在结构内在化"和"内在结构外在化"的双向运作，大学生被"整合"或"一体化"到工业社会的客观结构之中，人作为一种自由的创造性的实践存在所应具有的否定性、批判性和超越性被工业社会的工具理性所消解，仅剩下消极顺应的肯定性和保守性维度，人也因此成为马尔库塞所说的丧失了主体内在的批判和超越维度的"单向度的人"。

3. 人的本体性安全与存在性焦虑的对抗

如前所述，一旦遭遇不断变化的知识社会，常规性学习惯习的消极功

---

① ［丹］克努兹·伊列雷斯：《我们如何学习——全视角学习理论》，孙玫璐译，教育科学出版社 2010 年版，第 172—173 页。

能就越发凸显，突出表现为大多数大学生的"本体性安全"被打破，代之以一种"存在性焦虑"。"本体性安全"和"存在性焦虑"是吉登斯在描述现代性的后果时所使用的两个概念，前者是一种对人对物的信任或可靠性感受，后者则是指一种高度的本体性不安全状态，即信任的对立状态。从这个意义上，信任不仅构成了本体性安全的基础，而且在心理上与本体性安全密切相关。吉登斯指出："本体性安全与'存在'（being）有关，或者，用现象学的话说，与'在世界中的存在'（being-in-the-world）有关。但这是一种情感的而非认知的现象，而且植根于无意识之中。"①对大学生而言，自基础教育阶段以来逐渐生成的常规性学习惯习，确保了他们在进入科层型大学场域时的"信任"，减弱或磨钝了他们的"存在性敏感度"（existential susceptibilities），从而使他们不仅对所处的学习环境具有同一性和连续性的感受——对环境的信任，而且也对自己充满了信心——对自己的内在信任。对环境的信任与自我的内在信任交互培育，又进一步奠定了自我认同的稳定基础。由此可见，大学生的本体性安全是透过学习惯习的渗透作用而与各种常规（如学习取向、学习策略或学习行动等）密切关联。

　　然而，知识社会的转型，正在打破常规性学习惯习给大学生带来的本体性安全感，因为一直以来被大学生习以为常的惯常性和稳定性逐渐消失，个体正在陷入"存在性焦虑"之中。正如吉登斯所说："如果这种惯常性的东西没有了——不管是因为什么原因——焦虑就会扑面而来，即使已经牢固地建立起来的个性，也有可能丧失或改变。"② 对大学生而言，"存在性焦虑"意味着信任的对立状态，即基本信任没有建立，或者，内心的矛盾状态没有得到抑制。在这种境遇下，受制于常规性学习惯习的作用机制以及大学生对此的无意识性，一旦大学生未能反思性地认识和调适自身学习实践与客观情境之间的"不合拍"或"脱节"，他们便会遭遇学习障碍。

　　结合问卷调查结果和访谈资料分析，本节力图运用伊列雷斯的理想概念类型来分析常见的大学生学习障碍。

　　其一，与内容维度有关的错误学习，即大学生对学习内容产生了错误理解，这种障碍的引发原因是多方面的，如未能集中注意力，个体先有知

---

① 　[英] 安东尼·吉登斯：《现代性的后果》，田禾译，译林出版社2011年版，第80页。
② 　同上书，第86页。

识引发的错误理解，教学中不恰当的互动结构等。错误学习通常发生在能够清晰界定正误的学习情境中。

其二，与动机维度有关的学习防御，即学习被阻止或被大量无意识地用以保护个体免于学习的心理机制所扭曲。这是一种最为普遍的学习障碍。如前所述，心理防御机制是一种自我保护机制，能够即时性地维持个体的身心平衡，缓解或避免认知失衡所带来的紧张感和焦虑感。然而，一旦防御机制生理性地嵌入在大学生的心智惯习之中，便生成个体的防御性学习策略。对大学生而言，防御策略意味着本应发生的"顺应学习"——使个人的认知结构与现实重新达成一致——未能发生，而是代之以皮亚杰所说的"扭曲性同化"（distorted assimilation），即个体拒绝把当前的新刺激纳入到意识之中，或者将不能接受的刺激，扭曲为某种可接受的东西。如"我当然知道这些"——实际上他对此并不知道；"不是我的问题，而是他人的问题"——外部归因；等等。大学生在学习实践中之所以会大量运用防御策略，一方面是因为它是常规性学习惯习生成的产物，构成了大学生"实践意识"或"实践知识"的重要组成部分；另一方面，它已被内化到心智结构之中，持续地以无意识方式在大学生学习中发挥实践作用：相较于意识层面的顺应学习策略，无意识层面的扭曲性同化策略对个体心智能量的消耗相对更少。但事实上，防御策略会使大学生对自身的学习障碍缺乏明确认识，也对常规性学习惯习缺乏反思性调适，或者使其陷入一种麻木状态——即使有所感知或认识，也拒绝承认和调适——"所有的麻木实际上包含着埋藏在深层的经常性焦虑，在有些个人那里，甚至不断地表现在意识的层面上"①，因而它们的运用常常伴生着强烈的焦虑反应，如在同一时刻，个体既想要又不想投入到一个学习过程之中去的矛盾心理。

其三，与互动维度有关的学习阻抗，即个体在面对不被接受的情境时被激发起来的阻抗潜能（resistance potential）。它意味着在每个人的生命历程和发展中，总会存在不能克服和适应的障碍和阻抗，但是，它们又作为一种发展和实现生命突破的重要因素。② 从这个意义上，学习阻抗内涵

① ［英］安东尼·吉登斯：《现代性的后果》，田禾译，译林出版社2011年版，第119页。
② ［丹］克努兹·伊列雷斯：《我们如何学习——全视角学习理论》，孙玫璐译，教育科学出版社2010年版，第183页。

了"生命实现的潜能"和"阻碍生命实现的潜能"两个维度。究竟是哪个维度对大学生学习发挥作用，关键在于大学生对学习情境的认知和自觉运用的能力。

从现实情况来看，大学生的学习障碍并非呈现单一的某种维度，而是常常同时与两个或全部三个维度有关。然而，不管是哪种学习障碍的发生，都伴随着强烈的焦虑反应。这些存在性焦虑感始终与作为个体本能需求的本体性安全感相互对抗、相互博弈，从而使大学生的学习与发展陷入持续的紧张状态之中，甚至影响大学生的自我认同与自我实现。

二　大学教学与大学生学习的分离

伴随高等教育大众化进程的推进，一种"学术资本主义"① 现象在大学中悄然滋生，在巩固大学场域的科层化结构特征的同时，也逐渐催生一种"知识—学习—消费"三位一体的关系格局。相应地，大学场域中行动者的角色身份也发生了重大变化："大学校长倾向于把自己看作是大学的首席执行官，需要对各种利益相关者负责；大学管理人员则强调他们的专业身份，认为他们是专业的大学规划者、学院组织的研究者、学生事务专家和招生专家；大学教师把自己看作是知识和教育劳务的商品拥有者，关注自己的利益而不是社会公益；学生越来越把受教育看作是获得更好的职位而进行的投资。"② 在工具理性的利益和效率的导向下，学术资本主义正在成为一种大学文化，深深嵌入大学场域的客观结构之中。现代大学对科研和社会服务的强调逐渐超越了传统模式下对教学的重视。教学与科研的分离、教学与学习的分离，不仅使传统大学中"教书"和"育人"的关系被人为地割裂开来，而且使大学从"神圣的象牙塔"演变为生产"工具人"的"职业培训场所"。

1. 教学与科研的分离

知识社会的变迁，促使大学场域在组织形式和知识生产方面也经历了

---

① "学术资本主义"的概念是由斯拉夫特和拉斯里最早提出的。他们指出，全球化的影响，工业社会向后工业社会的转型，企业新产品对科学知识和技术的依赖，可用于高等教育资金的不断减少以及大学对资金的需求等，促使"政府—工业—学术知识生产"的三角组合成为可能，并催生出一种"学术资本主义"的现象。这一现象突出表现在两个方面：一是科研的商业化；二是在教学上，把学生看作消费者。

② 王正青、徐辉：《论学术资本主义的生成逻辑和价值冲突》，《高等教育研究》2009 年第8 期。

一场前所未有的结构性变革。一方面，大学科研与知识生产、社会需求之间日益密切的关系，催生了一个研究者时代的到来。在这个研究者与工业界形成新的联系的时代，话语的范围开始分化，研究非常专门化并且与学生的需求无关。事实上，由于研究变得如此专业化以至于学术团体的研究往往在其学科内失去了作为一个整体的意义，知识不再具有整体性和一致性，而是变得分离、破碎和模糊。① 另一方面，现代大学是工业社会的产物，由于工业化逻辑的不可持续性，就使今天以传统系科结构为基础的现代大学面临着转型的挑战，尤其重要的是，随着情境化的加深和知识生产模式2② 的普及，现代大学中知识生产的学科模式的衰败将不可避免。③凡此表明，知识社会转型带来的大学场域的结构变迁，从客观上导致了建基于学科、专业和课程基础上的大学教学与跨学科、专业化和情境化程度日益加深的大学科研之间的分离趋势。

在科层型大学场域中，院校之间基于象征性符号资本的争夺，催生了教学与科研的二元分化以及"重科研轻教学"的实践逻辑。在工业社会中，工具理性导向加剧了大学与社会的联系，使大学从"象牙塔"转变为"社会的轴心机构"。大学科研不再局限于纯粹的基础研究，而是将重点转移到基于问题的跨学科应用研究上，并以此满足目标顾客和用户群需求。具体而言，自然科学研究日益重视应用和效率，社会科学越来越关注公共政策的研究。这一系列的变化都源于大学科研能给政府、企业、研究者甚至大学本身带来切实的利益。同时，高校教育财政拨款制度和高等教育评估制度，都主要围绕院校的制度化文化资本和符号资本（如985院校、211院校，等等）来进行，而这些资本的积累又是以院校的科研地位的高低和科研成果的多寡作为主要依据的。此外，政府为鼓励大学科研建立起相应的资助体系，如国家自然科学基金委员会、国家社会科学基金委员会等。由此观之，相较于教学，科研给院校带来的资本优势更为显著，尤其体现在基于象征性效力的符号资本上，如大学的声誉、大学的排名、

---

① ［英］杰勒德·德兰迪：《知识社会中的大学》，黄建如译，北京大学出版社2010年版，第134页。

② 知识生产模式2是英国学者迈克尔·吉本斯提出的概念。相对于传统的以单学科研究为主的知识生产模式1，知识生产模式2是指在应用情境中，依托灵活性的组织形式，运用跨学科的研究方法，更加强调研究成果的绩效性、反思性和社会责任的知识生产模式。

③ 王建华：《知识社会视野中的大学》，《教育发展研究》2012年第3期。

大学的社会地位等；反过来，这些符号资本优势，又能直接转化为院校在大学场域中的位置优势。基于此，院校在各项政策的制定上，在经费与资源的支持上，也以科研作为优先考虑，从而导致了大学教学职能和地位的边缘化。

在科层型大学场域中，基于制度化文化资本（学位、奖励、职称、论文、专著等）的争夺与转换，形塑了大学教师"科研至上""以学术为业"的实践惯习。传统意义上大学对教学的重视，正在被科研所取代：无论大学教师的入场、在场域中的位置争夺、资本动员以及资本转化等，还是教师职业发展制度、教师评价制度等，更多是围绕科研实践来展开。尽管很多教师仍然秉持着教学与科研相结合的理念，但在现实的实践行动中，教学与科研相结合的大学理想已不再被当作理所当然的现实，二者各自走上了不同的道路。正如斯迪夫·富勒所指出的那样："许多大学教师，尤其是硬科学领域，他们在 40 岁之前，在开始承担教学任务之前，便做出了他们的最高成就，而在教学领域他们没有受过什么正规训练。"[①]这些问题随着人们不再以大学教学经历为荣被突出了，大学经历在收入和升迁方面都不像其他专业化领域那样有较高的回报，而在大学中拥有职位的荣耀也逐渐消失了。[②] 因此，对大学教师而言，科研是确保文化资本有效转化为经济资本、社会资本和符号资本的前提基础，也是提升教师资本总量的关键所在。例如，科研经费、学术奖励的申请，科研成果发表，科研项目申报以及由此带来的社会声誉、学术影响力与学术资源网络等资本形式，均无一例外地与教师的科研实践密切相关。

2. 教学与学习的脱节

随着科研占据了教师越来越多的时间和精力，教师对教学的投入也相对变少。如何理顺教学和科研的关系，成为教师职业发展中的一个难点问题。就教学与科研的关系而言，各院校在招聘教师时，更多依据候选人的科研成果这一制度化文化资本，而非他们的教学水平，这就导致很多教师只是擅长学术研究，对于如何开展教学缺乏有效经验，进而影响了教学质

---

① Steve Fuller , "Putting People Back into the Business of Science: Constituting a National Forum for Setting the Research Agenda", in James H. Collins and David M. Toomey eds. , *Scientific and Technical Communication: Theory, Practice, and Policy*, London: Sage Publications Inc, 1997, p. 240.

② ［英］杰勒德·德兰迪：《知识社会中的大学》，黄建如译，北京大学出版社 2010 年版，第 135 页。

量和教学效果。同时，大多数院校在职称评定时，对科研的重视往往胜于教学，相对于教学成果，科研成果成为"硬通货"，占据绝对的优势地位。因此，以科研为主的教师评价制度和职业发展制度，从根本上导致教学越来越成为大学教师的"副业"或"良心活"。教师在"科研至上""以学术为生"的惯习引导下，往往会下意识地选择科研为主、教学为辅的实践方式；当教学与科研在时间、精力上发生矛盾甚至冲突时，"做好科研、应付教学"成为一些教师的通常应对策略，从而加剧了大学"科研功利化"和"教学荒废化"的趋势。

就大学教学评价而言，对教师的访谈表明，当前大多院校缺少一套完备有效的教师教学考核和评价制度，很多院校以教学工作量、教学任务完成情况、教学管理部门评价、教学督导评价、同行评价、学生满意度评价以及教学学术研究等指标作为教师教学评价的依据。尽管以定量形式为主的实证化教学评价方式具有一定的合理性，但仍存在诸多问题。其一，单一的量化方法，导致大学教学评价忽视了不同学科、专业和课程之间的差异，大班课和小班课之间的差异，不同教龄的教师之间的差异，不同教学情境之间的差异，难以有效反映教师对教学的理解、教师对学生的学习指导和反馈以及学生高阶思维的发展、专业素养的形成、学生对教学情境的感知等质的方面的表现，大大影响了教学评价的信效度及其公平性、合理性和有效性，限制了"以评促改、以评促建"功能的发挥。其二，教学评价的标准与指标体系大多由教学管理部门负责制定，导致教学评价的行政管理色彩浓厚，管理主义与专业主义的矛盾和冲突在所难免，甚至陷入"教师行动者了解情况但无决策权，规则制定者有决策权却不了解情况"的困境。其三，教学评价中对显性量化内容的强调，使教师不得不突击完成各种"整材料""理档案"工作，从而使原本就有限的教学投入（时间和精力）更被挤压。同时访谈表明，大多数教师的教改论文并非出于教学改进的教育性目的，而是基于评职称、完成教改指标等功利性目的。从应然上，大学教学评价本应兼具形式价值与实质价值以及教育性与科学性的双重性质[1]；但从实然上，教学评价却从教育性中抽离出来，对本质性的教育问题视而不见，缺失对教育主体的关

---

[1]　苟振芳：《大学教学评价的价值分析》，《高等教育研究》2006 年第 1 期。

注，缺失对人的发展和教育进步的反思，一味追求"评价程序""量化指标"的实现，从而使教学评价丧失了实质合理性，沦为一种形式合理性行动，严重影响了大学人才培养质量，制约了大学生的学习和发展。

　　知识社会的转型和高等教育大众化阶段的到来，使越来越多的大学生意识到拥有大学文凭不再是获得一份终身工作的通行证，他们逐渐转到发展灵活性的可迁移能力这一深层学习取向上来。然而，当前大学"科研功利化"和"教学荒废化"的趋势，正加剧着大学的教学危机。尽管越来越多的大学生已经意识到自己所置身的社会世界和大学场域发生了深刻的变化，甚至意识到自身常规性学习惯习的滞后性，并迫切期待借助策略性选择和自觉思量的行动样式，来调适或重构惯习，使之重新适应客观结构变迁。但是囿于惯习潜沉的固化效应以及大学生主体水平和主体能力的限制，他们在自身的学习实践中尚未能建构对外部变化做出适应性反应的有效学习策略。这一情形，与当前大学教学状况密切相关：以学科结构为基础的教学内容，以客观知识的线性传递为主导的教学方式，基于教师权威主体与学生遵从客体的互动关系，缺乏教师有效指导和及时反馈的学习过程，以量化的标准化考试为主导的学业评价方式，导致当前的大学教学难以培养大学生主观期望的高阶思维能力和可迁移能力，难以满足大学生的学习和发展需求。大学生学习的主体需求与大学教学的客观现状之间的脱节，大大降低了大学生对教师教学的感知满意度，影响了他们对制度化学习的兴趣和投入，甚至有学生描述大学学习是"交着大学的学费，过着幼儿园的生活"。

　　教学与科研的分离所导致的"教学荒废化"，使教师教学对大学生心智发展和人格塑造的正功能日渐式微，大学生对教师教学满意度相对较低，凡此种种，都不同程度地表明了大学教学和大学生学习的脱节趋势。原来在本质上作为整体的教与学的实践，在现行大学教育模式下却因工具理性导向和一系列人为因素被分离开来。大学生对自身的制度化学习与成长发展由于缺乏教师教学行之有效的指导和反馈，而一度陷入了迷茫和困惑之中，不断加剧他们的"存在性焦虑"，甚至影响他们对外在环境的信任、对内在自我的信任以及在此基础上"本体性安全"的维持与自我同一性的建构，并最终导致大学生学习实践中主体的缺失与主体性发展的缺位。

第二节　大学生主体性学习的理论反思

　　大学生的主体性学习意味着学习并非仅仅囿于个体客观化文化资本的积累，更是同时促进身体化文化资本的生成，即个体的感知、评判、思维和行动方式发生本质的、积极的和深远的变化，这种改变不仅影响大学生当下的知识建构和心智发展，而且关乎他们未来的终身学习和可持续发展。主体性学习的最终目标，是不断促进人的全面发展，使之成为一个具有完全意义的人，即以丰富的知识、健全的心智和艺术的审美武装起来的人。然而，就大学生学习实践的现状而言，尽管大学生的主体性意识业已觉醒，但在科层型大学场域和常规性学习惯习的交互运作下，大学生学习实践在很大程度上仍是社会结构形塑的产物，并呈现明显的工具理性色彩。基于此，本节力图从社会性因素和个体性因素两个维度，探讨制约大学生主体性学习和发展的深层原因。

一　价值取向的偏轨：工具理性与价值理性的吊诡

　　工具理性（形式理性）与价值理性（实质理性）是马克斯·韦伯关于现代意义上理性的两种类型划分。所谓工具（形式）理性，是以普遍的、抽象的规则和可计算的程序为依归，在追求目标的过程中做出合理的安排，这种理性，只在社会工业化之后才逐渐孕育出来；价值（实质）理性是建基于某些价值信条之上，以某种特定的终极的立场（或方向）为依归。[①] 从社会行动的角度看，价值理性取向对作用于行动的终极价值有着清晰自觉的阐述，并将这些价值一以贯之地体现在具体的行动进程中；如果完全理性地考虑并权衡目的手段和附带后果，这样的行动就是工具理性的。[②] 科层型大学场域作为工业文明的时代产物，它的实践逻辑与运作机制始终笼罩在工具理性之下：为满足工业社会的发展需求，现代大学严格按照科层组织形式设置；对效率与实绩的追求，催生了建立在学科、专业和课程基础上的标准化教学模式。现代大学的工具理性取向，从

---

　　① 张德胜、金耀基等：《论中庸理性：工具理性、价值理性和沟通理性之外》，《社会学研究》2001 年第 2 期。
　　② ［德］马克斯·韦伯：《经济与社会》第 1 卷，阎克文译，上海世纪出版集团 2010 年版，第 115 页。

根本上消解了残存的古典大学的人文主义理念以及人的价值理性，甚至威胁到人类社会的基本价值。

1. 大学生社会化发展与个人化发展的失衡

工具理性和价值理性的紧张和对立，造就了现代人的异化命运。在工具理性的压制下，基于人的主体性发展的价值理性始终没能得到应有的重视。这一矛盾反映在大学生的学习实践中，突出表现为追求效率和结果至上的功利化趋向。对访谈资料的分析表明，无论是学习目标的确立、学习兴趣的培养，还是学习策略的选择，很多大学生都倾向以是否能带来丰厚的资本回报作为评判标准，而鲜有学生从自身的主体性发展出发去做出思考和抉择，大学生学习也由此表现为一种目的合理性行动。具体而言，大学生在学习策略上更多采用表层策略或基于成绩获得取向的成就策略，而这些学习策略和学习行动的生成，又是大学生常规性学习惯习形塑的结果。从这个意义上，常规性学习惯习与工具理性之间是相互契合的。只要大学生不能够对自身的常规性学习惯习及其作用机制保持清醒的认识，仍任其停留在无意识层面发挥作用，那么，大学生的学习就始终是社会结构形塑的产物，难以上升到主体性发展的高度。

从价值理性的角度出发，"人的存在方式本身就有着个人存在和社会存在的二重性质，人通过教育而成为人的过程，本质上也是人的二重存在方式实现统一的过程。就现实的个人而言，这个过程具体地表现为个体的社会化和个人化。人的社会化和个人化是辩证统一的，是个人生长发展同一过程的两个方面。社会化的结果并不是个人个性的丧失，而是个性的形成和发展。在社会化过程中，个人总是作为主体在行动着，人的社会化过程是一个能动的、自觉的和自决的过程。这是人能够通过社会化过程实现个人化的根本原因"[①]。概言之，人的主体性学习和发展过程是通过教育使人从生物人逐步成长为社会人的过程。然而，这一过程并非意味着人的个性特质的消失，相反，它表征着人的个性潜能应得到最大限度激发，从而使人成长为具有独立人格的独一无二的个体，同时使个人目标与社会目标、个人发展与社会发展相互协调。

尽管知识社会的转型业已发生，但当前中国的大学场域仍具科层结构化特征。在韦伯看来，基于法理型权威的科层制是现代社会中最具工具理

---

① 项贤明：《教育与人的发展新论》，《教育研究》2005 年第 5 期。

性的典型组织形式。然而，科层制所实现的效率是以忽视人们的精神与情感为代价的，它越是彻底地非人格化，也就越容易背离人的价值和尊严。在工业社会中，人是作为工具手段而存在的，大学教育通过压抑甚至否认人的个性来塑造他们的社会性，即确保他们未来进入职业市场后能循规蹈矩地遵循科层文化行事，以维护工业社会秩序的有效运行。从这个意义上，在科层型大学场域中，教育社会化给大学生学习带来的影响是：人的存在和发展仅剩下社会化的维度，个人化的维度完全被工具理性消解和淹没；教与学的本体价值以及人的主体价值并未受到应有的关注和重视。

2. 大学生的"重占有"学习与"重生存"学习的博弈

在现代工业社会中，理性化文化精神成为社会发展的内在驱动力，在为现代人创造高度发达的物质文明的同时，也使工具理性越来越成为现代人的实践取向。然而，工具理性所带来的技术进步和经济增长并未能使人成为能动发展的主体与主宰自己的生活，反而使人变成"官僚机器上无生命的螺丝钉"。现代人的异化境遇业已渗透到日常生活的方方面面。对大学生而言，科层型大学场域与常规性学习惯习的交互运作，使大学生的学习实践成为社会决定机制的作用产物。就学习实践的生成机制而言，由学习惯习形塑的心智结构与实践感往往决定着大学生的全部认知、情感、思维和行动，因此，探讨阻碍大学生主体性学习和发展的根本原因，就必须深入分析异化的心智结构和实践感是如何生成的。

从价值取向的角度出发，大学生学习存在两种基本的方式："重占有"（to have）的学习方式与"重生存"（to be）的学习方式。这既表征着两种不同的心智结构与实践感，也意味着两种不同的学习体验和学习态度，是大学生"对于世界及其自身所采取的两种不同的价值取向，是两种不同的性格结构，占主导地位的性格结构将决定着一个人的全部思想、感情和行动"①。"重占有"学习的基本价值取向是对现有的存在物的占有和消费，这里的物包括客观知识、考试分数、学历文凭、奖励证书、职业、声誉、身份、地位等物质的、精神的存在物甚至人本身。"重生存"学习的基本价值取向是人的本质力量的实现，即人的内在创造力的发挥和主体性的发展。对此，弗洛姆指出："'生存'是指一种生存的方式，在

---

① ［美］埃利希·弗洛姆：《占有还是生存》，关山译，生活·读书·新知三联书店1988年版，第29页。

这种生存方式中人不占有什么，也不希求去占有什么，他心中充满欢乐和创造性地去发挥自己的能力以及与世界融为一体。"①

工业社会是"以追求占有利润为宗旨的"，这一工具理性取向导致绝大多数人把占有和消费视为实践的自然的、唯一可能的宗旨。因此，"重占有"学习是"以物为中心"的现代社会中占主导地位的学习方式。它意味着大学生与外在的他人或世界的关系是一种据为己有和占有的关系。对于大学生而言，学习是对客观知识的占有和消费，是达成个体占有目的的工具和手段，是应试的和功利的占有行动。这种效率至上、追求功利的"重占有"，使大学生学习变成无限度的消费占有，由此生成的一切关系也变成消极的物的关系。大学生学习的物化特征，表征着异化结构在人的心智结构中的嵌入和内化，并不断消解着人的主体性与创造性。由此可见，"重占有"学习方式使实践的主体和对象都成为物，两者之间的关系是死的，没有生命力的，缺失了人的自由自觉和创造性的本质。

尽管"重占有"学习在工业社会中占主导地位，但它并非人的唯一实践取向，同样，"重生存"也是植根于人的心智结构中的实践取向。要想超越"重占有"的学习方式，就必须最大限度地发挥大学生的自觉意识和主体能动性，以积极的实践行动，重新确立"重生存"的学习惯习和心智结构。"'重生存'的生存方式的先决条件是：独立、自由和具有批判的理性。其主要特征就是积极主动地生存。这种主动性说的不是那种外在的、身体的活动，不是忙忙碌碌，而是内心的活动，是创造性地运用人的力量。活动意味着去展现他的愿望、他的才能和丰富的天赋，这些天赋我们每个人或多或少都具备。"② 凡此表明，"重生存"学习在本质上是价值理性的表达，同时与"以人为中心"的知识社会的基本价值取向相契合，它是一种基于人的主体性发展的学习方式。

综上表明，当前大学生在学习实践中遭遇的种种异化境遇，从根本上说，与"重占有"的学习方式密切相关。"重占有"的学习方式作为工业社会理性化发展的产物，它借助科层型大学场域这一中介环节，被大学生内化于常规性学习惯习之中，进而形塑个体的心智结构，自然而然地生成

---

① ［美］埃利希·弗洛姆：《占有还是生存》，关山译，生活·读书·新知三联书店1988年版，第23页。

② 同上书，第94页。

"重占有"的学习取向和学习策略，并最终导致大学生学习实践中主体性和创造性的缺失。

二　思维视角的桎梏：人的能动性与受动性的分化

卢梭在《社会契约论》的开篇中说："人是生而自由的，却无往不在枷锁之中。"① 这句话一语中的地道出了人的实践行动的双重属性以及人与社会的关系，即能动性与受动性以及人与社会的辩证统一。大学生的主体性学习，是在社会性因素与个体性因素交互建构以及个体的能动性与受动性相互契合的基础上生成的学习实践。能动性与受动性构成了大学生主体性学习实践的双重维度，它意味着一方面，人的认识和实践总是带有主体性和能动性，即具有目的性、计划性和理想性；另一方面，人无论在自己的思想和行动中获得多大的自由度，都不可避免地受到某种外在的、客观的社会历史条件制约和决定，即人的实践具有受动性和被决定性。然而，与实体性思维方式相对应的工业社会"以物为中心"的实践逻辑，从根本上导致了大学生学习实践的异化境遇，即更多地呈现受动性特征，失去了人的能动性维度。究其原因，在于人与社会之间的深层物化关系，促成了社会决定机制与个体无意识的共谋。

1. 实体性思维方式与物化逻辑的潜沉

工业文明的发轫源于两种文化精神的驱动：一是以人的主体性为核心的人本精神和价值理性，二是以可计算性和量化性为特征的科学精神和工具理性。然而，随着现代发达工业社会的到来，工具理性的极大膨胀压抑和消解了价值理性，使工业社会仅剩下"以物为中心"的实践逻辑。这一物化逻辑从本质上正是工具理性至上的实体性思维方式的产物，它催生了工业社会特有的物化现象，即人的行动结果或人的创造物变成某种客观的、独立于人的异己的存在物，反过来统治人和支配人，造成主体的客体化——人由社会历史发展进程中的自由自觉的主体沦为被动的、消极的客体或追随者。

以追求效率、遵从权威、结果至上为特征的常规性学习惯习即是物化意识的表征。在这一惯习的导向下，大学生把学习视为获取和积累制度化文化资本的实践行动，他们把时间和精力投入到考取高分、考资格证书、

---

① ［法］卢梭：《社会契约论》，李平沤译，商务印书馆1980年版，第2页。

考研、争取奖学金、获取荣誉称号等争夺制度化文化资本的各种竞争活动之中，而这些竞争活动又基本都是以量化的标准化考试为形式或依据的。同时，基于系科结构的大学教学确保将工业社会生产所需要的客观知识传递给大学生，使他们具备科层组织所要求的专门工作技能。透过考试逻辑和教学工厂模式，工业社会得以将标准化的竞争秩序潜沉到大学生的心智结构和学习实践之中，以实现标准化人才的大规模制造。对大学生而言，这些外显的可明确衡量的制度化文化资本是确保他们日后在职业场域中顺利兑换经济资本的保障。由此观之，无论是大学生的学习实践，还是由之形成的人与人、人与社会的关系，都无一例外地被打上了"物化"的烙印。

知识社会的转型，深刻改变了工业社会的运作逻辑，也使大学场域与职业场域的关系发生了根本性改变。"过去以个人晋升和职业保障为特征的科层制组织，正被其他一些所谓的'灵活'、'后科层'（post-bureau-cratic）或'后现代'的组织所取代。组织机构的变化，动摇了人们关于当代社会中个人成功标准的基本看法。"① 以学历文凭为代表的制度化文化资本失去了昔日的象征性效力，已经不能为大学生提供一份"从一而终"的工作。对大学生而言，以往相对稳定的科层组织职业生涯正在被打破，代之以不同工作组合而成的职业生涯模式。对职业场域而言，"学术文凭只传递了这样的信息：学生有能力和动机通过一道又一道的考试关卡；完成了指定的课程；能重复考试大纲的重点；愿意服从教师和教授的权威"②。基于此，知识社会中的大学场域已不再生产"科层型"人格的标准化人才，而是致力于培养具有可迁移能力的"卡里斯玛型"人格的灵活、创新、富于进取心的人。这一转变，意味着大学生必须立足于社会变迁带来的挑战和机遇，克服潜沉在自身心智结构中的物化逻辑，激发自身的主体性和创造性，重新建构学习惯习和学习实践。

2. 社会决定机制与个体无意识的共谋

如前所述，工业社会的物化逻辑，经由科层型大学场域的客观结构，被内化于大学生的常规性学习惯习之中；再经由惯习形塑个体的心智结

---

① ［英］安东尼·史密斯、弗兰克·韦伯斯特主编：《后现代大学来临?》，侯定凯、赵叶珠译，北京大学出版社2010年版，第144页。

② 同上书，第155页。

构，生成大学生的学习取向和学习策略。经过漫长的多方制约过程，大学生所面对的各种客观机遇早已在他们的学习经历中被内化了，他们知道怎样去"识别出"适合他们的未来，这种"识别"即是一种"实践感"，大多时候是对社会世界规则的缺乏反思的顺从和适应，或是由社会决定机制与个体无意识的共谋而生成的一种"误识"。这样一来，大学生的学习实践就沦为一种单向度的受动性实践。

大学生学习实践的受动性源于科层型大学场域的实践逻辑。对大学生而言，科层型大学场域并非直接作用于他们身上，而是预先通过场域的特定利益形式和实践逻辑，来确定他们在场域中的客观位置及由此形成的竞争关系，进而建构他们的常规性学习惯习，并借由惯习形塑他们的心智结构，生成学习实践。从这个意义上，外在的场域结构是以一种间接方式建构大学生的心智结构和学习实践，而这一间接方式之所以能发挥作用，关键在于大学生无意识地共谋。在大学场域的制度化学习环境中，大学生常常怀有一种"自由的幻象"——是他们自己在操持和把控着自己的学习。但事实上，大学生所采取的种种应对策略或做出的即兴反应都势必受到社会世界的类型化规则的制约。

大学生学习实践的社会决定机制主要表现在三个方面：其一，大学生只是学习实践的形式主体，其背后的真正主体则是社会结构。其二，学习惯习作为结构形塑机制，促使大学生自发地生成了与工业社会的客观结构相互契合的学习实践。其三，大学生在学习实践中遵循的各种认知、评判和行动图式，一方面源于一代代人的历史努力而生成的规则性产物，另一方面是个体在长期的社会化过程中，经由学习惯习在身体层面的积淀而被内化的身体化产物。从这个意义上，学习惯习是社会世界规则性的产物，社会世界是因为惯习并通过惯习而存在的；学习惯习是大学生学习实践的生成性原则；通过学习实践，学习惯习又再生产出那些生产惯习的社会世界的客观结构。

在科层型场域中，常规性学习惯习所形塑的大学生的心智结构，尽管在个体层面表现出较大的差异性——因为每个人的学习经历各不相同，但在社会层面又呈现共同的结构性特征——因为它们正是外在社会结构形塑的产物。心智结构作为学习惯习在大学生身体上的反映形式，它类似于弗洛姆所说的"社会性格"，即社会大多数成员的共同的性格特征。他指出："社会性格的作用在于促成社会成员的活动能力，使他们对社会的行为模式不再有自觉的意识，从而使他们盲目地跟在别人的后面，并在符合社会要求的行动中得到满足。换言之，社会性格的作用在于造就和疏导人的社会能量，以便使社会能够生存下去。"① 因此，只要大学生以常规性学习惯习所形塑的心智结构为基础开展学习行动，他们就只能充当"以结构为真正主体的学习行动的表面主体"，他们的学习实践就难以真正满足人的发展需要。

三　心智结构的固化：惯习滞后性与创造性的角力

基于客观主义认识论的科层型大学场域与常规性学习惯习之间的本体性契合关系，从根本上强化了大学生应试性学习的定式思维，固化了大学生的心智结构。具体而言，在科层型大学场域中，仍以客观化文化资本和制度化文化资本的积累为目标的大学生学习，延续和巩固了以考试为主导的实践逻辑；反过来，这种实践逻辑，又借助常规性学习惯习的双向运作，使得大学生能够很好地顺从和适应科层型大学场域的客观要求。科层型大学场域与常规性学习惯习之间的相互对应关系，导致大学生很少有机会去反思自身关于学习的认知、情感和行动方式，这样一来，思维的定式势必加剧心智的固化。知识社会的来临，促使大学场域的客观结构发生了深刻的变化：建构主义知识观代替了客观主义知识观，构成了社会场域和大学场域的存在性基础，对身体化文化资本的重视也逐渐取代了原有的对客观化文化资本的积累。这一系列变化，投射到大学生的学习实践中，表现为他们固化的心智结构与变迁的社会结构之间的"不吻合"或"脱节"带来的学习障碍或学习危机。

1. 大学生心智结构的生成与固化

布迪厄一再表明，由于社会结构与心智结构在生成方面就联系在一起，所以它们具有本体论意义上的对应关系。对此，曼海姆指出："教育的主要目的通常是为了获得基本的社会一致性。它通过直接的传统来传承社会以往始终在摸索的行为模式。"② 就大学生学习而言，大学场域的客观结构与大学生的心智结构之间，也存在相互对应关系。对这一相互对应

---

① ［美］埃利希·弗洛姆：《健全的社会》，欧阳谦译，中国文联出版公司1988年版，第77—78页。

② ［德］卡尔·曼海姆：《重建时代的人与社会——现代社会结构研究》，张旅平译，译林出版社2011年版，第222页。

关系的分析，首先必须把握他们心智结构的社会起源。所谓心智结构的社会起源，是指大学生在感知和判断学习情境、开展学习实践行动中所运用的认知、评判和行动图式，这一系列心智图式，正是大学场域的客观结构经由学习惯习的形塑而在大学生身体层面的生成性体现。由此，大学生的学习呈现"大学场域—学习惯习—心智结构—学习实践"这样一个动态循环的运作过程，每个环节彼此之间都并非单向的关系，而是双向运作、交互建构的关系。"只有当习性是同一历史，更确切说是在一些习性和结构中被客观化的同一历史的身体化时，习性所产生的实践活动才是相通的和直接适合结构的，在客观上也才是协调的，并具有统一的和系统的、超越主观意图和有意识个人或集体计划的客观意义。"①

审视中国现行的教育模式，可以发现，从小学到初中，从初中到高中，甚至从本科阶段到研究生阶段，伴随着各种升学压力，学生们几乎都是在应试教育的制度化学习环境中成长。长期以来，在教育场域中，基于客观知识线性传递的教学模式，以保证升学率和获取理想分数为目标的考试逻辑，从根本上塑造了一种以遵从权威、追求效率和结果至上为特征的常规性学习惯习。受这一惯习的结构形塑，大学生逐渐生成了一套注重客观知识积累和考试技巧的应试性学习取向与学习策略。当他们进入科层型大学场域时，面对基于客观知识的学习要求和考试的逻辑，无须借助任何自觉意识和反思，常规性学习惯习就会引导他们驾轻就熟地适应大学场域的客观要求，甚至获得一种如鱼得水的灵动自在。

大学生的心智结构一旦生成，便具有某种相对的不可逆性：每时每刻，个体都通过已由以往经验建构而成的图式系统来领会感知各种外在刺激和制约性经验。从这个意义上，个体经历的初始经验是优先的，更为重要的；因此构建学习惯习的心智结构也就具有相对的封闭性。尤其随着年岁的增长，个体的身心图式会变得越来越死板，对外在结构和客观要求的反应也越来越迟钝。这一点，正如涂尔干所说："在我们每个人身上，都不同程度地蕴含着我们昨日所是的那个人，事实上，甚至在事物的本性当中，都可以说我们过去的那个人占据了主宰地位，因为一旦拿现在与过去的漫长使其相比，现在就显得无足轻重，而我们正是由于过去的漫长，才呈现出今日的形式的。我们完全可以说，我们之所以并未直接感受到这些

① ［法］皮埃尔·布迪厄：《实践感》，蒋梓骅译，译林出版社2012年版，第81—82页。

过去的自我的影响，恰恰是由于它们在我们的身上是如此地根深蒂固。它们构成了身上无意识的部分。因此我们才会表现出强烈的倾向，不承认它的存在，对它们正当的要求置之不理。"①

心智结构决定了大学生学习实践的行动半径和预见半径。"在给定的社会中，技术控制和制度控制的程度愈大，行动与预见的半径就愈大。"②只要心智结构发挥作用的场域条件与其生成时的社会条件高度相似，大学生对自身学习实践的预见和行动就会处于"本体性安全"的范围中，即在无意识的实践感的引导下，自然而然地生成各种"合情合理"的、"符合常识"的和趋于"客观潜在可能性"的行动。凡此表明，大学生的心智结构与"本体性安全"是紧密相关的，反过来，对"本体性安全"的维护又会加剧大学生心智结构的保守和固化倾向。

2. 大学生学习惯习的调适与重构

如果大学生的学习只限于通过大学场域的中介环节来内化那些已经存在的给定的客观社会历史条件，并严格按照大学场域固有的必然属性和实践逻辑行事，那么，大学生所具有的主观能动性和主体性势必是十分有限的，而他们的存在价值和发展意义也会过于低下。从这个意义上，大学生只是历史进程和社会结构的形式主体或表面主体，实质上是给定的历史规律和客观必然性通过大学生的学习实践，或以大学生的学习实践作为手段来实现社会的目标，而它们才是真正的历史主体或结构主体。这显然不是或不应是大学生学习实践的唯一和固有状态。

那么，人的主体性和能动性是如何生成并发挥作用的？对此，布迪厄指出："控制惯习的第一倾向是很困难的，可是反思性的分析告诉我们，情境强加给我们的力量有一部分是我们赋予它的，我们可以去改变对情境的感知理解，从而改变我们对它的反应。"③基于此，大学生必须对常规性学习惯习进行批判和反思，用"主体的自觉意识"代替惯习的"社会的无意识"，从而在认识自身实在和真正需要的基础上，实现人的需求和

① ［法］爱弥儿·涂尔干：《教育思想的演进》，李康译，上海人民出版社2006年版，第17页。

② ［德］卡尔·曼海姆：《重建时代的人与社会——现代社会结构研究》，张旅平，译林出版社2011年版，第101页。

③ ［法］皮埃尔·布迪厄、［美］华康德：《实践与反思——反思社会学引论》，李猛、李康译，中央编译出版社1998年版，第181页。

潜能。对此，弗洛姆指出："压抑本质上是人的全面发展的需要和特定社会结构之间的矛盾的结果。在充分人性化了的社会里，不存在压抑的需要，因此也不存在社会的无意识。"① 当大学生的发展水平达到不仅能清醒地认识其所处的客观环境，而且能借助自觉意识对自身学习惯习的作用机制进行反思性监控，并能动地调适或重构自身的学习惯习时，他们才能有目的、有意识地影响自身的发展，进而把自身的主体性发展当作认识的对象和实践的对象，在真正的意义上成为自我发展的主体。"在我们每一个人身上，都有大量尚未实现的潜在可能性，这些种子可能永远沉眠在地下，但可能也会响应环境外力的作用而绽放生机。"② "一旦我们意识到自己不知不觉地受到社会机制的支配，这种意识便会产生解放的效应"③；"从社会决定获得相对解放的机会会随着对这种决定的深察而增加"④。

学习惯习的调适和重塑，有待于社会性因素和个体性因素、人的受动性和能动性共同发挥作用。从社会性因素和个体性因素的关系出发，一方面，社会结构的规则性和必然性不具有实体性或给定性，它们也是人类实践行动建构的产物，因此，人作为实践行动的主体在未来的维度上具有相当大的开放性和可能性。另一方面，在不同性质的社会形态中，规则性和必然性具有不同的运作方式和实践逻辑：在高度确定性的工业社会，作为结构性力量的规则和必然性呈现典型的线性决定论的特征；在突出开放性、生成性和包容性的知识社会，规则和必然性的决定作用相对弱化，而人的主体性、选择性和创造性则更加强化。因此，相较于工业社会，知识社会为大学生主体性学习和发展创设了必要的社会空间。

从人的受动性与能动性关系出发，社会结构对大学生个体发展的影响与大学生的主体性发展水平、自主性和独立性密切相关。大学生对外在和他人的依赖性越强，自主能力越低，他的主体性发展水平就会越低，因而受外在环境和社会结构的制约就越大；反之，大学生的独立性和自主性越

---

① ［美］埃里希·弗洛姆：《在幻想锁链的彼岸》，张燕译，湖南人民出版社1986年版，第139页。

② ［法］爱弥儿·涂尔干：《教育思想的演进》，李康译，上海人民出版社2006年版，第345页。

③ 伊内斯·香佩：《引言·致读者》，载［法］皮埃尔·布尔迪厄、汉斯·哈克《自由交流》，生活·读书·新知三联书店1996年版，第1页。

④ ［德］卡尔·曼海姆：《意识形态与乌托邦》，黎鸣等译，生活·读书·新知三联书店2011年版，第48页。

高，他的主体性发展能力就越强，主体性发展水平也越高，那么个体对社会性因素的利用程度也就越高。换言之，能够把外在的结构性因素转换成促进自身主体性学习和发展的建构性因素，发挥环境中积极因素的功能，抑制消极因素的功能，甚至主动为自身的主体性发展创造有利条件，并与消极条件做斗争，变不利为有利。基于此，个体对外在的社会结构并非只是认同和顺从，在一定的条件下，他们也常常抗争与超越。只有在社会与个人、结构与能动相互整合的基础上，大学生才能能动地调适或重构自身的学习惯习，才能真正生成基于能动性与受动性、自由与责任辩证统一的主体性学习和发展。

第六章

基于主体性发展的大学生学习实践建构

从工业社会向知识社会的转型，从客观主义认识论向建构主义认识论的转变，如同一把"双刃剑"，在唤醒大学生主体意识并为大学生的主体性学习创造客观社会条件的同时，也对当前的大学教育提出了严峻的挑战。如前所述，这一挑战突出表现在两个方面：一是大学生的制度化学习目标与主体性发展目标的冲突；二是大学教学和大学生学习的分离。基于此，大学亟待发动一场从科层型场域向学习型场域的结构重塑，一方面实现大学生的制度化学习实践与主体性发展目标之间实现有效对接；另一方面，促使大学教育在对大学生进行理智培养的同时，更加关注大学生的心智发展。对此，本章结合大学生学习实践的生成性动力机制以及知识社会转型背景下大学生学习实践的演进趋势，从关系主义方法论出发，在形式理性和实质理性辩证统一的前提下，以学习型大学场域的结构重塑和大学生反思性学习惯习的策略建构作为突破口，探索基于主体性发展的大学生学习实践的系统生成路径。

第一节　从科层型场域向学习型场域的结构重塑

伴随知识的变迁和社会的转型，在中国现行高等教育中仍旧占据主导地位的科层型大学场域与常规性学习惯习，业已与知识社会的客观结构之间呈现"脱节"趋势，突出表现为一种"功能性文盲"的产生，即经历了四年大学学习的大学生步入社会后，难以运用其在学校所获得的知识和能力解决社会情境中的各种问题，概言之，他们的学习成果不能顺利迁移到社会场域。知识社会的来临，加大了人类社会日益增长的复杂性与人们应对这种复杂性的能力之间的距离，而缩小或消除这一差距的根本在于学习。同时，知识社会使高等教育不再是终结性教育，而是要为人的终身学习和可持续发展奠定坚实基础。为了应对知识社会转型的挑战，大学亟待经历一场从科层型场域向学习型场域的结构重塑。学校效能研究表明，与学校层面的活动相比，课程行为对学生成就的影响更大，因此，课程、教和学就成为学校改进的基础；同时，学校是否做好变革的准备很大程度上取决于教师个体，教师们的心理状态对变革会产生决定性影响。① 基于此，构建学习型大学场域的关键在于：推进基于一致性建构模式（constructive alignment）的大学教学改革，建立基于大学生主体性能力发展的大学教学评估制度。

一　基于一致性建构模式的大学教学改革

科层型大学场域与常规性学习惯习的交互运作生成的应试性学习实践，导致大学生学习由于缺失意义生成和价值理性，而沦为一种机械化的程式活动，从而丧失了本体论意义上人的主体性维度。知识社会的转型，高等教育大众化进程的加速，建构主义知识观的兴起，催生了学习型大学场域的结构性变迁，也唤醒了大学生的主体意识。基于此，从学习型大学场域的运作机制和实践逻辑出发，积极推进基于一致性建构模式的大学教学改革，促进大学生的制度化学习从机械的程式化活动转向有意义的主体性实践，从而为反思性学习惯习的建构创设必要条件，并最终为大学生的终身学习和主体性发展奠定坚实基础。

1. 探索教与学的一致性建构模式

科层型大学场域的工具理性导向和物化逻辑，不仅创设了教师与学生之间基于"权威—服从"的主体与客体关系，而且导致大学教学与大学生学习的分离化趋势。学习型大学场域的构建，意味着要从根本上促使大学教学与大学生学习紧密地联系起来。基于此，一致性建构模式为学习型大学场域中教与学的关联提供了实践原则。美国学者科恩（Cohen）最早提出"教学一致性"（Instructive alignment）的概念，用来指称教学设计与预期的教学过程和学习成效之间的匹配程度，并通过研究发现，教与学

_____

① ［英］路易丝·斯托尔、［加］迪安·芬克：《未来的学校——变革的目标与路径》，柳国辉译，北京大学出版社2010年版，第54—56页。

的一致性程度越高，学生的学习表现就越好。① 此后，澳大利亚学者约翰·比格斯（John Biggs）提出了"一致性建构模式"（constructive alignment）及其两个原则：一是建构主义的学习理论，二是课程预期学习成效、教学活动与学习测评三者之间的一致性。比格斯指出："'建构'一词来自建构主义理论，即学习者开展各种活动，通过既有的图式来解释外在环境，从而建构他们的知识。'一致性'是课程理论的一个原则，类似'标准参照评价'，即学业评价与期待的学习成效保持一致。一致性建构进一步向实践领域拓展：如果学生要实现活动所指的内容及预期学习成效，那么预期学习成效必须明确学生应该参与的具体活动。此时，教师的任务就是营造一个鼓励学生开展学习的环境，然后根据预期学习成效来评价学生的表现。"② 从这个意义上，一致性建构模式旨在依据学生的学习开展教学，使教师的"教"与学生的"学"实现紧密关联、互构共生。

在实践中，教与学的一致性建构模式有几个值得注意的问题：首先，学生预期学习成效与教学活动的一致性建构，一方面要求预期学习成效的确定必须从学生视角进行，既要明确学习主题，又要细化到主题下的具体学习活动，以便让学生清楚地知道他要学什么、如何学以及应达到的标准；另一方面，基于一致性建构的教学活动在实践逻辑上完全不同于科层型大学场域中的标准化教学活动。传统的标准化教学活动更多是一种"填鸭式教学"或保罗·弗莱雷所说的"银行存储式教学"，它在很大程度上抑制了学生的认知与参与过程，教学活动由教师一手包办，学生在学习中别无选择，结果是将外部灌输的知识囫囵吞下，并机械应对考试。一致性建构的教学活动则让学生参与到学习实践中，主动为自己的学习负责，亲力亲为地在学习行动中持续生成身体化文化资本，教师只是在学生与学习情境之间扮演"支持者""指导者"或"经纪人"的角色。因此，这一教学活动目的不仅在于让学生达成意义理解，更旨在改变学生认识世界和处世行动的方式，注重对学生赋权增能，即赋予学生不同的视角以及改变自身、改变世界的力量。

其次，学习评价与预期学习成效的一致性建构，意味着基于一致性建

---

① S. Alan Cohen, "Instructional Alignment: Searching for a Magic Bullet", *Educational Researcher*, Vol. 16, No. 8, Nov 1987, pp. 16 – 20.

② ［澳］约翰·比格斯、凯瑟琳·唐：《卓越的大学教学——建构教与学的一致性》，复旦大学出版社 2015 年版，第 69 页。

构的学习评价在实践逻辑上也完全不同于传统的标准化学业评价。在科层型大学场域中，以定量的标准化考试和总结性评价为主要形式的学业评价，蕴含着以分数定成效、以教师单向反馈为依据的实践逻辑，常常将评价焦点置于对学生客观化文化资本分布状况的考察上，即对学生的学业表现依分数、名次进行分类，以区分"好学生"与"坏学生"，而不关注学生的学习是否符合以及在多大程度上符合预期成效。这种学业评价机制难以让学生真实地认识到自己的学习水平以及需要努力的方向，更谈不上促进他们元认知能力的发展，同时由于缺乏学生对教师教学的反馈，导致教与学的分离趋势，即教师不了解自己的教学处境，也不清楚自己有待改进的问题。

在学习型大学场域中，基于一致性建构的学习评价始终关注学生的学习是否符合预期成效，着重考察大学生身体化文化资本的生成情况，即学生的认知、思维和行动是否得到实质性改变和发展，学生的反思性惯习是否得以建构并发挥作用。基于一致性建构的学习评价强调形成性评价和学生自我评价。形成性评价贯穿于学生的整个学习过程，相较于总结性评估，它能给学生提供即时反馈，让他们了解自己的学习进展如何，以及哪些方面需要改进。同时，教与学的一致性，确保了大学生清楚了解自己的学习目标、学习内容以及评判标准，有助于他们在学习过程中，持续地运用各种自我评价策略（如写反思日志、自己选择和提供学习成效证据、建立学习历程档案），对自己的学习进行监测、批判和反思。这样一来，以往教师设计的教学行动被各种基于反思的学生学习行动所取代，学生也从过去的被动学习者变成了对自己学习主动负责的能动主体，同时，学生在对自身实际学习行动与预期学习成效的比较和改进过程中，逐渐建构了新的反思性学习惯习。

凡此表明，在一致性建构的教与学的模式中，所有的环境和行动——预期学习成效、教学活动、学生学习评价——都是相辅相成、交互建构的，它们将大学生学习嵌入一个支持性的学习系统之中，并能从根本上促进学习型大学场域的转型与大学生反思性学习惯习的生成。因此，从科层型大学场域向学习型大学场域的结构重塑，有赖于在实践层面深入探索教与学的一致性建构路径。具体而言，可以从学习文化的构建、学习环境的创设以及学习行动的开展三个维度来展开思考。

2. 建构主体间性的学习共同体文化

学习文化对学习型大学场域的结构变革有着强大的影响力。学习文化是指大学场域中的行动者基于文化自觉意识而共同分享关于学习的价值观、美学意识、伦理观念、组织文化、制度规范等深层次的基本假定和信念。在学习型大学场域中，构建大学生主体性学习实践，关键在于促进大学生从客观主义知识观逐渐转向建构主义知识观，并能将社会性因素转化为建构性力量，纳入自身的学习实践之中，彻底将以往的"师教—生学"的实践范式转换为"基于学习共同体的知识建构"。所谓学习共同体，是指在一个自然的批判性的学习环境中，师生之间基于共生平等、相互尊重的主体间性关系，围绕共同的任务目标和学习信念，整合、协作、探究、交流的一种学习方式。它强调共同信念和愿景，强调学习者分享各自的见解和信息，鼓励学习者探究以达到对学习内容的深层理解；学习者在学习的过程中，与同伴开展包括协商、呈现自己的知识、相互依赖、承担责任等多方面的合作性活动。[①] 学习共同体建基于建构主义知识观、可迁移性学习、高阶思维的培养以及高阶能力的生成，目标是"构造一个得宜的头脑，而不是一个充满知识的头脑"（蒙田语）。

任何一种大学学习文化的生成，都与社会结构的变革密切相关。文化是社会的结构性特征和运作逻辑在组织结构或个体心智结构中的综合性投射。知识社会的转型带来的一系列变化，反映在大学场域中，意味着从传统的标准化课堂文化转向学习共同体文化的建构（见表6.1）。学习共同体文化的建构与学习型大学场域的变革相互依存、不可分割。学习型大学场域的结构变迁，有赖于学习共同体文化的建构。在学习文化没有改变的情况下，学习型大学场域的变革就会遇到巨大困难。基于学习共同体的学习文化通常包括如下几个维度。

表6.1   标准化课堂与学习共同体的比较

	标准化课堂	学习共同体
课堂特征	以教师教学为中心	以学生学习为中心
运作机制	基于个体利益驱动的学习投入与回报	基于共享理念和价值观的共同体责任和义务

---

① 钟志贤：《知识建构、学习共同体与互动概念的理解》，《电化教育研究》2005年第11期。

	标准化课堂	学习共同体
价值取向	基于"规则制约"的工具理性导向	基于"协商规范"的价值理性导向
师生互动	基于"权威—服从""师教—生学"的主客体关系	基于协商交流、探究合作的主体间性关系
动力因素	基于客观化文化资本或制度化文化资本的积累，如客观知识、学历文凭、资格证书、荣誉称号等	基于身体化文化资本的生成，如弹性知识、高阶思维、可迁移能力、多元身份认同等

第一，共享共同的愿景和目标。在学习共同体中，师生秉持共同的学习愿景和价值观，以共同体成员的角色身份，怀着认同和归属的心理，积极参与共同体的学习实践。共享共同的愿景和目标促进了师生基于主体间性的"视角互易"。具体而言，教师能够从学生的视角来审视学习，学生则将教师的教学视为他们学习过程的关键。哈蒂（John Hattie）的研究表明，最有助于促进学生学习的情形是：教师成为教学的学习者，而学生则作为管理自己学习的教师。当学生角色转变为教师时，他们会展现出学习者最应具备的自我管理特征：自我监测、自我评估、自我测评、自我学习，哈蒂将这一学习称为"可视化学习"（Visible learning）。[1] 师生之间的视角互易不仅能够有效促进教与学的融合互构，而且有助于促使学生成为自我反思的学习主体。

第二，彼此信任的"心灵契约"关系。在学习共同体的互动中，教师通过向学生表达他们对学生的信任感和高期待，培养学生的高效能感，以发挥教学对学生学习的"自我实现预言"[2] 和"罗森塔尔效应"[3]。当学生感到自己享有充分自由、被他人信任、能够自主决定学习并独立承担

---

[1]　John Hattie, *Visible Learning*: *A Synthesis of* 800 + *Meta-analyses on Achievement*, London: Routledge, 2009, p. 271.

[2]　"自我实现预言"（self-fulfill prophecy）是美国社会学者罗伯特·默顿提出的定理，它强调人们是在认知的基础上行动的，因此主观定义会影响客观结果。一旦我们赋予情境某种意义，我们随后的行动及行动的结果将受到赋予的意义的影响。这一定理说明了人类行动的重要特征，除了主观性之外，还具有反思性，即行动的结果会反作用于行动情境，从而调整行动的轨迹。

[3]　"罗森塔尔效应"（Pygmalion effect）也称"期待效应"或"皮格马利翁效应"，是美国心理学者罗森塔尔和雅各布森通过实验提出的一种心理效应，即教师的期望和关怀对学生的成长会发生潜移默化的影响。自尊心和自信心是人的精神支柱，是成功的先决条件。教师对待学生的方式会影响学生的行动，并最终影响他们对自己的评价。

责任时，他们会收获最佳学习成效。① 教师运用适当的教学策略和有效的教学反馈，帮助学生了解自己的学习水平以及需要努力的方向，推动他们元认知的自我管理，在完成具体学习任务和解决实际问题中不断激发他们的好奇心、兴趣和探究的潜能；在师生共同参与学习互动的合作、交流和协商中逐渐建立一种相互信任的"心灵契约"关系，使师生彼此成为"反思性朋友"，能够敞开心扉地共同思考和讨论教学和学习实践中的进步与失误。

第三，基于主体间性的合作、交流和协商。在共同参与的学习情境中，彻底转变传统教学中师生之间的主体与客体关系，积极建构基于互动协商的主体间性关系，使师生在"我"和"你"的对话关系中，明确教与学的共同目标以及达到的预期或理想的学习成效是什么，在此基础上，开展基于意义理解和意义交流的学习行动，鼓励学生根据自身经验去建构有关知识的意义；教师在分享事实、概念和原理的同时鼓励学生运用好奇心和合理的质疑态度；大学生个体的差异性和多样性被视为优点，一种"互相发挥优势的源泉"，个体可以自由选择不同的学习方式和体验方式来实现共同的学习目标；师生之间开诚布公地就认知分歧展开交流和讨论，并将批评和不同的意见看作是自我改进的机会而不是威胁。

第四，持续不断地相互尊重、支持和改进。在师生关系上，确保每一个学生都作为"主体"得到尊重，共情、敞开心胸、控制冲动、以了解和同理心倾听他人、有幽默感是学习共同体的每一个成员都需要发展和具备的基本素质。在学习支持上，每一个大学生都不是孤立的学习者，当他们需要时，随时能够得到学习共同体中教师或同学的帮助和支持；学习共同体要为大学生创设"即使做错了也没有关系""失败是正常的和暂时的"的安全网，鼓励他们勇敢冒险、接受挑战、尝试解决真实的或感兴趣的问题和任务。在学习参与上，教师要给予学生选择的权利，放手让学生去做决策；建设性地利用错误来提供反馈，使学生对纠错持积极态度，不会有被嘲弄、自尊心受损或得低分的风险；帮助学生从失败中生成经验，并愿意再次尝试与持续改进。

---

① ［澳］约翰·比格斯、凯瑟琳·唐：《卓越的大学教学——建构教与学的一致性》，复旦大学出版社 2015 年版，第 46 页。

3. 创设自然的批判性的学习环境

最出色的大学教师会创造出一种"自然的批判性的学习环境"①。"自然的批判性的学习环境"是一种保障大学生"本体性安全"的学习环境，这一环境为大学生反思性学习惯习的建构提供了必要的实践空间。"自然的批判性的学习环境"是指教师通过将学习任务（技能和信息）以学生感兴趣的方式（基于真实情境的问题或任务）呈现，最大限度地创造学生想做事的机会，唤起他们的求知欲，挑动学生审视自身是如何思考问题并提出假设，在与学习共同体合作解决问题和完成任务的过程中，有意识地对自身常规性学习惯习的作用机制——认知、思维和行动图式——进行持续性监控和改进，并最终建构一种全新的反思性学习惯习。同时，对大学生而言，这一学习环境是一种安全的环境——可以进行尝试、遭遇失败、接受反馈和重新尝试的环境，在此环境中，学生能够在已有知识和新知识之间建立有效关联，能够有意识地运用元认知策略，将已有知识融入更大的概念中，并建构这些知识对于自身的意义以及运用知识解决问题。

构建自然的批判性学习环境，教师在教学上应从以下几个方面着手：一是教师要努力成为一位具有高超创造力的"艺术大师"，而不是一名仅有技能的"工匠"，从学生学习的立场出发，将自己对学生的期待与学生的学习目标和学习行动进行有效链接，帮助学生理解、体验和建构学习的意义和价值。二是教师要注重运用高阶思维来开展教学，如关联、推理、归纳、演绎、批判等，并在了解和把握大学生的先有思维模式的基础上，给学生提供质疑他们已有思维图式的思想和证据，引导学生审视和反思自身的思维图式与学习障碍之间的关系；精心设计学习情境和任务挑战，将学生置于已有思维图式不能顺利发挥作用的境遇中，激发学生思考，引导其有意识地调适和改变已有思维图式，提升和发展高阶思维技能。三是教师要借助有效的教学策略，如基于问题解决的教学、阐明关键的信息和概念、提供思维和方法的引导、形成性反馈、不给学生"贴标签"等，建构学生主动学习的内在动机；这种内在动机强调学生对学习任务或活动本身感兴趣，他们从学习中体验到解决问题的乐趣，更加关注过程而非目的，内在学习动机能够促进深层学习并带来最佳学习状态。四是教师要始

---

① "自然的批判性的学习环境"最早是由美国学者肯·贝恩在对35位优秀大学教师进行深度访谈后总结出的一种有效促进大学教学和大学生学习的学习环境。

终坚信大多数学生有能力学习，努力发现和挖掘每一个学生的潜力，平等给予他们学习参与的机会，引导他们关注自己的思想和内心世界，而不必过于在意外界或他人对自己努力的评判；避免对任何一个学生使用负面评价，即使学生学习遭遇阻碍或失败，也要建设性地处理错误，并鼓励学生再次尝试。五是教师要怀着公平、同理和关爱之心，去坦诚地面对每一个学生，避免自己对学生产生防范心理；教师应对自己的教学实践进行监测，并运用自己掌握的教学理论去探寻改进策略，同时对来自学生的反馈保持开放态度，以便在准确定位自身处境的基础上，借助反思性实践，改善教学效果。

"自然的批判性的学习环境"是有效教学得以开展的前提和基础，反过来，有效的教学又会进一步强化这一学习环境，促进学习型大学场域的结构转型。哈蒂采用效应值的定量研究方法，在对5万多项学习成效研究、约2.5亿学生的数据进行800多项元分析后，总结了对大学教学影响相对较大的因素（见表6.2）。比格斯在他的基础上，又结合相关研究，提出了优良学习情境的七个特征①，这七个特征构成了有效教学的前提和基础。一是元认知管理与反思性学习。比格斯强调学生对自身学习的自我管理和自我评价，因为正式的、自上而下的教学并不能鼓励学生自我提问，一味由教师评价学生学习而不允许他们自我评价，学生就很容易得过且过，忽视反思的必要性和技巧；反思性学习意味着"监测知识建构"，这对于培养终身学习的特质至关重要。二是与学习者相关的活动。以教促学，提升并保持大学生的学习活跃度，在设计教学活动的同时，开展同伴互教，将有助于提升学生的学习效率。三是形成性反馈。这是一种基于学习过程的评价和反馈，能即时帮助学生了解自己的学习水平以及未来需要努力的方向，让学生领会自己的预期学习成效，有助于发展他们元认知的自我管理能力。四是恰当的动机。教学活动要被学生视为有价值的而非繁重或无关紧要的，即学习目标既要具备可行性，又要有挑战性，并确保学生了解学习成效的评判标准。五是相互关联的知识基础。知识建构强调从已知通向未知，即重组已知并将其与新知相关联，同时，注重知识结构最大化，即运用跨学科的思维和视角，建立和扩展学生的概念结构。六是

---

① ［澳］约翰·比格斯、凯瑟琳·唐：《卓越的大学教学——建构教与学的一致性》，复旦大学出版社2015年版，第42—48页。

社会化学习。在学习共同体中，鼓励学生相互学习，如同伴辅导、小组讨论等，来促进学生元认知的自我监控和自我反思，拓展学生对学习主题的思考和理解，给他们提供强化自我意识的机会。七是教学质量。它涉及两个方面：一方面，通过不同教学法中的师生互动，如教学生开展自我评价的元认知策略、分享学习技巧、鼓励同伴辅导、倡导交互教学等，激励学生对自身的学习进行自我管理；另一方面，平衡教学多样性与教学进度的关系，尽可能地设计更频繁的短时段学习，而非整堂课的冗长学习，以持续激发学生的创造力。

表 6.2   **大学教学中最具影响的因素**

因素		效应值
学生	自评等级	1.44
教学	为教师提供形成性评价	0.90
	阐述的清晰度	0.75
	交互教学	0.74
	反馈	0.73
	分段练习与集中练习	0.71
	元认知策略	0.69
课程	创意课程	0.65
教学	自我表达/自我提问	0.64
教师	专业发展	0.62
教学	基于问题解决的教学	0.61
	不给学生"贴标签"	0.61
	合作学习与个人学习	0.59
	学习技能	0.59
	精熟学习	0.58
	范例	0.57
	目标—难度	0.56
	同伴辅导	0.55
	合作学习与竞争学习	0.54
小组学习		0.49
学生的专注度/毅力/参与度		0.48
教学质量		0.44
教学	合作学习	0.41

资料来源：John Hattie, *Visible Learning: A Synthesis of 800 + Meta-analyses on Achievement*, London: Routledge, 2009, p. 271.

　　4. 开展基于实践参与的情境学习

　　在学习型大学场域中，判断优质教学的标准，在很大程度上取决于教学是否支持和鼓励学生积极参与到学习共同体的意义建构之中，并持续地、实质地、积极地对他们的认知、思维和行动产生影响，引导学生塑造和发展健全的人格和完善的心智，而不会对学生的身心造成任何伤害。最优秀的教学往往总能给学生创造这样一种感觉："无论他们是在聆听教授讲课时悄无声息地解决问题，还是与教授和其他学生大声地论理，都会感觉每个人都在协同工作；此外，问题、要点和难题都是真实的。"① 与之相反的是，失败的教学，教师通常仅关注如何将课本上抽象、客观的知识传授给学生，而难以从教育观念和心智习性上去影响和改变学生，更无法帮助他们理解学习的意义和价值，甚至连教师自身都缺乏对学生学习本质的清醒认识。由此可见，优秀的教学与失败的教学二者之间的本质区别在于：前者基于一种学习的情境观，后者则基于一种学习的表征观。因此，开展基于实践参与的情境学习是确保优秀教学的前提和必要条件。

　　　所谓"情境学习"，是指思维和学习只有在特定的情境中才有意义，所有的思维、学习和认知都是处在特定的情境脉络中的，不存在非情境化的学习；同时，学习是人们在实践共同体中行动和建构意义，共同体建构和定义了适当的对话实践。② 有学者将学习情境分为"靶向情境"和"教学论情境"两种。前者是让学生掌握的某个能力的反映，是让学生运用这个能力的一次机会，或者是评估学生是否有能力的一次机会；后者的功能在于发展学生对新的概念和知做技能等的学习。③ "靶向情境"意指基于实践参与的情境学习，而"教学论情境"则是指传统意义上的标准化课堂教学。凡此表明，大学生的认知建构与学习情境是密不可分的，学习是具体地发生在学习共同体的参与实践之中，而非抽象地灌输到个体的头脑中；是分布在合作参与者的交流互动之中，而非仅仅发生在个体内部的心理活动中。相较于传统课堂中的认知学习，情境学习将任务和问题嵌入真实的实践情境之中，在改进学生认知结构的同时，更加注重发展他们的

---

　　① ［美］肯·贝恩：《如何成为卓越的大学教师》，北京大学出版社 2007 年版，第 97 页。
　　② ［美］威尔逊、迈尔斯：《理论与实践境脉中的情境认知》，载戴维·乔纳森主编《学习环境的理论基础》，郑太年等译，华东师范大学出版社 2002 年版，第 66 页。
　　③ ［比］易克萨维耶·罗日叶：《学校与评估——为了评估学生能力的情境》，汪凌等译，华东师范大学出版社 2011 年版，第 94 页。

元认知能力和可迁移能力。从这个意义上，情境学习是培育大学生参与实践行动能力的过程，也是不断提升大学生主体性发展水平的过程。

　　基于实践参与的情境学习最常见的有两种：一是抛锚式教学。抛锚式教学在本质上是引导大学生参与探究式学习，"锚"通常是基于问题解决或案例分析的，该教学方式强调问题或案例在指导性探究过程中的作用。具体而言，教师借助信息技术（如图片、影像）的支撑，通过将某一概念、思维方式或能力设置成一个真实和完整的案例或一系列含义清晰的问题，并尽可能地让案例或问题具有驱动性和刺激性，为大学生创设真实的实践情境；然后以师生问答的方式（类似苏格拉底问答法）或启发诱导的方式，而不是将所学的内容直接传授给学生，引导学生对问题或案例进行深入探究，并对自身先有的认识和思维方式进行质疑和反思，进而帮助他们循序渐进地掌握某个概念，领悟某种思维方式，学会某种技能。

　　二是基于最近发展区的认知学徒制。教师设计具有挑战性的学习情境，为学生的学习搭建"脚手架"，并积极利用"最近发展区"来开展教学活动。"最近发展区"作为维果茨基社会文化理论中的一个关键概念，是指学习者实际认知发展水平与他在教师或能力更高的同伴的合作下可能达到的认知发展水平之间的差距，亦即学习者实际能力与潜在能力之间的距离。从这个意义上，大学生的学习是在个体与环境的交互运作中发生的实践行动。基于此，教学的主要挑战在于在大学生尚未达到一定的认知水平时，就让他们参与到学习实践中去，并从中发展他们的实践能力和元认知能力。对于大学生来说，"最近发展区"意味着具有挑战性但又不至于无法胜任的学习内容或任务；大学生与那些能够在最近发展区帮助他们提高功能水平的共同体成员交互，来促进自身的认知发展与能力发展。具体而言，在学习情境中，教师首先为学生搭建一个"脚手架"，示范他是如何完成某一任务的；其次，让学生参与其中，师生共同完成任务；再次，当学生逐渐积累起胜任这一任务的能力时，教师撤走"脚手架"，引导学生独立完成任务。认知学徒制在教学情境中的应用，常见的有基于问题的学习（problem-based learning，PBL）、基于案例的学习（case-based learning，CBL）以及二者的混合式学习等。PBL强调专业知识从一开始就植根于实践中；CBL则通过教师介绍已经实施的案例，然后引导学生落实自己的案例，在此过程中，案例是精心挑选的，并确保学习内容按知识建构的逻辑顺序逐一呈现。

基于实践参与的情境学习，对教师教学提出了灵活性要求：一是教师要确保自己搭建的"脚手架"，始终处于学生的最近发展区内，并根据学生能力的发展情况，随时进行调整；在此过程中，要时时激发学生对学习任务保持必要的兴趣和好奇心。二是教师尽可能地将自己所掌握的复杂知识降低到学生的认知水平上，以一种栩栩如生、清晰可触的方式来诠释呆滞的材料和抽象的思想，并以生动、诙谐、有趣的语言，与学生就抽象的思想和复杂的知识展开对话、协商和交流。三是教师要促使学习情境能够唤起学生对先有知识经验的感知，并帮助学生在先有知识和新知识、所学知识和现实世界之间建立有效的链接，确保学习的可迁移性。四是教师具有较好的洞察力，能够把握学生在学习某些主题时所遇到的典型困难及其类型，并拥有帮助学生克服困难的潜在教学策略。五是教师必须从信息传授者的角色转变为"启发者""引路人"和"学生的学习伙伴"，引导学生主动发现、识别和探究问题或案例，与学生就某一问题或观点展开深入交流和探讨。从这个意义上，教师本身也是一个学习者，通过考察自己设计的"锚"在支持和促进大学生参与式学习中的作用和效果，不断地对设计方案和教学方法进行调适或改进。

二 基于主体能力发展的大学生学习评估

在中国高等教育内涵式发展的关键时期，为提升高校人才培养质量，《国家中长期教育改革和发展规划纲要（2010—2020年)》明确提出"改革教育质量评价和人才评价制度，改进教育教学评价"。对此，新一轮本科教学评估确立了高校自我评估、教学状态常态监测、院校评估、专业认证及评估以及国际评估"五位一体"的评估制度，其中，高校自我评估是基础。同时，还提出了人才培养"五个度"的质量标准，即与经济社会发展的适应度、教师和教学资源条件的保障度、教学质量保障体系运行的有效度、培养目标的达成度以及学生和社会用人单位的满意度，涵盖了大学生从入学到毕业，再到未来发展的全过程。基于此，本部分立足于学习型大学场域的结构转型，从建构主义视角出发，探讨如何改进大学生学习评估，以最大限度地促进大学生的主体性学习和发展。

1. 以主体能力和心智发展为宗旨的学习评估原则

伴随大学场域从科层型向学习型的变革，大学教学从过去以教师为中心的客观主义教与学，转向以学生为中心的建构主义教与学；大学生学习从注重客观化和制度化文化资本的积累，转向重视身体化文化资本的生成，即强调大学生对学习的主体参与及其实践能力的发展。这一系列变化，使得以量化的标准化考试为主导的学业评估方式，正丧失昔日的象征性效力。时至今日，大学对大学生学习的评估，更加强调大学生学习与预期学习成效之间的达成程度，是否能满足个体的主体性发展需求以及知识社会的发展需要，是否能为他们未来的终身学习和持续发展奠定基础。

大学教学与大学生学习都是围绕知识来展开的，而知识的性质在社会的转型中已然发生了根本性变化，逐渐从以往的客观主义知识观转向建构主义知识观。这一变化，映射在大学生的学习实践中，表现为从对客观化和制度化文化资本的重视，转向对身体化文化资本的建构。客观化文化资本是以客观知识为主，通常以文化商品的形式呈现，以文字等符号形式表达，如图片、书籍、词典、互联网等。在这一文化资本形式的导向下，大学生的学习就是从教师那里接受和内化知识，因此，评价学生对知识的理解也常常以"复制—再现"的标准化考试为主要形式。知识社会的来临，使大学生越来越重视自身身体化文化资本的生成，即以精神和身体的持久"性情"的形式（如文化、教育、修养）呈现，并强调个体在亲力亲为的实践行动中根据对事物的理解生成或建构意义或知识。在此过程中，大学生既学习既存知识，也积极参与到知识转化与知识建构的实践中。

在工业社会中，科层型大学场域重视学生的客观化文化资本的积累，甚至此后的职业场域也仍强调经由客观化文化资本的累积而获致的制度化文化资本（学历证书）。伴随知识社会的变迁，对客观化和制度化文化资本的强调已有所缓解。无论是学习型大学场域，还是职业场域，都更加注重大学生身体化文化资本的生成。然而，受惯习滞后效应的影响，今天相当多的大学和他们的学生仍以客观知识的传授和习得为主，尽管他们的学习期望是在接受大学教育后能有效应对未来职业和个人发展中的现实问题，但学习期待和现实教学活动之间的差距及其带来的后果是：大学在传授给学生客观知识之后就置之不理了，让学生毕业后自己去学习如何将自身知识转化为实践行动，从而一方面导致学生认为自己所学知识已经过时，并不能帮助他们解决现实问题，于是出现以表层学习策略应付的现象；另一方面，带来了知识社会中普遍的"功能性文盲"现象，即大学毕业生的学习由于太过抽象化、理论化而偏离了日常生活的轨迹，难以帮助他们实现学习迁移。

在学习型大学场域中，大学教学的任务在于帮助大学生建构反思性学习惯习，并生成身体化文化资本，即重视培养大学生的主动参与意识、知识建构和可迁移的实践能力。基于此，大学生的学习评估是以大学生的主体性能力和心智发展为宗旨的。具体而言，大学生的学习实践与评价任务，需围绕知识社会的客观要求中具有普遍代表性的"应用""创造力""问题解决"以及"终身学习"等维度来设置，从根本上说，这些学习成效都与大学生主体能力和心智发展息息相关。要想实现上述学习成效，大学教学活动应确保学生自己开展应用实践，而不是旁观他人代劳或由他人告诉自己如何应用；大学生学习不能仅仅停留在应对各种考试的扎实的知识基础层面，而是要更加重视如何使知识创造性地发挥作用，如运用专业知识解决现实问题、在实践中生成新的意义和知识等，从而使大学生对知识的运用从以往的工具理性取向转向价值理性取向。此外，对于大学生的终身学习，大学承担着双重职能："对外而言，大学要在基于职业的、任何可行的实习环节中找到相匹配的教学活动和评价方式；而对内而言，大学要在校园里为学生提供独立开展终身学习和按需学习的技能。后者涉及巴里（Baillie）提出的构成'终身学习'的第二特质：'信息素养'和'个人自主性和学术独立性'，它意味着自主学习的三个层面：通用学习技能、与学习特定内容相关的学习技能和反思性学习。"[①] 凡此表明，大学生学习评估的原则在于：学习评估通过真实地反映学生的实际学习表现与预期学习成效之间的关系，让大学生明确了解自己应该学什么、怎么学、评判标准是什么，以及当前学习进展如何、哪里需要反思和改进，从而确保他们在亲力亲为的学习实践中，不断生成身体化文化资本，建构反思性学习惯习，并最大限度地促进自身的主体性学习和发展。

2. "教学—学习—评估"三位一体学习评估模式

大学教学与大学生学习在本质上是相互联系、一致性建构的。在科层型大学场域基于考试逻辑的总结性评估的导向下，教学和学习、教学与评价、学习与评价之间均呈现结构性分离的趋势：以教师为中心的教学模式使教师仅仅把预期学习成效与自己的教学活动联系起来；而对于学生而言，通过最终的考试即是达成学习目标。如此一来，考试评价而非课程教

[①] ［澳］约翰·比格斯、凯瑟琳·唐：《卓越的大学教学——建构教与学的一致性》，复旦大学出版社 2015 年版，第 123 页。

学，决定了学生的学习取向和学习方式。在学习型大学场域中，有效的教学和评估，在于它们在多大程度上令大多数学生采用达到预期学习成效所需的认知、思维和行动策略；有效的教学和评估均是以学生学习为中心的，是预期学习成效同时在教师教学活动和学生学习行动之间的贯通和实现。基于此，建构"教学—学习—评估"三位一体的学习评估模式，使教师的教学活动与学生的学习行动都指向同一目标——预期学习成效，并同时与学习评估相对接，从而在教学、学习和评估的一致性建构中，确保学生的学习实践在为学习评估做准备时，能自始至终地为围绕预期学习成效展开深层学习。

相较于传统的以测量模式为主导的客观主义学业评价模式，与学习型大学场域相契合的三位一体学习评估模式，在内涵和外延上都呈现本质性的差异（见表 6.3）。首先，传统学业评价实质上是一种常规参照性（norm-referenced）评估，评价结果围绕学生间的比较而展开，甚至强制实行成绩评定的正态分布，而忽视学生学业表现的真实情况，导致了教与学、教与评的分离趋势，助长了学生应试取向的常规性学习惯习和表层学习策略。三位一体学习评估模式则是一种标准参照性（criterion-referenced）评估，它采用定性方式评估学生在学业表现上的变化，了解学生学到了什么，学习成效如何，评估重点不在于对学生成绩进行比较，而是更加关注每一位学生的学业进展状况与预期学习成效之间的匹配程度。从这个意义上，前者以教师教学为中心，侧重评估教学是否达到院校、专业的目标要求；后者以学生学习为中心，侧重评估学生学习结果与预期学习成效之间的匹配程度，以及未来有待改进的方向是什么。

表 6.3　　传统学习评估模式与三位一体学习评估模式的比较

	传统学习评估模式	"教学—学习—评估"三位一体的学习评估模式
理论	客观主义学习理论	建构主义学习理论
评估方式	常规参照性评估	标准参照性评估
评估方法	基于量化方法的标准化测量	基于质性方法的个性化评价
主体	全部由教师掌握	教师、学生共同参与
标准	采用统一的量化标准测量所有学生	采用多维、分级标准评估每一位学生

续表

	传统学习评估模式	"教学—学习—评估" 三位一体的学习评估模式
信度	适用于不同的教学情境，评估结果具有较高的稳定性	在不同的教学情境中，评估结果呈现较大的差异性
效度	外在效度：评估结果可以用于学生之间的比较	内在效度：学生的学业表现与其学习成效之间的匹配程度
功能	整体性评价，问责惩罚	各部分单独评价，诊断改进

其次，传统学业评价对评价目标的设定往往比较抽象、笼统、宽泛，不易被测量和操作，且难以体现不同院校、专业和课程中的学生在培养目标和学习成效上的差异性。对此，比格斯指出，"理解""领悟""明白"之类的动词对预期学习成效的界定毫无益处，因为它们没有表述实现预期学习成效所要求达到的学业水准；预期学习成效的设计优劣与否，关键标准之一是学生看到预期学习成效的书面表达，就知道该做什么，并知道做到什么程度能实现成效。[①] 三位一体的学习评估在描述预期学习成效时则倾向使用具体明晰的、可测量的行为动词，如"描述""选择""介绍""应用"等，以便教师和学生能准确无误地明白自己的教学任务和学习任务。

预期学习成效的设计与描述对于大学生学习评估是至关重要的，因为它作为教与学的衡量标准，始终贯穿于教学、学习与评估的全过程，并且致力于将"教""学""评"紧密联系起来。预期学习成效是关于学生学习结果的预设，是对于教学情境中学生学什么以及如何学的具体呈现。具体而言，大学生的预期学习成效涉及学校、专业和课程三个层面。对此，比格斯认为，预期学习成效是对学生应具备能力的表述；其中，学校层面是针对全校毕业生，专业层面针对各专业培养的学生，课程层面则针对作为听课对象的学生。

就学校层面的毕业生特质而言，既要注重培养植根于学科的特定技能，也要重视培养共通性基本技能，如批判性思维、书面和口头沟通能力、元认知学习策略、信息素养能力等。目前很多院校仅关注了前者，对

---

① ［澳］约翰·比格斯、凯瑟琳·唐：《卓越的大学教学——建构教与学的一致性》，复旦大学出版社 2015 年版，第 85 页。

后者的重视则远远不够。就专业层面的学习成效而言，需考虑将学校层面的毕业成效嵌入专业人才培养方案以及教学活动的设计之中，从而确保二者之间的一致性。但这种一致性建构，要求各个专业立足于自身的学科特点，从学校层面的毕业成效中选择具有适切性的特质进行组合，并有针对性地对其做进一步的具体设计和描述，从而使专业层面的预期学习成效设计既能契合学校的共性需求，也能保持各专业的特色优势。就课程层面的学习成效而言，它的目标维度相对于学校和专业层面不能太多，过多会影响课程内容的整体观，同时维度设计要具有可操作性、可测量性、相关性以及时间边界性。

凡此表明，大学生学习评估的关键，是在使预期学习成效在学校、专业和课程三个层面实现相互调和、相互建构的基础上，构建"教学—学习—评估"三位一体的学习评估模式；对预期学习成效进行明晰、可行的操作化定义，是落实三位一体学习评估模式的前提和基础，不仅有助于促进大学教学、大学生学习与评价任务三者之间的一致性建构，而且有助于鼓励学生反思自己的学习进程并对改善学业进行有意识的规划、调控和评估，进而在学习实践中作为真正主体发挥自身的能动作用。

3. 形成性评估与总结性评估并举的学习评估制度

在实践层面，基于对大学生学习状况的了解，存在两种不同类型的评估方式：一是注重对学生的学习过程进行评价和反馈的形成性评估，它通常贯穿于大学生学习的整个过程，以定量和定性相结合的形式进行，注重历时性的动态比较，评估结果能帮助教师和学生了解当前的学习进展情况，既可用于改善教师教学，也可用于改进学生学习。二是强调对学生的学习结果进行测量的总结性评估，它通常是在课程教学环节结束后，以标准化考试或其他定量形式进行，往往是终局性、决定性的，注重院校、专业、班级之间的共时性比较，是判断学生学业表现优劣好坏的主要依据，学生常常为此担忧焦虑和患得患失。从这个意义上，两种类型的学习评估既存在共性：都是对学生学业的实际表现与预期学习成效进行比较；同时也存在区别：总结性评估发挥着问责惩罚的功能，形成性评估则旨在诊断和改进教与学的质量。

从结构功能主义视角出发，总结性评估的问责惩罚功能表现为：一方面，对大学生而言，它意味着一种内部问责和惩罚，是对学生学习结果的终局性评定，即"一考定未来"；同时，也是大学生文化资本的累积性证明，以确保他们在毕业时能顺利兑换制度化文化资本——学历文凭。另一方面，对院校而言，总结性评估是一种外部问责，是院校向政府、社会、用人单位、家长和学生提供令人信服的证据来证明自身的教学质量、人才培养质量以及办学绩效；换言之，证明其培养的大学生达到了预期学习成效（或培养目标），并与经济社会发展相互适应，与用人单位的人才需求相互匹配。形成性评估的质量改进功能突出表现为：它能将教师的教与学生的学有机结合起来，借助形成性评估，师生能第一时间获得对教学状况与学习状况的反馈，一方面促进教师对教学计划和教学活动进行调整和改进，进而在持续性评估中不断提升自身的教学质量和教学水平；另一方面，有助于激发学生对自身学习的内在动机和兴趣，并提升学生对教师教学的满意度。具体来说，形成性评估能促进学生主动对自身的学习实践进行自我管理与自我评价。同时，由于形成性评估侧重了解学生对预期学习成效的达成程度以及帮助学生改进学习策略，而非用分数来对学生之间进行排名比较，因此，它为学生创设了安全的学习环境，使学生能够大胆袒露疑惑和承认错误，并自愿自觉加以改进，而非掩饰错误从而避免失分。

在大学生学习评估的制度设置上，任何一种非此即彼的选择都过于简单且不利于学习评估宗旨的实现，应该在实践中将二者结合起来，使之相互配合、优势互补。由于两种评估方式给学生带来的影响是不同的：总结性评估让学生倾向于掩盖错误，形成性评估则鼓励学生大胆袒露疑惑和接纳错误，因此，教师在教学设计中，如何发挥两种评估的功能，即何时采用何种评价，需明确无误地告知学生，这样将有助于学生对自身学习进行适切的自我管理和自我决策，在有效应对学习评估的同时，一以贯之地围绕预期学习成效进行深层学习。此外，在实践层面落实形成性评估与总结性评估并举的评估制度，除了上述值得注意的问题外，还需要考虑当前的制度惰性给改革带来的阻力，如教师缺乏形成性评估的理念、技术和方法，教学行政管理层对传统测量模式的习惯和坚守，形成性评估所依赖的证据文化尚未形成，院校内部组织机构之间由于缺乏共识基础而难以有效协同等。只有在制度层面和观念层面为形成性评估和总结性评估的结合扫清障碍，才能真正发挥二者在促进大学生主体性学习和发展中的功能优势。

4. 意义维度与实践维度交互建构的学习评估逻辑

如前所述，对于旨在促进大学生主体性发展的学习评估而言，无论是

"教学—学习—评估"三位一体的学习评估模式,还是常规参照性评估与标准参照性评估,抑或形成性评估与总结性评估,都体现了大学生学习评估的多样性。然而,这种评估的多样性受制于一种常态,这种常态是一些持续的紧张状态的作用结果;这种紧张状态主要通过两个维度凝固下来:意义维度和实践维度(见图6.1)。[1]

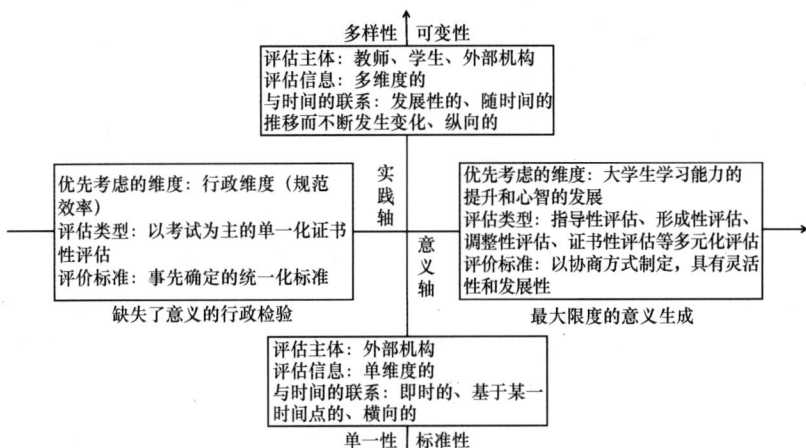

图6.1　大学生学习评估的意义维度与实践维度

资料来源:[比]易克萨维耶·罗日叶:《学校与评估——为了评估学生能力的情境》,汪凌、周振平译,华东师范大学出版社2011年版,第83页;有所修改。

第一个维度是意义维度,它表征着学习评估是意义生成过程和行政制度检验之间一种永恒的紧张状态。在大学场域的制度化学习中,意义生成的特征主要在于从实践逻辑出发,深刻理解和建构学习的过程和目的。学习评估的意义生成既关乎学生,同时也关乎教师;既牵涉教学与学习的实践,也牵涉预期学习成效。对学生而言,学习评估的意义生成意味着他们清楚地知道自己的预期学习成效,即学什么、如何学以及评价标准,在此基础上,他们能够主动反思自己的学习进程,把握自身的学习表现与预期学习成效之间的达成度,有意识地规划、监控和改进学业规划、学习取向和学习策略。对于教师而言,学习评估的意义生成意味着评估能够引导教

---

[1] [比]易克萨维耶·罗日叶:《学校与评估——为了评估学生能力的情境》,汪凌、周振平译,华东师范大学出版社2011年版,第77页。

师了解是什么因素导致了学生在学习实践中的活跃或迟钝，是什么因素阻碍了学生在学习实践中难以达成预期学习成效，以及如何解释教学活动中的"机能紊乱"现象，如学生的学习动力不足、缺乏兴趣、注意力不集中、频繁逃课、疲惫应付等，在此基础上，教师对自身的教学设计、教学方法以及对学生的学习指导和学习反馈做出适时定位并有针对性地加以调整和改进。

在教师与学生关于学习评估的意义生成基础上，教师的教学与学生的学习才能相互对接起来，从预期学习成效出发，师生共同了解教与学的实际进展情况，形成教学与学习的双向互动与反馈，促进他们作为学习共同体，对当下和未来的教学活动与学习行动进行反思和协商，从中发现问题、探寻原因、达成共识，以实现协同改进。然而，事实上，意义生成功能常常被另一种功能，即检验功能削弱，甚至妨碍："检验"的特征就在于这样的事实，即其标准是一开始就确定好的，而不是由行动者（或者和行动者一起）建构而成的，它是不可以变化的；"检验"所隐含的理念就是验证所期待之物和所观察到的（预先确定的东西）是否一致。[①] 凡此表明，在意义维度上，与学习评估的意义生成相对立的另一端，则是缺失了意义的行政制度检验，即从工具理性和制度主义视角出发，在检视教师的教学与学生的学习是否符合规范的基础上开展行政性总结，并由此反映院校的办学绩效。

第二个维度是实践维度，它显示学习评估是多样性与可变性评估机制同单一性与标准性评估机制之间一种永恒的紧张状态。一方面，多样性与可变性的评估机制，注重评估主体的多元性，既有教师，也有学生，甚至还包括其他相关行动者，在对学习评估的参与中，每个学生都表现出独特的元认知策略和自我评估方法，教师也为了调整和改进教学而每时每刻对学生进行多角度的观察；评估证据的来源是多渠道的，证据信息是广泛且多样的；评估方式是因时因地制宜的，结合不同的教学情境，在师生平等协商达成共识的基础上，选择具有适切性的评估方式；评估过程随时间演进而发生变化：师生共同对教与学的进展状况进行动态把握，并依据学生实际学习表现与预期学习成效之间的达成情况，及时调整和改进教学方法

①　［比］易克萨维耶·罗日叶：《学校与评估——为了评估学生能力的情境》，汪凌、周振平译，华东师范大学出版社 2011 年版，第 77 页。

和学习策略。另一方面，单一性与标准性的评估机制，强调教师是唯一的评估主体，学生缺少对学习评估过程的参与，更缺少对自身学习的自我评估与自我反思；评估证据的来源渠道是单一且预先设定好的，通常以标准化考试为主要形式；评估过程是相对固定的，即严格按照院校统一规定的培养标准和培养方案，对学生的学业获得情况进行判定和比较。

学习评估逻辑的多样性表明，评估是一个涉及评估者在大学场域中的客观位置和主观立场的问题。从不同的位置和立场出发，由此形成的评估逻辑和评估样式也各不相同。在实践中，学习评估受多种因素影响和制约，如院校的培养规划和培养目标、教学行政管理层和决策层的理念和工作重点、师生对学习评估的认知等。基于此，立足于大学生的主体性学习和发展，为了促进多样性、可变性及意义生成的学习评估，发挥其对教学和学习的积极功能，可从以下几个方面着手：首先，在制度设置和组织机构层面，应把大学生学习评估纳入院校的总体战略规划中，并从院校层面明确列举预期学习成效，即毕业生的核心能力。同时，构建院校组织部门间的协同评估机制，鼓励教师、学生及其他相关人员积极参与学习评估，以保障评估主体的多元性，以及评估证据的多样性和广泛性。其次，在具体操作层面，要重视对教师和相关评估人员开展学习评估知识、技能和方法的培训，如指导教师制订学习评估计划、介绍学习评估方法等；同时，院校要赋予教师更大的评估自由度，使教师能够结合课程特点，选择适切性的教学方式和评估方式。此外，在评估过程方面，一般分为三个阶段：预期学习成效的操作化定义、学习评估和学习改进，这里的每一个阶段都不是孤立的，也非单一主体独自完成的，而是要在"教学—学习—评估"三位一体的评估模式下，围绕预期学习成效，通过多元主体的共同参与，评估学生的实际学习情况与预期学习成效之间的匹配程度，并根据评估结果的反馈，在教与学的实践中缩小预期学习成效与学生实然学习状况之间的差距。

第二节　大学生反思性学习惯习的策略建构

从学习意义的生成视角出发，学习实践可分为无意义的学习和有意义的学习两种。对于大学生而言，无意义的学习意味着学习是他主的，学习目的更多基于外在而非内在，并呈现明显的工具理性取向和功利主义色彩，大学生在学习过程中较少主动投入而更多被动卷入，同时缺少审视和反思自身的认知、情感和思维图式的机会，学习评估是基于量化的统一标准而非大学生内在发展的需要。然而，有意义的学习正好与之相反：学习同时关涉大学生身心两个层面的投入，学习的动力来自大学生内在的动机兴趣和对知识的渴求，学习是大学生积极参与学习共同体的协商交流，主动生成意义和建构知识的过程。有意义的学习不仅深刻改变了大学生的认知、情感和思维图式，而且对他们未来的终身学习和持续发展产生了深刻的、实质的和积极的影响；大学生学习评估是基于主体能力和心智发展的视角。凡此表明，有意义的学习从本质上是一种基于主体性发展的学习实践。

那么，究竟如何才能生成大学生的主体性学习呢？从大学生学习实践的生成性动力机制出发，其根本在于建构基于主体性发展的反思性学习惯习。在某种程度上，与其说学习惯习是大学生学习实践恒定的前提，不如说反思性学习惯习及其形塑的心智结构，是大学生对自身学习的持续性监控、反思与改进的结果。反思性学习惯习作为主体性学习实践的生成性原则，它在结构上是与知识社会以及学习型大学场域相互对应、相互契合的。面对知识社会的变迁以及学习型大学场域运作逻辑的变化，一旦大学生借助自觉意识，持续性地反思和改变自身的认知、情感和思维图式，使之朝着主体性学习和发展的方向演进，反思性学习惯习才会逐渐在大学生的身体之中生成，并重塑他们的心智结构。反思性学习惯习的生成，意味着它将作为一种"实践感"，构成大学生主体性学习策略和学习行动的生成性原则，从而使他们得以从有意识的监控和反思自身"学习障碍"或"学习危机"的"存在性焦虑"中解脱出来，并在新的实践理性的导向下，"轻松自如"地建构自身的主体性学习实践。对此，本节力图从大学生心智结构的认知、情感和思维三个维度入手，探讨基于主体性发展的反思性学习惯习的策略建构。

一　基于复杂概念与知识迁移的弹性认知策略

在大学场域中，大学生所置身的学习情境总是会唤起或触发他们对已有知识和经验的感知。这些已有的知识和经验正是先前学习经历的产物，既反映了大学生先前学习行动的轨迹，也作为学习惯习的存在形式之一，以一种认知图式的方式，被整合和内化到大学生的心智结构之中，并在新的学习情境中得以激活和迁移。凡此表明，大学生的已有知识和经验与新的学习经验之间是相互关联的。认知结构的连续性和生成性，不仅意味着大学生能运用已有知识和经验指导后续的学习实践，而且表征着认知图式的开放性和灵活性，即认知图式始终嵌入在持续性的学习实践中，一方面发挥着各种实践生成作用，另一方面也被不断变化的学习行动调适和改变。

1. 结构不良性知识领域的挑战与大学生高级学习的缺失

伴随知识社会的变迁，人们所置身的社会世界的日益复杂性，正不断导致越来越多知识领域的结构不良性。对于学习型大学场域而言，建构主义知识观的转型，意味着科层型大学场域中那些脱离了现实的简单化和结构良好的教学设计和学习方式，已无法帮助大学生适应和应对今日世界的变化，甚至使他们陷入各种"学习障碍"或"学习危机"之中。所谓"结构不良性"，是指在知识领域中存在多种形式的概念复杂性和案例间的不规律性（case-to-case irregularity），这对传统的学习与教学理论提出了严重的问题。① 由此可见，只要涉及将知识迁移应用到现实情境中的所有领域，几乎都有着实质性的结构不良特征。在大学教学与大学生学习中，一旦忽略概念复杂性和知识应用的不规律性所带来的认知问题，就会导致学生的学习由于无法实现迁移而遭遇学习失败，这种情形在知识社会的转型背景下将更为普遍常见。

对于大学生而言，基于概念简单化和结构良性领域的初级学习，与基于概念复杂性和结构不良性领域的高级学习，二者的目标是完全不同的。在初级学习中，由于较少涉及复杂性的概念知识以及知识的应用问题，因此，结构不良性问题并不十分突出，学习者通过从记忆中原封不动地提取已有知识，便足以应对学习任务，达成学习目标。时至今日，知识社会的变迁和学习型大学场域的转型，导致大多数知识领域中都存在着结构不良性特征。对此，大学生的常规性学习惯习所形塑的结构良性的认知结构、所生成的应试性学习实践，一旦面对高级学习的复杂性知识获得以及知识应用的学习目标，就会产生明显的惯习滞后效应与严重的知识迁移障碍。

---

① ［美］兰德·J. 斯皮罗、保罗·J. 费尔多维奇、迈克尔·J. 雅各布森、理查德·L. 库尔森：《认知弹性、建构主义和超文本——支持结构不良领域高级知识获得的随机访问教学》，载［美］莱斯利·P. 斯特弗、杰里·盖尔《教育中的建构主义》，高文等译，华东师范大学出版社2002年版，第68页。

　　凡此表明，大学生经由常规性学习惯习生成的结构良性认识结构与表层学习策略，显然已不能有效应对高级学习目标，从而导致他们在高级知识获得中遭遇各种"学习失败"。对此，斯皮罗（Spiro）等学者认为，贯穿高级学习缺失的一根共同的主线是过分简单化，即"简化倾向"，常见的形式有："加法倾向"（additivity bias），即认为将复杂内容的各个部分单独学习，当各个部分合并回去成为一个整体时，它们还会保留原来的特点；"离散性倾向"（discreteness bias），将连续的属性极点化，连续性的过程被分割为具体的步骤；"分隔化倾向"（compartmentalization bias），即在现实中相互高度依赖的概念要素被孤立地加以对待，忽略了其相互作用的重要方面。① 由"简化倾向"导致的"学习失败"，在实践中又进一步表现为大学生的"认知障碍"或"认知阻滞"所带来的高级学习缺失。对于大学生而言，与结构不良知识领域相对应的高级学习策略，将在本质上不同于结构良性知识领域的初级学习策略。这就意味着大学生必须改变或重塑自身的常规性学习惯习，转向反思性学习惯习的建构，从而通过对自身认知结构的弹性重组，使自己得以适应复杂性知识建构和知识应用的需要，进而实现从初级学习向高级学习的转变。

　　2. 促进复杂概念理解和适应性知识迁移的弹性认知策略

　　在早期初级学习的经历中，大学生逐渐生成的常规性学习惯习及其建构的认知结构、学习策略和学习行动，在结构良性的知识领域中是适切的、有效的，但是在结构不良的知识领域中则会遭遇阻碍。后者要求大学生建构高度的知识交互结构，并确保这些知识得以在各种真实情境中迁移和应用。从这个意义上，那些在初级学习中被视为能有效达成学习目标、促进学业成功的认知结构和学习策略，在今天结构不良性的知识领域中，则可能会阻碍高级学习目标的实现。这也正是大学生常规性学习惯习滞后效应的现实表现。对此，大学生如果继续坚守常规性学习惯习并任由它发挥实践作用，那么，"学习失败"甚至对社会的"适应失败"就会接踵而至，同时，"功能性文盲"也会成为知识社会中的一种常态现象。对此，大学生只有立足于学习型大学场域的结构转型，借助自觉意识，有意识地

----

① ［美］兰德·J. 斯皮罗、保罗·J. 费尔多维奇、迈克尔·J. 雅各布森、理查德·L. 库尔森：《认知弹性、建构主义和超文本——支持结构不良领域高级知识获得的随机访问教学》，载［美］莱斯利·P. 斯特弗、杰里·盖尔《教育中的建构主义》，高文等译，华东师范大学出版社 2002 年版，第 71 页。

对自身的认知结构和行动策略进行重建，才能应对结构不良知识领域带来的挑战，才能通往更高阶的高级学习。

尽管大学生常规性学习惯习生成的认知结构具有相对的稳定性和持续性，但同时，心智惯习本身所具有的创造性特征，意味着认知结构也是一种灵活的、开放的图式系统，具有变化性和生成性的属性。这一点，正如彼得·阿列特在他的"自传性"概念中指出的那样："主动性（initiative）不是隐含在有关'我是谁'和'我从哪里来'的问题中的，而是在诸如'什么对我来说可能会更好'和'我想到哪里去'这样的问题之中。"[①]针对结构不良知识领域的概念复杂性和案例间的不规律性，大学生已有的认知图式已显得不够充分、不够恰当。同时，知识应用的多情境化和多类型化，导致大学生已有认知图式中的"惰性知识"已经难以促进学习迁移和应用。换言之，大学生已经无法从记忆库中提取现成的关于如何思考和行动的策略指令，而是需要从知识的交互结构出发，将能够促成某一理解或问题解决的知识，在具体情境中重新组合起来。

大学生的初级学习，建构了他们以简单化和结构良好为特征的认知图式。对于这一认识图式而言，知识是线性的、单一表征的，因而表现为一种"惰性知识"，即知识由于脱离了现实情境脉络，而与个人经验、专业实践、生活情境之间呈现分离趋势，导致大学生获得的知识仅能满足应试需要，而无法在现实情境中灵活地迁移和应用。知识社会的变迁与学习型大学场域的结构转型，在使大多数知识领域呈现结构不良性特征的同时，也给大学生的学习提出了新的要求，即从初级学习向高级学习的转变。从认知结构的视角出发，高级学习目标包括两个方面：一是理解和掌握复杂性的概念知识，二是独立地将建构的知识迁移应用于异质性情境中。简言之，"复杂概念理解"和"适应性知识迁移"[②]。

结构不良知识领域的概念复杂性和案例间的不规律性，意味着这一领域中的知识是随着情境的变化而呈现多元表征的特点，是一种具有双重建

---

① ［丹］克努兹·伊列雷斯：《我们如何学习——全视角学习理论》，孙玫璐译，教育科学出版社 2010 年版，第 153 页。

② ［美］兰德·J. 斯皮罗、保罗·J. 费尔多维奇、迈克尔·J. 雅各布森、理查德·L. 库尔森：《认知弹性、建构主义和超文本——支持结构不良领域高级知识获得的随机访问教学》，载［美］莱斯利·P. 斯特弗、杰里·盖尔《教育中的建构主义》，高文等译，华东师范大学出版社 2002 年版，第 74 页。

构性的"弹性认知":一方面,所有的理解是通过运用先前知识超越所给信息而建构的,而非被动、不假思索地获取;另一方面,在已有知识基础上生成的新知识,是在具体情境或案例中,以易于弹性应用的方式建构的,而非从记忆中提取的。因此,弹性认知是针对结构不良领域中高级知识获得的一种新的建构主义学习策略,它会随着应用情境的变化或问题解决类型的变化而进行灵活性组合与建构。大学生要发展认知弹性学习策略,获得支持弹性认知加工的知识结构,需要如下支持条件。

一是弹性学习环境。该环境是基于知识多元表征的、非线性的、多维度的,其建构的关键在于为大学生创设基于知识应用的各种具体学习情境,以确保大学生能够从不同的观点和案例角度表征和建构知识,并在之后的知识应用中,运用其建构的知识,适应理解的需要或问题解决情境的需要,进而服务于多样化的情境意图或多类型的应用意图。二是大学教学内容的多重并置(multiple juxtaposotion)。在教学中,教师通过精心挑选各种案例,或开展具有挑战性的情境学习,帮助学生从多元视角出发,根据具体的情境脉络去理解复杂性概念知识,培养一种适应结构不良领域的建构主义知识观,并逐渐生成一套弹性认知建构的策略,确保他们能随时随地围绕具体的情境脉络或不同的案例表征,组合和建构知识,以适应未来在结构不良领域中知识应用的多样化需要。

二　基于互动仪式与情感能量的经验学习策略

大学生的学习实践不仅涉及认知维度,更涉及情感维度。如果说学习的认知是一种理性的心智活动,那么,学习的审美就是一种感性的心智活动,二者从根本上不能截然分离开来,它们共同构成了学习惯习的重要组成部分。因为个体的学习实践要想获得完满的主体性发展的意义,就必须在确保理性认知的同时,具备情感上的审美性质。积极能动的情感,是人作为主体,开展有意义的学习,追求有意义的人生必不可少的构成要素。工具理性与价值理性之间的紧张与对立,催生了工业社会的客观主义和功利主义倾向,导致高等教育领域中普遍存在过分关注大学生的智识提升而忽视心智发展的"重科研轻教学""只教书不育人"的现象。大学生情感能力的提升,在很大程度上依赖于大学生的学习体验,因为只有当学习成为个体的一种体验时,才能真正唤醒和激活潜藏于个体内在的情感能量。因此,要从根本上促使大学生学习成为蕴含情感审美价值的实践活动,需借助基于情感体验和理智发展相互融合、相互促进的经验学习策略，来丰富和发展大学生的情感体验，使他们得以在实践中生成更多的正向情感和积极能量。

1. 情感的属性与作用机制：个体性与社会性的交互

从社会学视角出发，情感既呈现为基于主观意义和主体价值的个人体验或自我概念，又反映了个体与社会结构密切相关的社会体验或社会意识，个人主观性和社会建构性构成了情感的两种属性。情感主观性突出主体的情感价值观及其行动取向，是个人情感行动的高度能动化，具备个人的结构特征：一是每个人的情感总是基于自己过去的历史，是一种"库存性情感"；二是每个人的情感总是源于个人所处的当下环境，是一种"场域性情感"。[①] 情感的社会建构性表明，情感是在个体社会化过程中逐渐生成的关于情感的社会知识和能力；同时，由于个体在社会中所处位置的不同，彼此间的情感也呈现较大差异性。由此，情感的双重属性意味着：一方面，社会结构形塑和制约着个体情感，个体情感是客观社会结构在个体心智结构中的综合投射；个体情感中主观意义的生成过程，同时也是社会意义的建构过程，二者交互运作、密不可分。另一方面，个体并非完全被动地受制于情感控制，而是能够作为主体，能动地赋予自身所处的情境以主观定义，有意识地调适和管理自我情感，自主地反思和建构自身的社会行动，并最终在实践层面促成个体主观意义与社会意义的共生交互。

对于大学生而言，情感对学习实践的作用机制在于：大学场域中各种客观关系和文化观念，是通过大学生对它们的理解和解释这一"生成性主观立场"的中介环节而发挥情感激活作用，进而生成学习实践的。从这个意义上，情感是个体主观性与社会建构性交互作用的结果。有意义学习的发生，取决于大学生能否在学习互动中将自身的认知、思维与行动同积极的情感建立联系。情感作为认知、思维与行动的一种促发因素，决定着个体如何对待自己的认知阻滞：正向情感有助于大学生克服认知阻滞，建立新的认知图式；而负向情感则可能加剧认知阻滞，甚至导致对生命的阻抗潜能。同时，像其他社会能力一样，大学生情感能力的生成，也需要

---

① 郭景萍：《试析作为"主观社会现实"的情感——一种社会学的新阐释》，《社会科学研究》2007年第3期。

认知与思维的技巧支持。戈登（S. L. Gorden）认为，情感能力体现在以下几个方面：一是表达和解释非言语信息的情感姿势；二是控制冲动的且不为社会所赞成的情感的外部表达；三是同时感受与表达社会性适当的情感；四是识别情感的文化意义；五是妥善地处理令人苦恼的情感。① 情感能力一方面作为一种生成机制，通过发挥情感唤起作用，构成了个体实践行动的内在驱动力；另一方面，情感能力的生成，又依赖于他人在互动中如何对个体的各种策略性表现进行解释和回应。换言之，互动中他人的主观意义解释和客观行动回应直接影响着个体的情感生成与情感唤起。大学生在学习上的情感能力，取决于他们在何种程度上将外在的社会性变量转换为一种内在的建构性力量，纳入到自我发展的学习实践之中。

综上表明，大学生的自我概念与他的社会意识或对社会情境的主观定义和解释密切相关，大学生对情境的主观定义始终在其学习实践中发挥着情感唤起作用。对于大学生而言，主体性发展意味着他们能够从自身所置身的社会情境或大学场域出发，明确地建构和表达一种积极的自我概念，促发自身的主体性学习实践，并在这一过程中积极追求自我价值的实现，促进个人意义与社会意义的融通合一。只有当个体对自我和社会世界产生一种积极的正向情感和自我概念时，他才会自觉自愿地投入心智能量，去能动地改变自己、改造世界。因此，作为主体性学习实践生成的内在驱动力，大学生积极自我概念的建构，既依赖于个体所处的客观环境和社会条件，也取决于个体的主体意识和主体能力在学习实践中发挥的能动作用。

2. 基于共同体的经验学习：在互动中生成情感能量

无论是人本主义教育学者罗杰斯（Carl Rogers），还是实用主义教育学者杜威（John Dewey），都在各自的理论中表明，有意义的学习是一种经验学习，是与个体情感能力的发展密切相关的实践形式。罗杰斯在《自由学习》一书中提出了他的人本主义经验学习的思想。他认为，经验是人与人之间基于情感交流而产生的认知与体悟；经验学习是在个体的内在潜能得以充分激发和释放的基础上开展的符合个体自我实现（self-actualization）需求的有意义的学习。相较于罗杰斯以个体的自我作为中心理念，杜威则从个人与社会的交互视角出发，提出了他的经验学习："经验包含一个主动的、积极的因素和一个被动的、消极的因素，这两个因素以

---

① 王鹏、候钧生：《情感社会学：研究的现状与趋势》，《社会》2005 年第 4 期。

特有形式结合在一起。在主动的方面，经验就是尝试，这个意义也体现在'试验'的概念之中；在被动的方面，经验就是遭受和承受。我们作用于事物，事物反作用于我们，其中，经验的两个要素存在着一种特殊的联结。经验的这两个方面的联结越是密切，其价值也就越大。"① 由于个体与社会世界的相互作用贯穿于人的整个生命历程，而个体主观性和社会建构性的交互赋予了个体学习以一种情感上的感受和体验，促使个体得以在"经验中学习"。从这个意义上，经验学习意味着审美经验和理智经验在学习过程中的相互融合、相互促进。

"情感能量"（emotion energy）是美国社会学者柯林斯（Randall Collins）在他的互动仪式链理论中提出的一个重要概念。情感能量并非通常意义上的"情感"，是一种参与社会互动与获得成员身份的渴求，带有明显的社会取向；对个体而言，情感能量的追求是一种自我满足的行为，但是在客观上有利于促成群体的团结。② 柯林斯认为，互动仪式的核心意义在于它能将短暂的、即时的情绪转化为长期的、稳定的情感；借助互动仪式，行动者得以在获致成员身份的基础上，拥有共同的关注点，如目标、信念和价值观，并在共享的情绪体验中，建构彼此间高度的情感认同和情感协调。行动者在互动中的情感能量卷入程度，与他们所处的互动场景密切相关：从最高的热情、自信和安全感，到最低的沮丧、焦虑和失落感。高度的情感能量意味着行动者以能动主体的身份，充满热情和信心地投入到互动仪式之中，并从中建构积极的自我概念；低度的情感能量则表征着行动者对互动缺乏积极性和主动性，更多是以消极应付的状态被动卷入，且个体难以在互动中建立积极的自我概念，甚至面临自我认同危机。基于此，有意义的经验学习是一种基于高度情感能量投入的学习实践形式。

经验学习是大学生个体与学习情境交互运作的产物。随着社会时代和大学场域的变迁，情感能力的内涵和外延也相应发生变化。知识社会的转型以及学习型大学场域的变革，都从客观上要求大学生的学习从无意义的机械学习转向有意义的经验学习。与之相对应，大学场域的客观结构需从以往师生主客二分的"权威—服从"式课堂转向基于主体间性的师生学

---

① ［美］约翰·杜威：《民主·经验·教育》，彭正梅译，上海人民出版社 2009 年版，第108—109 页。

② 王鹏、林聚任：《情感能量的理性化分析——试论柯林斯的"互动仪式市场模型"》，《山东大学学报》2006 年第 1 期。

习共同体。"权威—服从"式课堂由于自上而下的机械灌输和缺乏交流互动而对学生丧失了意义感和价值感。当学生对此投入情感能量却不能获得相应的情感回报时，他们便会拒绝投入，或转向其他获益更多的互动仪式。在基于主体间性的学习共同体中，师生之间的"权威—服从"界限被打破，平等互动关系被激活，他们共享着共同的学习目标、认识论观念，通过有意义的对话，在基于情境应用或问题解决的学习实践中，生成意义、达成理解与建构知识，并在持续的共同体互动中，使自身最初的、短暂的正向情绪逐渐转化为稳定的、长期的积极情感。当师生们意识到，对学习共同体的情感能量投入能给他们带来丰厚的情感回报时，如积极的自我概念、共同体成员的归属感、自我意义和价值的生成等，他们便倾向于采取同样的实践，建构基于学习共同体互动的亚文化。在这个亚文化圈里，师生之间、生生之间按照互动仪式，彼此相遇，共同提升情感，开展教与学的实践。大学生之所以全情地投入互动之中，并不仅仅在于获取文化资本，更重要的是积极情感能量的建构。从这个意义上，情感能量如同文化资本一样，也是学习共同体互动中的一种有效成本或资源。

3. 经验学习中的情感策略：从学习阻抗到自我实现

对于大学生而言，并非所有的学习经验都是行之有效、富有建设性的。杜威曾指出，"教育即生长。生长的首要条件是未成熟状态。'未成熟状态'类似于'能力'和'潜力'，既可能具有积极的意义，也可能具有消极的意义"①。那么，在现实中，如何才能促使个体的生长朝着主体性发展的方向？这在很大程度上取决于个体的心智发展状态。任何一种先有的经验都必须与心智相宜，即通过健全的心智来发挥积极的情感唤起作用。对此，特纳的情感社会学表明，人们并非总是寻求认知一致性来满足情感的需求，他们也经常通过情感的抑制，或者否认不相符合的情感来保护自我，从而导致个体行动不断偏离自我的主观期待或情境的客观期望。受情感抑制程度和抑制持续时间的影响，个体的情感动力机制也会发生改变，甚至生成个体的自我防御策略。

知识社会的转型以及学习型大学场域的结构变革，给大学生学习带来了一种普遍化的紧张状态。这种紧张状态如同一把"双刃剑"，既可能作

---

① ［美］约翰·杜威：《民主·经验·教育》，彭正梅译，上海人民出版社2009年版，第59页。

为一种促进大学生主体性发展的自我实现潜能，也可能由于大学生个体难以克服和调适学习障碍而发展成为学习阻抗潜能。在学习情境中，究竟是哪种潜能在大学生的学习实践中被激活和释放，很大程度上取决于大学生能否有意识地唤起自己的正向情感，调整认知结构，主动性和建构性地审视和应对学习阻抗，并借助主体性的反思，去克服学习的干扰，将阻抗潜能转化为自我实现潜能。同时，大学生学习实践的双重潜能也对学习型大学场域的制度化设置提出了更高的要求：一方面，创设能够给大学生的学习阻抗预留足够的开放空间的学习环境；另一方面，教师要充分认识到学习阻抗是大学生学习实践的一种常态化存在形式，它在给大学生学习带来挑战的同时，也作为积极的建构性力量，与个体的自我实现潜能紧密联系，构成促进个体不断改变自我、超越自我的内在驱动力量。在大学生的经验学习中，积极应对学习阻抗的情感调适策略通常有两种。

　　一是基于积极情感唤起的归因策略。大学生学习预期与学习经历的一致性程度，会引发不同的情感唤起机制以及归因倾向。对此，特纳做了相关的总结：当预期的满足归因于自我，自我就会被积极地评价，而且个体会维持在际遇中与他人的关系；当预期的满足归因于他人的内在状态或他人的类别，朝向他人的积极情感就会被唤起；当预期的满足归结于情境中的外在原因，情感的积极强度就会比较低；反之，当个体没有满足预期或接收到消极认同时，如果归因于自我，朝向自我的强烈的消极情感会随之发生；如果归因于他人的内在状态，朝向他人的攻击性情感就会变得明显；如果归因于外部原因，朝向自我和他人的消极情感就会减弱。① 凡此表明，大学生对学习情境定义的最重要部分是对自我的期望——他人应该如何对待自己。

　　在学习互动中，当大学生的核心自我得到确认，而他人却不认同其自我期望时，消极情感就有可能被激活甚至变得强烈。结果就是，个体经常会采用防卫机制和避免痛苦的策略：当期望与他人反应之间的不一致不是很严重时，个体会采用防卫策略，如有选择地理解和解释，或者有关过去期望得到满足时的积极记忆等，来缓解或消除自我期望与他人反应之间的

---

① 王鹏、候钧生：《情感社会学：研究的现状与趋势》，《社会》2005 年第 4 期。

不一致所带来的痛苦；但是，如果不一致无法通过这种方式缓解，个体就会激活更加有力的防卫机制。① 大学生学习中常见的防卫机制包括"抑制"和"归因"两种，前者是将不一致所带来的消极情感排斥在意识之外，后者是将未能实现期望导致的羞耻感归因于自我、他人或社会结构。一旦个体"寻求肯定自我和避免否定自我"的"抑制"或"归因"策略作为情感图式被内化于心智惯习，便会激发个体的学习阻抗。对此，特纳指出，自我交谈会影响个体在社会行动或互动中的积极或消极情感的唤起强度与持续时间。基于此，要从根本上对抗和克服学习阻抗，一方面，大学生需从情感上和认知上，以一种接纳的态度，对加剧学习阻抗的"抑制"或"归因"策略予以表达、承认甚至命名，在此基础上，尝试接近未知、疑惑、挫折和不安全感，勇敢面对和适应自己的焦虑、痛苦和紧张情绪，忍受冲突；另一方面，借助有意识的自我对话与自我反思，分析导致自身学习防卫策略的根本原因，通过重构基于积极情感唤起的归因策略，使大学生能够在当前和今后的学习情境中体验到对自我、对他人的更加积极的情感。

二是自我认同的反思性与持续性建构。知识社会的转型，加剧了现代化和全球化的发展趋势，并带来了吉登斯所说的"时空分离"和社会结构的"抽离化"（disembeding mechanism），即时间从空间中分离出来，空间与场所也彼此分离，在场的东西越来越被缺场的东西所取代；社会关系从彼此互动的地域性关系中"脱离出来"，使个体学习经验的许多方面脱离于个体，即大学生的常规性学习惯习常常使个体的学习实践与现实世界之间呈现出"未经调停的矛盾冲突"或"系统性断裂"的状态，使个体遭遇各种学习阻抗，甚至陷入存在性焦虑之中。但同时，这一危机时刻也给大学生提供了一种主体选择的机会。

面对多样化的学习情境，大学生需要借助持续性反思，重新组织自己的学习规则，如大学生在时间管理、认知思维、自我决策、学习方法论以及生涯规划等方面不再具有适切性的个体经验，而是越来越依赖并信任于"象征符号"与"专家系统"，同时，由于专家意见的歧义，任何策略带来的安全感都是有限的，促使大学生需依据新的知识信息不断做出反思性改进，并且个体只有通过主动建构自身的学习方式和发展方式，才能有效

---

① ［美］乔纳森·特纳：《社会学理论的结构》，邱泽奇译，华夏出版社 2006 年版，第 425 页。

协调"存在性焦虑"和"本体性安全"之间的紧张对立。在此过程中，大学生在反思和重构中重新获得了自我认同感，同时，这一问题的解决也是大学生对其所处大学场域的一次重构。此外，情境的差异化也可能促进一种自我的整合，一个人可以使用差异化来促发一种独特的自我认同，从而使以往的标准化被转化成一种带有创造性的个体属性的模式。①

三　基于高阶思维能力发展的自反性学习策略

反思性学习惯习是大学生主体性学习与发展得以生成的前提和基础。基于高阶思维能力的自反性学习策略，正是大学生对自身学习进行反思性监控、改进甚至重构的实践结果。之所以要构建一种反思性学习惯习，是因为个体的思维发展遵循一种螺旋式上升的规律：思维行动总是趋于从不确定性的问题情境到确定性的与问题解决的情境，然后再到不确定性的问题情境这样一个"否定之否定"的辩证发展过程。这一点，正如杜威所指出的那样，"富有成效的思考总是存在于无意识和有意识的节奏变换之中；没有意识到的为我们提供自发性和新鲜感，而意识到的则给予我们确定性，调控思考过程。"② 基于此，从思维行动的运作逻辑出发，大学生需从有意识的高阶思维行动中逐渐建构一种基于"实践感"的反思性学习惯习，使他们得以将各种自反性学习策略内化于心智结构之中，成为被大学生视若当然的思维行动图式，并持续发挥生成主体性学习与发展的实践作用。

1. 从外显的高阶思维行动到内隐的自反性学习策略

高阶思维行动和自反性学习策略是构建反思性学习惯习的先决条件。那么，为什么要将高阶思维行动和自反性学习策略转化为大学生的反思性学习惯习？对于这一问题，美国学者伯金斯（David Perkins）给予了详细的解释：第一，如果每次做事都要三思再三思，思考的缜密度就会打折扣，同时，人类处理讯息的能力有限，应该让思考历程变成例行公事，好腾出空间让心智发展；第二，生命中有许多事情让人分心担忧，已经发展成型的习惯，总比耗费精力思索半天的习惯持久；第三，先假定思考历程

---

① 李强：《现代性中的社会与个人——安东尼·吉登斯〈现代性与自我认同〉述评》，《社会》2000 年第 6 期。

② ［美］约翰·杜威：《民主·经验·教育》，彭正梅译，上海人民出版社 2009 年版，第 49—51 页。

需要缜密的策划，那么"处理思考历程"本身也是一种思考历程，当然也需要经过深思熟虑，这样看来，思考的每个环节都需要精心设计，整个思考历程充满了无以计数的后设认知（metacognition），很显然，这样的思考模式根本行不通，对此，"心智习性"对这种偏差的思考观念提出了挑战。① 凡此表明，将有意识的外显的反思性思维行动转化为无意识的内隐的自反性学习策略，不仅是大学生建构反思性学习惯习的实践路径，而且也是大学生实现主体性学习和发展的必要条件。

所谓自反性学习策略，是指大学生将自身的知识建构或学习行动当作认知对象，在深刻审视和洞察自己的认知、情感和思维图式及其作用机制的基础上，发挥自身的主体能动性，对学习过程中的各种行动策略进行持续的监控、反思、改进甚至重构，使之朝着促进自我主体性学习和发展的方向转变的一种学习策略。从这个意义上，自反性学习策略是元认知策略的扩展，是一种基于"对认知的认知"的反思性学习策略。一旦反思性思维行动及其所引导的自反性学习策略经由学习实践内化于大学生的心智结构之中，或者自反性嵌入大学生身体层面变成一种自然而然的"实践感"，能随时被情境激发和唤醒，而无需刻意矫情与深思熟虑时，一种反思性学习惯习便得以生成。

2. 基于高阶思维能力的自反性学习策略的建构路径

对于今天的大学生而言，仅仅关注知识的获得是远远不够的。知识社会的高度复杂性和变化性，要求大学生比以往任何时候都要更加注重高阶思维的培养和训练。因为思维作为学习惯习的存在形式之一，一旦形成，便得以持久、稳定地发挥各种实践作用。大学生高阶思维能力的发展，是他们应对学习情境甚至现实世界中各种复杂性、不确定性和无序性的有效行动策略。大学生要想成为一个优秀的思考者和行动者，就需要主动建构一系列基于高阶思维能力的自反性学习策略，使之转换成为个体能够"带着走"的心智惯习，成为促进大学生主体性学习和发展的长效动力机制。

第一，批判性思维。批判性思维是探究性思维的前提和基础，探究性思维是批判性思维的深入和发展。任何一种创新，都势必建立在上述两种

---

① ［美］Arthur L. Costa & Bena Kallick：《整合和维持心智习性》，陈佩秀译，远流出版公司2001年版，第16页。

思维的基础之上。美国学者布鲁克·诺埃尔·摩尔和理查德·帕克将批判性思维定义为"审慎地运用推理去断定一个断言是否为真；值得注意的是，批判性思维往往不是指断言的真假本身，而是指对我们面临的断言进行评估。构成批判性思维的基本要素是断言（claims）、论题（issues）和论证（arguments），识别、分析和评价这些构成要素是批判性思维的关键"。基于此，培养和发展批判性思维的前提，在于大学生的认识论的改变，即从以往的客观主义认识论转向建构主义认识论。在客观主义认识论的导向下，一切知识都是以真理的形式存在和发展的，大学生只需对其进行接受和内化，而无须借助任何形式的批判。然而，面对瞬息万变的知识社会，大学生再也无法从对客观知识的获得中寻求一种稳定感和安全感。客观世界的变化，迫使他们必须重新生成一种建构主义认识论，并彻底改变自身对知识、对学习的看法，从生成的、变化的、发展的视角审视基于知识建构的学习行动。从这个意义上，大学生关于知识和学习的认识论转向本身，正是一种批判性思维的运用和发展。

对于大学生而言，批判性思维意味着一种基于合理性推理的质疑能力，它在学习实践中最直接的表现就是"不唯书""不唯上"，即大学生不是作为文本的"奴隶"，不假思索地接受他人的观点，做他人思想的"代言人"；而是作为文本的意义建构主体，在保持好奇和赞叹之心的同时，时刻以一种审慎严谨的态度，从主体间性视域出发，同文本、他人的观点和思想"保持距离"，运用识别和推理的方式，批判性地理解和解释文本、观点或思想。然而，这种批判性思维的运用，并非是对文本、他人的观点和思想做简单化、非此即彼的判别真假、对错或正误，而是从学科或专业的视角，对其所面对的文本进行系统性分析和解读，并在此基础上发现问题、提出质疑和发展自我观点，进而寻求同文本、同他人的观点或思想进行有意义的对话和交流。

同时，在教与学的实践中，教师应创设各种情境学习的机会，鼓励学生进行批判性思考和推理，引导学生将注意力和思维力置于对某一文本的解读和质疑上，敢于大胆地提出自己的疑问和观点，并合理地运用各种策略寻找和检验支持自己观点的论据。教师在鼓励学生生成批判性思维的同时，可运用"苏格拉底问答法"的提问教学策略，运用问题解决程序这种练习，挑战学生不严谨的批判性思维，引导学生进行推理或讨论。当学生基于问题加工处理信息，然后以所呈现的信息为基础得出合理结论时，他们的演绎性探究能力便获得发展。在此过程中，大学生得以有意识地审视自己的思维图式及其运作机制，并在监测、反思和改进思维行动的实践中，主动建构自身的元认知学习策略。

第二，决策性思维。无论在学习还是生活中，任何一个个体，无时无刻不在进行着各种各样的决策活动，如今天做什么？读什么书？见什么人？交谈什么？等等。然而，很多时候，个体在决策时，更多地依赖于惯习，但是，这种类型的决策往往不属于高阶思维的范畴，因为与之相对应的行动是源自一种常规性学习惯习的自发性和无意识性。对于主体性学习实践而言，大学生的决策性思维是与反思性学习惯习相对应的，一种带有明确意图，在理智和客观分析各种可行性路径的基础上选择相对最优化方案的行动过程。决策性思维对于大学生当前的学习以及未来的生活都发挥着至关重要的作用。

伴随知识社会的变迁和学习型大学场域的转型，大学生学习在空间上受高等教育全球化的影响，在时间上面向未来开放的现代文化，大学生始终置身于各种不确定性的风险之中。面对这一变化，大多数大学生缺乏对自身学习实践的决策性思维能力，尤其是在面对高风险决策时更是如此。究其原因，在"权威—服从"的常规性学习惯习的导向下，大学生们早已习惯了"在家听父母，在校听老师"的行动策略，而很少从主体性发展的视角出发，对自身的学习实践进行自我反思和自我决策。决策性思维的发展和运用，意味着大学生对自身的学习实践具有自我决定权和自我控制权，意味着大学生的学习实践是"自主"的，而非"他主"的。

从学习型大学场域出发，改进和发展大学生的决策性思维能力，关键在于创设一个基于平等、相互尊重和宽容失败的学习环境，在师生间建构一种基于主体间性的"心灵契约"，设计具有挑战性的学习情境，最大限度地为学生提供参与决策性实践行动的机会，鼓励学生在经验学习中发展决策思维和提升决策能力。从大学生学习实践出发，首先，确定个体的预期学习成效，并对其进行操作化定义，使之成为大学生对自身学习实践进行自我评估、自我反思与自我改进的可行性参照依据和评判标准。其次，由于个体总是倾向于采取那些符合自己价值观的思想和行动，因此，大学生需有意识地审视和洞察潜藏于心智结构中的自我概念和社会意识，明确认识自身内在和外在的优劣势，进而从现实情况出发，去选择最大化促进自身主体性发展的学习策略。再次，面对复杂多变的学习情境，大学生的学习行动以及由之形成的大学场域的各种客观关系并非一成不变的，而是需要随着情境的改变而被持续地动态监测和调适，这就要求大学生必须对外在的社会性变量保持高度的敏感性与清醒的认识，通过分析客观社会条件对自身学习实践的有利因素和不利因素，来识别和控制决策过程中的不确定性因素，在此基础上，拟定、评估和确定个性化学习方案，并在实施过程中随时依据新的知识信息做出阶段性调整和修正。

第三，创造性思维。所谓创造性思维，通常是个体认知、情感和学习能力三个因素共同作用的产物，是一种集审美与实践于一身的思维能力。在认知方面，个体既能进行聚合性思考，也能进行发散性思考；思维开阔，善于发问，擅长比喻和类推；循环并一遍一遍地检视观点；能从多种不同观点出发针对某一问题或情境进行多元知识表征，根据学习情境脉络建构对复杂性知识的理解；能反思自己的学习进程并对改善学业进行规划、调控和评估。在情感方面，个体是有意志的、有明确意图的、积极自觉的；敢于挑战权威，不被习俗、传统和现实所禁锢；喜欢独立工作，乐意接受高风险的挑战性任务，能容忍无序性和不确定性，能正视失败。在能力方面，个体学习常常基于内在动力的激发；能领会多种观点，透过现象看本质，并展示独创的想法；不受传统思维约束，能打破常规，具有良好的洞察力和丰富的想象力，不盲目轻信任何一种观点；善于精细思考和创造发明；能运用弹性认知技能，从知识源出发，将适应当前学习情境中概念理解或问题解决需要的信息组合起来，实现知识的迁移应用。

大学生创造性思维的培养，既取决于个体反思性学习策略的建构，也取决于他们应用创造能力的情境。从学习策略出发，针对某一复杂概念理解或问题解决的情境，一是个体运用强制性联想策略，重新定义问题或重述某个观念，透过表象洞察本质并思考他们是如何被应用的，进而建构自己的观点或发展多重观点。二是围绕学习情境中所确立的难题，运用转换视角策略，思考解决问题的可能方法；通过发展不同观点或见解的策略，激发自我思维的灵活性。三是在持续的学习实践中，反复运用头脑风暴策略，探索解决问题的多重方法，并在此过程中建构自身思维的流畅性；流畅是可以学习的，比起那些缺少流畅性的个体，流畅性思维者能更好地得出结论、做出概括。① 一旦大学生习惯于"扩展心智"这种思维方式，他们就可以应用已有知识来迁移解决问题，并在此基础上建构自身的反思性学习惯习。

从学习情境出发，首先，教师无法教授创造性，但是却可以引导学生探究他们的已有想法，因为很多学生往往没有意识到自己具有的想法；基于每个学生都拥有创造能力的预设，教师需最大化地创设鼓励学生表现自身创造力的学习机会。其次，教师应尽可能地为学生提供丰富的感性知识和材料，引导他们通过对同样材料进行多途径的访问，建构多元知识表征，从而发展基于复杂概念理解与适应性知识迁移的探究性思维能力。再次，创设问题导向或基于案例的情境学习，将大学生学习嵌入问题解决的情境脉络之中，通过精心设计一系列启发式问题将大学生现有的思维方式置于无法继续发挥作用的境地，激发他们重新思考原有的认知假设，并审视和改进自身分析和解决问题的思维图式及其运作机制。最后，教师围绕准备讲授的主题，明确写出预期学习成效，并清楚无误地让学生了解成效，知道自己要学什么、怎么学以及具体的评判标准是什么；同时对学生达到预期学习成效表示强烈的信任和高期望，引导他们对学习进程进行自我管理和自我评价，有意识地提升学生的元认知学习能力。

第四，问题解决思维。问题解决常常需要同时运用多种思维技能，大多表现为一种情境化思维，因为只有在问题导向或基于案例的情境脉络中，知识才是具有灵活性且发挥实践作用的，才能适应未来在结构不良领域中知识应用的多样化案例或多类型问题的需要。在当前的教学情境中，大学生在常规性学习惯习的导向下，已经形成了"等待教师提问，之后等待教师给出正确答案"的学习状态。在这一情形下，大多数学生连问题意识都缺乏，更谈不上问题解决思维的发展。对于大学生而言，问题解决思维的发展是个体综合学习能力的系统提升，学习情境与教学模式的转变，是促进大学生问题解决能力发展的先决条件。基于此，必须从重构学习情境和转变教学模式入手，使之从以往的以教师为中心转向以学生为中心，从教师主导的教学活动转向学生参与、教师指导的基于探究的经验学习。

---

① ［美］L. C. 霍尔特、M. 凯斯尔卡：《优化学生学习的策略——教学样式》，沈书生等译，华东师范大学出版社 2008 年版，第 275 页。

首先，引入问题导向的学习模式（PBL）。基于高阶思维的问题解决能力，它的问题通常对应的是结构不良问题领域。这一领域的关键特征，是它们包含着通过多种不同的途径才能得以应用的知识，而这些途径无法预先知道。[①] 换言之，该领域的问题往往是开放式的问题或"界定不清"的问题，这些问题不提供任何信息，完全靠学生通过探究发现所需的信息及处理的办法；问题解决涉及不同学科知识的整合，能激活并吸纳学生的已有知识。在问题导向的学习模式中，教师只在学生及支持适切学习的环境之间充当"经纪人"或"启发者"，并负责对问题进行精挑细选；学生自主解决问题，他们学习的起点是学生期望解决的某个问题或某系列的问题。在具体的问题解决过程中，一方面，学生运用高阶思维，如假设、评估、反思、发散性思维等，探寻解决问题所需的学科知识、信息和处理办法；另一方面，学生建构与专业相关的新知识、与特定内容相关的学习技能以及用于终身学习的反思性技能或自我管理技能，如学生的内在学习动力得到增强，发展了自主学习技能、小组活动技能以及基于共同体合作学习技能，及时了解去哪里获取以及如何获取必要的知识等。

其次，开展基于案例的学习（CBL）。基于案例的学习弥合了传统教学模式中理论与实践、知识获得与知识迁移之间的断裂。对于这一教学模式而言，案例的选取是至关重要的，它需要确保学习内容按照知识建构的逻辑顺序一一呈现。对此，McCabe 和 Purcell 等学者提出了案例必须具备的四个特征[②]：一是相关性，即案例能够以足够复杂的知识表征方式帮助学生达到预期学习成效；二是现实性，即案例必须与真实的日常生活情境相关联；三是生动性，即案例需贯穿于教学活动之中，为预期学习成效服务；四是挑战性，即案例能够激发学生的内在学习动力，促进他们的自主分析和反思推理，换言之，确保选取的案例对应于学生的"最近发展区"，即学生感受到挑战性但又不至于无法胜任。在具体的案例教学中，可运用认知学徒制的教学策略，由教师先介绍已经实施的案例，再由学生

---

① ［美］兰德·J. 斯皮罗、保罗·J. 费尔多维奇、迈克尔·J. 雅各布森、理查德·L. 库尔森：《认知弹性、建构主义和超文本——支持结构不良领域高级知识获得的随机访问教学》，载［美］莱斯利·P. 斯特弗、杰里·盖尔《教育中的建构主义》，高文等译，华东师范大学出版社 2002 年版，第 75 页。

② Patricia McCabe, Alison Purcell, Elise Baker, Catherine Madill and David Trembath, "Case-based Learning: One Route to Evidence-based Practice", *Evidence-Based Communication Assessment and Intervention*, Vol. 3, No. 4, Dec 2009, pp. 208 – 219.

落实自己的案例。这样一来，在基于案例的学习中，许多预期学习成效都得以实现，学生的高阶思维也获得发展，如批判性思维、创造力、基于小组的合作学习、问题解决思维以及知识迁移能力等。

再次，运用 SOLO 分类法检视和持续改进大学生的认知水平和思维能力。问题解决思维的发展，有赖于在学习实践中对学生学习成效的形成性评估与对学生学习状况的持续性改进。相较于布鲁姆的教学目标分类法突出强调学生的外显学习行为及其变化，比格斯的 SOLO 分类法对学生学习成效和内隐思维结构的重视，使其更适用于分析和评价学生在问题解决时所达到的思维水平和理解水平。SOLO 一词代表"可观察的学习成果结构"（Structure of the Observed Learning Outcome），它将学生的学习成效由简单到复杂分为五个层次：前结构、单点结构、多点结构、关联结构和抽象拓展（如图 6.2）。学生思维能力的提升是一个由量变到质变的辩证发展过程。在 SOLO 分类的五个层次中，单点结构与多点结构强调知识获得量的增加，这种学习认知强化了学生的低阶思维和表层学习方式；关联结构和抽象拓展注重学生对知识的深层理解，促进了学生的高阶思维发展和深层学习方式。由此，在教与学的实践中，运用 SOLO 分类法，师生能够对教师的教学设计情况和学生的学习进展状况获得整体性把握，同时，该方法的运用，还有助于促进教师的反思性教学和学生的反思性学习。

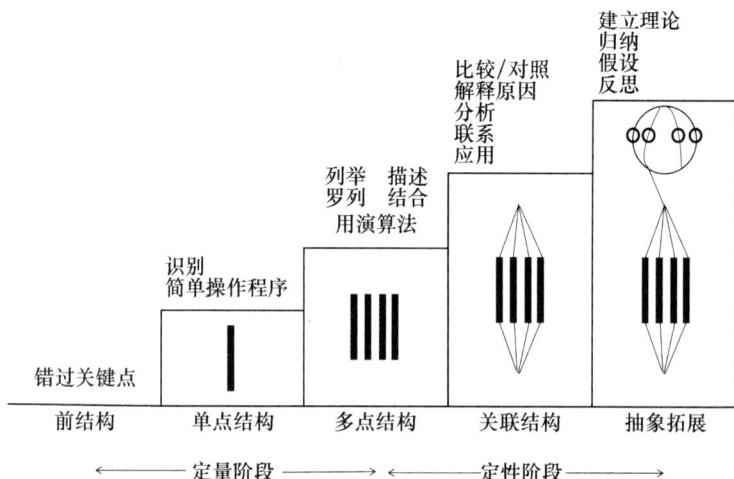

图 6.2　SOLO 分类法中预期学习成效和思维结构的描述

伴随大学生反思性学习实践有意识地持续进行，一旦基于高阶思维的自反性学习策略以反思性学习惯习的形式内化于大学生身体之中，便作为一种能够"带着走"的心智习性或"实践感"的逻辑形式，构成大学生主体性学习和发展的生成性动力机制，同时为大学生未来的终身学习和持续发展奠定坚实基础。

结　语

学习——迈向一种主体性实践哲学

在工业社会"以物为中心"的发展逻辑的导向下，大学在从封闭的象牙塔走向社会的过程中，扮演起"社会的代理机构"的角色。与工业社会结构相对应的客观主义教育认识论和注重"如何教"的教育实践范式，不仅创造了大学像工厂一样充满标准化、控制性和服从性的教学隐喻，而且引导个体一味延续"社会化"和"标准化"的学习实践和发展模式，从而导致大学教育难以从根本上培养个体高贵的心灵和健全的人格，甚至带来了"人的异化"。一方面，个体如同整个工业社会这一大机器上一颗无生命的"螺丝钉"，完全处于一种"被发展"的生存状态之中；另一方面，由于个体置身于他们所创造的物质丰盛的社会中，处于"物"控制着整个生活的境地，他们的学习实践也成为一种实现外在功利目的的工具和手段。从这个意义上，人的主体性这一本体论的存在意义已经完全被工业社会的工具理性所消解。

面对知识社会的来临，与工业社会结构相契合的基于工具理性的大学教学工厂模式，及其培养出的丧失了"本体性存在"的个体，都无一例外地凸显了当前大学教育的合法性危机，突出表现为大学作为工业社会的一种工具性存在，正逐渐丧失其合法性基础。然而，知识社会的转型，在给大学教育带来风险和挑战的同时，也意味着新的机遇。奈斯比特与阿伯迪尼在《2000 年大趋势》一书中预测道："21 世纪最激动人心的突破不是由于技术的发展，而是来自日益增强的'人性意识'。"① 凡此表明，当前大学教育正处在十字路口，大学只有以知识社会的转型为契机，促进大

①　John Naisbitt and Patricia Aburdene, *Megatrends 2000: Ten New Directions for the 1990's*, New York: William Morrow & Company, 1990, p. 16.

学教育朝向一种主体性实践哲学迈进，才能彻底从现代意义上的"工具性存在"状态中挣脱出来，转向从大学和教育自身的本体性价值出发，即以塑造人性本身为根本目的，推动基于人的主体性发展的大学生学习变革，从而使人成为本体论意义上的主体，具有主体学习与主体发展的能力。本书力图从主体性实践哲学的视角出发，提出大学生学习改革的三个基本转向。所谓"转向"，既是一个深刻的观念（或认识论）问题，更是一个复杂的实践问题。

转向之一：从"形而下"的生存实践转向"形而上"的生命实践

一直以来，一种客观主义认识论始终在中国大学教育中占据主导性的支配地位。在这种客观主义认识论背后，蕴含着一种与工业社会相适应的工具理性和技术至上的价值取向，它们不仅创造了缺乏道德底蕴的功利主义大学文化，而且构成了大学生学习实践的生成性动力。在依附于客观知识的大学生学习实践中，知识仅仅是生命中的一种次要工具，客观知识与个体生命的二元分离，导致大学生的学习实践沦为一种"形而下"的生存实践，大学生本身也沦为一种在技术上完全可控的"客体"。然而，从大学教育的本质出发，生存技能和职业技能是第二目的，只有塑造人，塑造优秀的人性本身，才是教育的第一目的、根本目的。[1] 如果大学教育培养出来的人，从根本上丧失了基于审美价值的生命本质，只是一味追逐实用价值的生存本质时，那么，这种教育势必会导致个体受外在的社会决定机制桎梏，受自身机械、呆板的学习实践束缚，从而陷入一种"本体性危机"之中。

知识社会的来临，不仅催生出一种建构主义知识观，而且促进了人的主体性意识的觉醒。建构主义知识观的兴起，意味着大学生不再仅是受客观知识形塑的被动"客体"，而是转变成为一个主动参与知识建构的能动"主体"。生成性知识和个体生命的融通合一，表征着大学生的学习实践，不再仅仅囿于"形而下"的世俗层面的生存意义，而是上升和扩展到探寻"形而上"的人的本体论层面的生命意义。对于人的主体性发展而言，"形而下"的生存实践是前提和基础，它最终是要迈向一种"形而上"的生命实践；换言之，价值理性是根本，工具理性最终是为价值理性服务的；我们在肯定工具理性的同时，又要坚决抵御和反抗工具理性对价值理

---

① 李泽厚、刘再复：《哲学与文化：关于教育的两次对话》，《东吴艺术》2010年第3期。

性的支配和侵蚀。基于此，只有当大学教育真正引导大学生通过有意识的反思性学习实践，来把握和控制外在的工具理性，使之为改造自我与自我、自我与他人、人与自然、人与社会的客观关系服务时，学习实践才能促进个体的内在精神品质沿着人的主体性发展的方向加以建构，才能帮助个体最终获得有教养的心智，而不是一味地延续外在社会的统一标准。从这个意义上，人的本质与审美本质是互为一体、不可分割的。

"吾生也有涯，而知也无涯，以有涯随无涯，殆己。已而为知者，则殆而已矣。"对于大学生的学习而言，从他人、从文本中获得的知识，是一种"小知"，不能将其与生命相提并论；只有当个体从自身的生命内部去探寻意义和建构知识时，这种知识才能被称为"大知"，才能与生命并言。就当前的大学教育而言，着重于理论传授和职业技能训练的理智培养仍旧是教育的主题。然而，知识社会的来临，正在使大学教育的理智培养功能日渐式微。大学生在大学阶段习得的客观知识，被直接运用于他们今后生活中的概率越来越小；即使遇到，也可能早已成为忘却的记忆。对此，怀特海曾鞭辟入里地指出："真正有用的教育是使学生透彻地去理解一些一般原理，这些原理能够运用到各种不同的具体细节中去。……当你丢掉你的课本，烧掉你的听课笔记，忘掉你为了应付考试而背诵的细节，你的学习对你来说才是有用的。你所需要的那些细节的知识就像头顶上的太阳和月亮一样，都是显而易见的事实；而你偶尔需要的，都能在任何参考文献里找到答案。大学的功能在于使你能够摆脱细节而保留原理。"①在这里，怀特海所强调的原理，在本质上是一种与知识建构的学习实践相联系的认知模式、思维模式和行动模式的培养，是一种基于主体性发展的心智惯习的生成，是一种"转识为智"的生命力量。

转向之二：从"诉求于外"的受动式发展转向"诉求于内"的主体性发展

工业社会的演进，在为人类创造前所未有的物质财富的同时，也导致了人的异化。人类从未像今天这样置身于一个如此"物质丰盛"的社会，也从未像今天这样渴望建立一个真正的"精神家园"来解决时代带给我们的危机。如果说工业社会意味着对人的意义的否定和解构，那么，知识社会的来临，意味着对人的生命意义和主体价值的重新建构。如何使人摆

---

① ［英］怀特海：《教育的目的》，庄莲平等译，文汇出版社2012年版，第36页。

脱物的支配？如何从工业社会的工具理性和功利主义的泥沼中挣脱出来？对此，我们必须再次将改革的目光移向教育，从根本上把教育视为一种目的，而不是一种手段，促使其在复归人的主体性价值以及促进人的主体性发展中发挥举足轻重的关键性作用。

知识社会结构的变迁，使大学生的学习不再是外在于个体身心发展的一种简单化的实践活动，而是一种旨在塑造健全的人格和心智的主体性实践。主体性学习实践，是个体改变自我的力量，是个体不断投入和发挥心智能量"超越自我"的过程；它意味着学习不再是个体生命中阶段性的特定需要，而是普遍而持续性的终身需求。相应地，个体的发展，不再是一种"诉求于外"的受动式发展，而是转向一种"诉求于内"的主体性发展，即个体对自身的学习实践和发展承担主要责任。同时，知识价值的根本性变化，使个体再也无法像过去那样去尽可能地掌握所有的知识。时至今日，大学教育的关键在于塑造大学生的一种反思性心智惯习，促使个体成为一个真正反思性的主体，把自己培养成为一个具有主体学习和主体创造能力的人，用自然的力量，用心智的力量，去发现和探寻蕴含在生命中的本真价值和意义；而不是无止境地陷入追逐物质利益和满足本能欲望的病态的狂热和自私之中。从这个意义上，变革人们内心深处的价值观要比变革人们表面的行为重要得多，也难得多。

就今天的大学教育而言，有必要经历一次"探寻古典，扬弃现代"的价值重构，促使教育从现代意义的工具理性和功利主义的价值取向中解脱出来，返回到以"学为人""陶冶心智"和"塑造人性"为根本的古典之道。钱穆先生从中国古代哲学思想出发，认为教育的根本在于培育学生"格天""格物""格心"的能力。其中，格天、格物是指人与自然的关系，格心则强调人本身的心性。"生命与机器有一大分别，即一有情，一无情。换言之，亦可谓一有心，一无心。"① 从本质上看，格心是人的主体性发展能力的根本，以"格心"为前提，才能培育和发展人的格天和格物的能力。就此而言，当前大学教育的根本，在于借助反思性学习实践，使大学生从以往"诉求于外"的常规性学习惯习的桎梏中解脱出来，重新建构一种"诉求于内"的反思性心智惯习，在确保个体身心合一的基础上发展健全的主体性人格。

---

① 钱穆：《晚学盲言》，生活·读书·新知三联书店 2010 年版，第 461 页。

　　个体健全的主体性人格，从本质上与"诉求于内"的反思性心智惯习是相互契合、不可分割的。首先，它意味着"个体是独立的存在，独立的自我最有力量"①，即个体作为一种真正意义上的反思性主体，从自身的发展出发，承认自己是可以改进的，并做好了自我批判的准备，敢于正视错误和失败，愿意从多元化的学习体验中去建构基于主体性发展的实践策略，愿意为了改变或重构自身的心智惯习而进行持续的反思性学习实践。其次，它意味着个体发展与社会发展的和谐统一，即社会的根基存在于每一个个体独立、健康的身心发展之中；反过来，每一个个体基于健全身心的主体性学习和发展，也在为社会发展培植深厚的根基。从这个意义上，健全的主体性人格的生成和发展，来自大学生个体的反思性学习惯习和主体性学习实践的交互建构，表征着大学生在自我实现、自我发展的同时，也具备了自我管理和自我反省的力量。

　　转向之三：从教育认识论的反思转向教育实践的创新

　　19世纪末，美国康奈尔大学的科学家做了一个著名的"水煮青蛙实验"。当一只青蛙被投入沸水中时，它会立即奋力跳出逃生。当青蛙被置于装着温水的容器中，被慢慢加热直至沸腾时，结果就不一样了。青蛙反倒由于一开始时水温的适宜而在水中怡然自得。当青蛙发现水温已经达到它无法忍受的状态时，却已变得心有余而力不足，不知不觉被煮死在热水中。透过这一则小故事，我们来反思当下的大学教育与大学生的学习发展：在工业社会的结构形塑机制下，科层型大学场域和大学生常规性学习惯习之间的本体契合关系所生成的应试性学习实践，曾一度满足了工业社会的发展需求。然而，时至今日，面对知识社会的来临，无论是大学，还是学生，倘若不能从主体性的视角出发，重新审视自身的发展思路和运作逻辑，而是仍旧延续以往的客观主义认识论和应试教育的实践逻辑，那么，大学教育的发展和个体的发展，便如同"温水煮青蛙"一样，在工具理性强大的保守性力量的桎梏下，陷入一种"制度化危机"和"存在性焦虑"的困境之中。

　　有谚语云："有些人促进某些事情发生；有些人观看这些事情发生；有些人则问'发生了什么事情'。"当下，大学教育正处在十字路口，是突破重重阻力，迎接光明？抑或是故步自封，陷入危机？其关键在于如何

———————
① 李泽厚、刘再复：《哲学与文化：关于教育的两次对话》，《东吴艺术》2010年第3期。

转变教育认识论和改革教育实践。立足于知识转型和社会转型的时代背景，"反思"和"创新"业已成为当前大学生学习改革的关键词。教育认识论的反思，也即一种文化自觉意识，是指大学场域中的行动者对于变革的规范、价值观和观念进行集体性的、有意识的、深思熟虑的审视和思考。认识论上的反思，对于大学而言，意味着从塑造标准化个体的"应试型文化"转向培育健全的心智和人格的"发展型文化"的大学场域变革；对于大学生个体而言，意味着一种基于主体性学习和发展的心智惯习的培养。教育实践的创新，是指大学场域的行动者在对自身的价值观、观念和行动持续性监测和反思的基础上，对教育认识论、教育制度和教育实践进行的集体性改革和创新，从而在大学生内在的身心之中重新培育和生成一种与外在的"知识—社会"结构相互对应、相得益彰的"文化—心智"结构。从这个意义上，当前大学生学习改革势必从单向度的革新转向更具综合性和系统性的改革。

"苟日新，日日新，又日新。"只有以一种愚公移山的精神，坚持不懈地对当下的大学教育进行反思和创新，渐进式地改革和突破一直以来阻碍教育发展的认识论障碍和制度障碍，从根本上创造一种基于学习共同体文化、以大学生学习为中心的制度环境，从现实教育实践出发，从细微之处做起，促使个体在参与学习共同体的意义生成和知识建构中，不断检视自身的学习历程，反思自己的知行模式及其面临的挑战，逐渐接近并认识潜隐于身心之中的心智惯习，尝试以多元化的经验学习方式去改进自身的学习实践。这种有意识地持续性反思和改进，一旦经由量的累积，再到质的飞跃，并最终在大学生的身心之中重新生成一种内隐式的反思性心智惯习，才能真正使个体从工业社会的客体隐喻和物化困境的束缚中解放出来，朝着心灵丰富和精神充实的主体性学习和发展的方向演进；才能真正促进大学教育和大学生学习朝向终身学习和人的全面发展的主体性实践哲学迈进，最终实现培养和塑造人的健全心智和人格这一根本性的教育目的。

附　录　一

附表 1.1　　　　　　大学生学习环境感知量表的项目间相关矩阵

	c1	c2	c3	c4	c5	c6	c7	c8
c1	1							
c2	0.457 ***	1						
c3	0.436 ***	0.312 ***	1					
c4	0.379 ***	0.299 ***	0.347 ***	1				
c5	0.204 ***	0.130 ***	0.224 ***	0.285 ***	1			
c6	0.247 ***	0.210 ***	0.249 ***	0.205 ***	0.348 ***	1		
c7	0.152 ***	0.107 ***	0.147 ***	0.151 ***	0.329 ***	0.230 ***	1	
c8	0.292 ***	0.241 ***	0.346 ***	0.235 ***	0.308 ***	0.489 ***	0.208 ***	1

注：根据 Tuker 的理论，量表的各个项目与量表的相关在 0.30—0.80 之间，项目间的组间相关在 0.10—0.60 之间，在这些相关全距之内的项目能够为量表提供满意的信度和效度。* $p < 0.05$，** $p < 0.01$，***$p < 0.001$。

附表 1.2　　　　　　大学生学习取向量表的项目间相关矩阵

	d1	d2	d3	d4	d5	d6	d7	d8	d9	d10	d11
d1	1										
d2	0.345 ***	1									
d3	0.345 ***	0.360 ***	1								
d4	0.373 ***	0.266 ***	0.336 ***	1							
d5	0.189 ***	0.155 ***	0.186 ***	0.247 ***	1						
d6	0.238 ***	0.183 ***	0.249 ***	0.260 ***	0.331 ***	1					

续表

	d1	d2	d3	d4	d5	d6	d7	d8	d9	d10	d11
d7	0.224 ***	0.175 ***	0.368 ***	0.404 ***	0.300 ***	0.315 ***	1				
d8	0.116 ***	0.128 ***	0.125 ***	0.104 ***	0.100 ***	0.078 **	0.086 **	1			
d9	0.255 ***	0.187 ***	0.126 ***	0.102 ***	0.204 *	0.178 **	0.144 **	0.207 ***	1		
d10	0.142 ***	0.138 ***	0.182 ***	0.109 ***	0.156 ***	0.171 ***	0.141 ***	0.222 ***	0.230 ***	1	
d11	0.222 ***	0.284 ***	0.170 ***	0.165 ***	0.206 *	0.129 *	0.258 *	0.279 ***	0.390 ***	0.175 ***	1

注：根据 Tuker 的理论，量表的各个项目与量表的相关在 0.30—0.80 之间，项目间的组间相关在 0.10—0.60 之间，在这些相关全距之内的项目能够为量表提供满意的信度和效度。* $p < 0.05$，** $p < 0.01$，*** $p < 0.001$。

附 录 二

大学生学习实践调查问卷

亲爱的同学：

你好！感谢你抽出宝贵的时间完成这份调查问卷。本次调查的主要目的是了解当前大学生学习实践的现实情况，以期在此基础上探索如何推进基于主体性发展的大学生学习改革的可行性路径。问卷仅供研究之用。请你根据自己的实际情况，如实回答下列问题。我们对你的合作表示诚挚感谢！

×××

2017 年 6 月

一　个人基本信息

A1. 你的性别是：

1. 男　　　　　2. 女

A2. 你所在的学校属于：

1. 省部共建院校　2. 省市属院校　3. 民办院校

A3. 你目前所学的专业属于：

1. 文史类　　　　2. 理工类　　　3. 艺术类

A4. 你目前所在的年级是：

1. 大一　　　　2. 大二　　　　3. 大三　　　4. 大四

二　基本学习情况

请根据你自己的实际学习情况选择合适的选项（请打√，非注明多选，均为单选）。

B1. 你对目前所学专业的选择，是基于：

1. 自己的兴趣　　　　　　2. 父母的期望或建议

3. 根据往年录取比例进行的选择　4. 被调剂的结果

5. 就业前景良好　　　　　6. 其他（请注明）_____

B2. 当你在学习中遇到困难时，你会采取什么方式解决？（可多选）

1. 请教教师　　　　　　　2. 与同学交流讨论

3. 自己想办法解决　　　　4. 利用网络、图书馆等查阅资料

5. 忽略这一困难　　　　　6. 其他（请注明）_____

B3. 你在大学学习过程中，与大部分教师的关系如何？

1. 关系淡漠，不好也不坏

2. 关系不好，经常与教师发生摩擦

3. 关系一般，偶尔有所交流

4. 关系很好，经常与教师沟通交流

B4. 你平时上自习吗？

1. 从来不上　　2. 考试前会上　3. 偶尔上　　4. 经常上

B5. 除正常上课外，你平均每天的学习时间是：

1. 1 小时以内　　2. 1—2 小时　　3. 2—3 小时　4. 4 小时以上

B6. 你绝大部分课外时间会如何度过？（可多选）

1. 自主学习　　　2. 娱乐休闲　　3. 参加社会实践

4. 参与社团活动　5. 其他（请注明）_____

B7. 你认为在大学阶段让你受益最大的学习方式是：

1. 教师的课堂授课　　　　2. 自主学习

3. 听名师讲座　　　　　　4. 与他人合作学习

5. 其他（请注明）_____

B8. 你在大学期间是否有挂科经历？

1. 有挂科，但是我不在意

2. 有挂科，但我感到很内疚

3. 没有挂科，不挂科是最基本的要求

4. 没有挂科，即使挂了也无所谓

B9. 你在大学期间有过几次挂科经历？

1. 0 次　　　　　2. 1 次　　　　　3. 2—3 次　　4. 3 次以上

B10. 你认为你的大学学习生涯对个人未来发展的影响如何？

1. 影响很大，我将来准备从事的是与我所学专业相关的工作

2. 影响较大，虽然我不打算从事与所学专业对口的工作，但是现在所学的知识和技能能对我未来的发展有所帮助

3. 影响不大，我将来不打算从事与我目前所学专业相关的工作，现在所学的对我将来用处不大

4. 不好说

B11. 你认为，目前影响大学生学习的主要因素有：（可多选）

1. 对所学专业缺乏兴趣和动力

2. 学习负担过重

3. 参加太多社团活动或兼职，没有时间学习

4. 缺乏教师及时的指导和反馈

5. 自身惰性太大，自律意识较差

6. 忙于恋爱

7. 沉迷于网络

8. 先前基础较差，导致学习吃力

9. 学校的学习氛围不浓

10. 缺乏明确的学习目标

11. 受身边的人影响较大，对学习产生抵触情绪

12. 其他（请注明）_____

三　对学习环境的感知

请根据你自己的实际学习情况选择合适的选项（请打√）	非常不符合	不太符合	不确定	比较符合	非常符合
C1. 教师的讲课能激发我的学习潜能，促使我努力做到最好	1	2	3	4	5
C2. 教师能够对我的学习情况给予适时的反馈	1	2	3	4	5
C3. 学校的制度设置能切实考虑学生的学习需求	1	2	3	4	5
C4. 教师的教学能帮助我明确自己的学习方向和目标	1	2	3	4	5
C5. 学校能及时提供与课程相关的最新学习资料	1	2	3	4	5

请根据你自己的实际学习情况选择合适的选项（请打√）	非常不符合	不太符合	不确定	比较符合	非常符合
C6. 在教学过程中，教师能够听取学生的想法和建议	1	2	3	4	5
C7. 学校能提供各种实习和实践机会	1	2	3	4	5
C8. 学校的整体学习风气很浓厚	1	2	3	4	5

四 学习取向

请根据你自己的实际学习情况选择合适的选项（请打√）	非常不符合	不太符合	不确定	比较符合	非常符合
D1. 我发现学习有时能给我带来很深的自我满足感	1	2	3	4	5
D2. 我认为，广泛浏览会浪费时间，只需认真学习教师所讲的或课程大纲中规定的内容	1	2	3	4	5
D3. 我希望我能在所有的课程上或大多数课程上取得高分，这样我在毕业后就能选择最适合我的职位	1	2	3	4	5
D4. 我是个很有雄心的人，不管做什么，都力求做到最好	1	2	3	4	5
D5. 对于一个课题，只有在做了足够的工作后，才能形成让我满意的观点	1	2	3	4	5
D6. 优异的考试成绩会让我觉得自豪，并增加我的自信心	1	2	3	4	5
D7. 我把取得高分当作一场竞赛，我参与它就是为了赢得胜利	1	2	3	4	5
D8. 一般情况下，我的学习都是与我的专业相关，因为我觉得没有必要花费时间在其他的东西上	1	2	3	4	5
D9. 我不喜欢在离开学校后还要继续学习，但是我觉得这样做的最终结果是值得的	1	2	3	4	5
D10. 不管我喜欢与否，我都认为继续学习是获得一份稳定或高薪工作的好方式	1	2	3	4	5
D11. 对于课堂上讨论过的有趣课题，我会在课下花时间去进一步学习，以增强我对它的认识	1	2	3	4	5

五　学习策略

请根据你自己的实际学习情况选择合适的选项（请打√）	非常不符合	不太符合	不确定	比较符合	非常符合
E1. 我发现，在考试后，我总是很快就忘记了所学课程的内容	1	2	3	4	5
E2. 我在整个学期中都坚持不懈地努力学习，并且在考试临近前我会系统地进行复习	1	2	3	4	5
E3. 每次布置了作业后，我都争取尽快完成它们	1	2	3	4	5
E4. 回答问题时，我会猜测教师希望得到什么答案	1	2	3	4	5
E5. 我通常会倾向于接受教师的陈述和观点，只是在特殊情况下才对它们进行质疑	1	2	3	4	5
E6. 我发现大多数考试只要记住关键章节的内容就能够通过，并不需要努力理解它们	1	2	3	4	5
E7. 有一定的综合概括能力，能把广泛的阅读内容归纳整理成有条理的东西	1	2	3	4	5
E8. 对所遇到的难题进行努力是一种乐趣	1	2	3	4	5
E9. 对认真准备课件和笔记，并在黑板上整洁地列出主要内容大纲的教师的课程，我能学得最好	1	2	3	4	5
E10. 我会尝试从多种视角出发推敲可能的问题解决方案	1	2	3	4	5
E11. 我愿意放弃常规性解题思路，去探究新的解题方式	1	2	3	4	5
E12. 我很看重考试成绩	1	2	3	4	5
E13. 当我学习新知识时，我会把自己先有的知识和观点与之联系起来	1	2	3	4	5
E14. 我会根据自己的学习情况，评价和总结自己在学习方面的优势和不足	1	2	3	4	5

附 录 三

访谈提纲（学生篇）

一 个人简历（性别、年级、专业、在校担任职务、院校）

二 请描述一下你的日常学习状况（以一星期为例）

1. 你是否坚持按时上课，不逃课？

2. 你上课是否认真听讲，不做与课程学习无关的事情？

3. 你的课堂参与情况如何？你如何看待课堂参与？

4. 你是如何完成老师布置的相关课程作业的？

5. 你平时的课余时间是怎么安排的？你的自主学习情况如何？（如学习时间、学习内容、学习方式等）

6. 你是否给自己制订学习计划？你对自己的学习目标是否明确？

7. 你觉得高中学习与大学学习有什么区别？你如何看待这些差异？

8. 你在专业课程学习和自主学习上是否存在差异（如学习兴趣、学习取向、学习方式、学习效果等)？

9. 你与朋友、同学在学习方面交流得多吗？能否谈谈这些交流对你的影响。

10. 你对自己所学的专业兴趣如何？

11. 对教师教学、自主学习和小组学习，你觉得哪种学习方式让自己受益更多？

12. 你是如何看待和对待考试的？你是否有过挂科经历？

13. 当你在学习中遇到问题时，你是如何解决的？

三　请谈谈院校层面对大学生学习的支持情况

1. 你对教师教学有什么感受和看法？

2. 你平常与教师交流得多吗？你如何看待师生互动对自身学习的影响？

3. 教师是如何对你的学习进行反馈的？你如何看待教师的教学指导和反馈？

4. 你对学校图书馆资源情况满意吗？你平时如何利用图书馆来开展学习？

5. 你觉得你所处的环境学习风气如何？（如宿舍、班级、学院等）

6. 你如何看待院校的学业评价制度？你认为当前的学业评价方式能否真实地反映大学生的学习情况？

四　请谈谈你对当前学习、未来职业发展和人生规划的看法

1. 你对自己当前的学习状况满意吗？

2. 你认为自己当前的学习存在的问题有哪些？

3. 对于大学学习，你最关注的是什么？你最得意的学习经历是什么？最让你烦恼的是什么？最大的困惑、困难是什么？

4. 你对自己毕业后的打算如何（如考研、就业、出国等）？

5. 对于未来发展，你思考最多的问题是什么？最想做的是什么？

6. 你认为大学学习对未来职业发展或人生发展的影响是什么？

7. 如果让你重新读一次大学，你会如何开展你的学习？

访谈提纲（教师篇）

一　个人简历（性别、年龄、学历、专业、教龄、职称、职务、院校）

二　请描述以下你的日常教学状况（以一星期为例）

1. 你每年的工作量如何？教学任务如何？

2. 你是如何学会教学的？

3. 你采用的教学方式是什么？是否考虑过调整当前的教学方式？

4. 你在课程教学中是如何对学生进行学习指导和反馈的？

5. 你对学生的学习情况是如何进行考核的？考核方式是什么？

6. 你认为当前教学中存在的问题有哪些？

三 请谈谈你如何看待和评价当前大学生的学习

1. 你如何看待当前的大学生的学习？你认为大学生应该怎样学习？

2. 在你的课堂中，学生的课堂听课情况和参与情况如何？你采取哪些方式鼓励学生课堂参与？

3. 学生的作业完成情况如何？

4. 不同年级大学生的学习是否存在差异？如果有，你如何看待这种差异？

5. 不同专业大学生的学习是否存在差异？如果有，你如何看待这种差异？

6. 不同院校大学生的学习是否存在差异？如果有，你如何看待这种差异？

7. 你如何看待学习风气对大学生学习的影响？

8. 你所认为的"好学生"与"坏学生"的评价标准是什么？

9. 你认为当前大学生学习中存在的问题有哪些？

10. 你认为对大学生学习影响最大的因素是什么？

四 请谈谈你如何看待教学对大学生学习的影响

1. 你是如何看待教学的？

2. 你认为你的教学会给大学生学习带来什么样的影响？

3. 请谈谈你体验的师生互动情况。如何看待师生互动对大学生学习的影响？

4. 工作这些年来，你在教学上的感受有什么变化（如教学态度、教学投入、教学水平、教学与科研的平衡等）？

5. 你是否愿意投入时间和精力改善教学？

6. 你是否经常参加各种教学培训？你对教学培训的看法如何？

五 请谈谈你对一些现象、制度的看法

1. 你如何看待院校对教师教学的考核评估制度？

2. 你如何看待院校对学生的学业评价制度？你认为当前的学业评价方式能否真实地反映大学生的学习情况？

3. 如何处理教学与科研的关系？时间与精力的分配大概是什么样的？

4. 你认为大学生对图书馆的利用情况如何？

5. 你如何看待当前大学的"考研热""考证热"现象？

参考文献

一 著作

《马克思恩格斯选集》第 1 卷，人民出版社 1995 年版。

包亚明：《布尔迪厄访谈录：文化资本与社会炼金术——布尔迪厄访谈录》，上海人民出版社 1997 年版。

鲍威：《首都高校教学质量与学生发展监测研究》，人民日报出版社 2016 年版。

鲍威：《未完成的转型：高等教育影响力与学生发展》，教育科学出版社 2014 年版。

陈嘉明：《现代性与后现代性十五讲》，北京大学出版社 2006 年版。

陈向明：《质的研究方法与社会科学研究》，教育科学出版社 2000 年版。

戴忠恒：《心理与教育测量》，华东师范大学出版社 1987 年版。

冯友兰：《中国哲学简史》，北京大学出版社 2013 年版。

冯茁：《教育场域中的对话——基于教师视角的哲学解释学研究》，教育科学出版社 2011 年版。

高文、徐斌艳、吴刚主编：《建构主义教育研究》，教育科学出版社 2008 年版。

高宣扬：《布迪厄的社会理论》，同济大学出版社 2004 年版。

高宣扬：《当代法国思想五十年》，中国人民大学出版社 2015 年版。

宫留记：《布迪厄的社会实践理论》，河南大学出版社 2009 年版。

郭湛：《主体性哲学：人的存在及其意义》，中国人民大学出版社 2011 年版。

贺来：《"主体性"的当代哲学视域》，北京师范大学出版社 2013 年版。

侯定凯主编：《象牙塔是平的：国际高等教育研究新进展》，华东师范大学出版社 2010 年版。

联合国教科文组织:《学会生存——教育世界的今天和明天》,教育科学
　　出版社 1996 年版。

麦克思研究院:《2011 年中国大学生就业报告》,社会科学文献 2010
　　年版。

苗力田:《古希腊哲学》,中国人民大学出版社 1989 年版。

钱穆:《晚学盲言》,生活·读书·新知三联书店 2010 年版。

施良方:《学习论》,人民教育出版社 2001 年版。

石中英:《教育哲学》,北京师范大学出版社 2007 年版。

史秋衡、汪雅霜:《大学生学习情况调查研究》,教育科学出版社 2015
　　年版。

史秋衡、王芳:《国家大学生学习质量提升路径研究》,厦门大学出版社
　　2019 年版。

汪丁丁:《知识印象》,中信出版社 2003 年版。

王建华:《我们时代的大学转型》,教育科学出版社 2012 年版。

文静:《大学生学习满意度实证研究》,教育科学出版社 2015 年版。

吴洪富:《大学场域变迁中的教学与科研关系——一项关于教师行动的研
　　究》,教育科学出版社 2014 年版。

杨小微:《从被动接受到主动学习:教学改革发展之路》,华东师范大学
　　出版社 2018 年版。

杨晓明:《SPSS 在教育统计中的应用》,高等教育出版社 2004 年版。

杨院:《大学生学习方式实证研究——基于学习观与课堂学习环境的探
　　讨》,教育科学出版社 2014 年版。

衣俊卿:《20 世纪新马克思主义》,中央编译出版社 2012 年版。

衣俊卿:《文化哲学十五讲》,北京大学出版社 2015 年版。

衣俊卿:《现代性的维度》,中央编译出版社 2011 年版。

张春兴:《现代心理学——现代人研究自身问题的科学》,上海人民出版
　　社 2009 年版。

张春兴:《张氏心理学大辞典》,上海辞书出版社 1992 年版。

郑杭生、李强:《社会运行导论——有中国特色社会学基本理论的一种探
　　索》,中国人民大学出版社 1993 年版。

郑杭生、杨敏:《社会互构论:世界眼光下的中国特色社会学理论的新探

索——当代中国"个人与社会关系研究"》，中国人民大学出版社 2010
年版。

二　译著

[澳] 迈克尔·普洛瑟、基思·特里格维尔：《理解教与学——高校教学
策略》，潘虹、陈锵明译，北京大学出版社 2007 年版。

[澳] 约翰·比格斯、凯瑟琳·唐：《卓越的大学教学——建构教与学的
一致性》，复旦大学出版社 2015 年版。

[巴] 保罗·弗莱雷：《被压迫者教与学》，顾建新译，华东师范大学出版
社 2001 年版。

[比] 易克萨维耶·罗日叶：《学校与评估——为了评估学生能力的情
景》，汪凌等译，华东师范大学出版社 2011 年版。

[丹] 克努兹·伊列雷斯：《我们如何学习——全视角学习理论》，孙玫璐
译，教育科学出版社 2010 年版。

[德] 卡尔·曼海姆：《意识形态与乌托邦》，黎鸣等译，生活·读书·新
知三联书店 2011 年版。

[德] 卡尔·曼海姆：《重建时代的人与社会——现代社会结构研究》，张
旅平译，译林出版社 2011 年版。

[德] 马克斯·韦伯：《经济与社会》第 1 卷，阎克文译，上海世纪出版
集团 2010 年版。

[德] 康德：《实践理性批判》，邓晓芒等译，人民出版社 2004 年版。

[德] 康德：《纯粹理性批判》，邓晓芒等译，人民出版社 2010 年版。

[德] 康德：《论教育学》，赵鹏等译，商务印书馆 1998 年版。

[德] 乌克里希·贝克：《风险社会》，何博闻译，译林出版社 2004 年版。

[德] 乌克里希·贝克、[英] 安东尼·吉登斯、[英] 斯卡特·拉什：
《自反性现代化——现代社会秩序中的政治、传统与美学》，赵文书译，
商务印书馆 2014 年版。

[德] 西美尔：《货币哲学》，陈戎女译，华夏出版社 2002 年版。

[俄] 列夫·维果茨基：《思维与语言》，李维译，北京大学出版社 2010
年版。

[俄] 维果茨基：《维果茨基教育论著选》，余震球译，人民教育出版社
2005 年版。

［法］安德烈·焦耳当、［瑞］裴新宁：《变构模型——学习研究的新路径》，杭零译，教育科学出版社 2012 年版。

［法］安德烈·焦耳当：《学习的本质》，杭零译，教育科学出版社 2015 年版。

［法］P. 布尔迪约、J. C. 帕斯隆：《再生产》，刑克超译，商务印书馆 2002 年版。

［法］埃德加·莫兰：《复杂性理论与教育问题》，陈一壮译，北京大学出版社 2004 年版。

［法］埃德加·莫兰：《复杂性思想导论》，陈一壮译，华东师范大学出版社 2008 年版。

［法］爱弥儿·涂尔干：《教育思想的演进》，李康译，上海人民出版社 2006 年版。

［法］卢梭：《社会契约论》，商务印书馆 1980 年版。

［法］皮埃尔·布迪厄：《国家精英——名牌大学与群体精神》，杨亚平译，商务印书馆 2004 年版。

［法］皮埃尔·布迪厄、［美］华康德：《实践与反思——反思社会学引论》，李猛等译，中央编译出版社 1998 年版。

［法］皮埃尔·布迪厄：《帕斯卡尔式的沉思》，刘晖译，生活·读书·新知三联书店 2009 年版。

［法］皮埃尔·布迪厄：《实践感》，蒋梓骅译，译林出版社 2012 年版。

［法］皮埃尔·布尔迪厄、［美］汉斯·哈克：《自由交流》，桂裕芳译，生活·读书·新知三联书店 1996 年版。

［法］让·弗朗索瓦·利奥塔尔：《后现代状态：关于知识的报告》，车槿山译，南京大学出版社 2011 年版。

［加］比尔·雷丁斯：《废墟上的大学》，郭军等译，北京大学出版社 2008 年版。

［加］迈克尔·富兰：《变革的力量——深度变革》，中央教育科学研究所等译，教育科学出版社 2004 年版。

［加］迈克尔·富兰：《变革的力量——透视教育变革》，中央教育科学研究所等译，教育科学出版社 2004 年版。

［美］Arthur L. Costa & Bena Kallick：《整合和维持心智习性》，陈佩秀译，远流出版社 2001 年版。

［美］Arthur L. Costa & Bena Kallick：《发现和探索心智习性》，李弘善译，远流出版公司 2001 年版。

［美］阿尔温·托夫勒：《第三次浪潮》，朱志焱等译，生活·读书·新知三联书店 1983 年版。

［美］埃利希·弗洛姆：《健全的社会》，欧阳谦译，中国文联出版公司 1988 年版。

［美］埃里希·弗洛姆：《在幻想锁链的彼岸》，张燕译，湖南人民出版社 1986 年版。

［美］B. R. 赫根汉、马修·H. 奥尔森：《学习理论导论》，崔光辉等译，上海世纪出版股份有限公司 2011 年版。

［美］布鲁斯·乔伊斯：《教学模式》，兰英等译，中国人民大学出版社 2014 年版。

［美］赫伯特·马尔库塞：《单向度的人——发达工业社会意识形态研究》，刘继译，上海译文出版社 2006 年版。

［美］L. C. 霍尔特、M. 凯斯尔卡：《优化学生学习的策略——教学样式》，沈书生等译，华东师范大学出版社 2008 年版。

［美］兰德尔·柯林斯：《互动仪式链》，林聚任等译，商务印书馆 2012 年版。

［美］保罗·克拉克：《学习型学校与学习型系统》，铁俊等译，中国轻工业出版社 2004 年版。

［美］彼得·F. 德鲁克：《后资本主义社会》，傅振焜译，东方出版社 2009 年版。

［美］彼得·圣吉：《第五项修炼——学习型组织的艺术与实务》，郭进隆译，上海三联书店 1998 年版。

［美］布鲁克·诺埃尔·摩尔、理查德·帕克：《批判性思维——带你走出思维的误区》，朱素梅译，机械工业出版社 2012 年版。

［美］戴尔·H. 申克：《学习理论：教育的视角》，江苏教育出版社 2003 年版。

［美］戴维·H. 乔纳森：《学习环境的理论基础》，郑太年译，华东师范大学出版社 2002 年版。

［美］丹尼尔·贝尔：《后工业社会的来临——对社会预测的一项探索》，高铦等译，新华出版社 1997 年版。

［美］肯·贝恩：《如何成为卓越的大学教师》，北京大学出版社 2007
　　年版。

［美］莱斯利·P. 斯特弗、杰里·盖尔：《教育中的建构主义》，高文等
　　译，华东师范大学出版社 2002 年版。

［美］德里克·博克：《大学的未来——美国高等教育启示录》，曲强译，
　　中国人民大学出版社 2017 年版。

［美］戴维·乔纳森：《学习环境的理论基础》，郑太年等译，华东师范大
　　学出版社 2002 年版。

［美］J. 莱夫、E. 温格：《情境学习：合法的边缘性参与》，王文静译，
　　华东师范大学出版社 2004 年版。

［美］卡尔·罗杰斯、杰罗姆·弗赖伯格：《自由学习》，王烨辉译，人民
　　邮电出版社 2015 年版。

［美］L. 迪·芬克：《创造有意义的学习经历——综合性大学课程设计原
　　则》，刘颖译，浙江大学出版社 2006 年版。

［美］齐格蒙特·鲍曼：《个体化社会》，范祥涛译，上海三联书店 2002
　　年版。

［美］乔纳森·特纳、简·斯戴兹：《情感社会学》，孙俊才等译，上海人
　　民出版社 2007 年版。

［美］乔纳森·特纳：《社会学理论的结构》，邱泽奇译，华夏出版社
　　2006 年版。

［美］乔治·里茨尔：《社会的麦当劳化——对变化中的当代社会生活特
　　征的研究》，顾建光译，上海译文出版社 1999 年版。

［美］乔治·瑞泽尔：《布莱克维尔社会理论家指南》，凌琪、刘仲翔、王
　　修晓译，江苏人民出版社 2009 年版。

［美］泰利·道尔：《如何培养终身学习者——创建以学习者为中心的教
　　学环境》，周建新译，华南理工大学出版社 2014 年版。

［美］托马斯·库恩：《科学革命的结构》，金吾伦等译，北京大学出版社
　　2012 年版。

［美］沃尔特·W. 鲍威尔、保罗·J. 迪马吉奥：《组织分析的新制度主
　　义》，姚伟译，上海人民出版社 2008 年版。

［美］希拉·斯劳特、［美］拉里·莱斯利：《学术资本主义》，梁骁等
　　译，北京大学出版社 2008 年版。

［美］约翰·D. 布兰斯福特：《人是如何学习的——大脑、心理、经验及学校》，程可拉等译，华东师范大学出版社 2011 年版。

［美］约翰·S. 布鲁贝克：《高等教育哲学》，王承绪等译，浙江教育出版社 1987 年版。

［美］约翰·W. 克雷斯威尔：《研究设计与写作指导：定性、定量与混合研究的路径》，崔延强主译，重庆大学出版社 2007 年版。

［美］约翰·杜威：《民主·经验·教育》，彭正梅译，上海人民出版社 2009 年版。

［美］约翰·杜威：《学校与社会——明日之学校》，赵祥麟等译，人民教育出版社 2005 年版。

［美］约翰·杜威：《我们怎样思维——经验与教育》，姜文闵译，人民教育出版社 2010 年版。

［美］伊丽莎白·F. 巴克利：《双螺旋教学策略：激发学习动机和主动性》，古煜等译，华南理工大学出版社 2014 年版。

［日］堺屋太一：《知识价值革命》，金泰相译，东方出版社 1986 年版。

［日］佐藤学：《学习的快乐——走向对话》，钟启泉译，教育科学出版社 2004 年版。

［瑞］皮亚杰：《发生认识论原理》，王宪钿译，商务印书馆 2002 年版。

［英］安东尼·吉登斯：《现代性的后果》，田禾译，译林出版社 2011 年版。

［英］安东尼·吉登斯：《现代性与自我认同》，赵旭东等译，生活·读书·新知三联书店 1998 年版。

［英］安东尼·史密斯、弗兰克·韦伯斯特：《后现代大学来临?》，侯定凯、赵叶珠译，北京大学出版社 2010 年版。

［英］安东尼·吉登斯、克里斯多弗·皮尔森：《现代性——吉登斯访谈录》，尹弘毅译，新华出版社 2000 年版。

［英］安东尼·吉登斯：《社会的构成》，李康等译，生活·读书·新知三联书店 1998 年版。

［英］怀特海：《教育的目的》，庄莲平等译，文汇出版社 2012 年版。

［英］杰勒德·德兰迪：《知识社会中的大学》，黄建如译，北京大学出版社 2010 年版。

［英］卡尔·波普尔：《客观知识——一个进化论的研究》，舒炜光译，上

海译文出版社 2001 年版。

［英］路易丝·斯托尔、［加］迪安·芬克：《未来的学校——变革的目标与路径》，柳国辉译，北京大学出版社 2010 年版。

［英］罗素：《西方哲学史》上卷，何兆武等译，商务印书馆 2015 年版。

［英］罗素：《西方哲学史》下卷，何兆武等译，商务印书馆 2015 年版。

［英］迈克尔·吉本斯：《知识生产的新模式——当代社会科学与研究的动力学》，陈洪捷等译，北京大学出版社 2011 年版。

［英］尼尔：《夏山学校》，王克难译，远流出版公司 1985 年版。

［英］乔伊·帕尔默：《教育究竟是什么》，任钟印等译，北京大学出版社 2010 年版。

三　期刊

边燕杰、李煜：《中国城市家庭的社会网络资本》，《清华社会学评论》（特辑）2000 年。

查颖：《关于我国大学生发展问题的研究综述》，《江苏高教》2016 年第 1 期。

常桐善：《中美本科课程学习期望与学生学习投入度比较研究》，《中国高教研究》2019 年第 4 期。

陈琦、张建伟：《建构主义学习观要义评析》，《华东师范大学学报》1998 年第 1 期。

冯建军：《主体教育理论：从主体性到主体间性》，《华中师范大学学报》2006 年第 1 期。

龚放等：《中美研究型大学本科生学习参与差异的研究——基于南京大学和加州大学伯克利分校的问卷调查》，《高等教育研究》2012 年第 9 期。

郭卉、韩婷：《大学生科研学习投入对学习收获影响的实证研究》，《教育研究》2018 年第 6 期。

郭景萍：《试析作为"主观社会现实"的情感———种社会学的新阐释》，《社会科学研究》2007 年第 3 期。

韩宝平：《大学生学习投入影响因素分析》，《国家教育行政学院学报》2014 年第 8 期。

何旭明：《教师教学投入影响学生学习投入的个案研究》，《教育学术月刊》2014 年第 7 期。

何旭明、屈林岩：《提高学生的主体性——大学生学习改革的时代主题》，
　　《现代教育科学》2006 年第 2 期。

何旭明、屈林岩：《学习指导：大学教师的重要职责》，《中国高等教育》
　　2011 年第 19 期。

贺来：《"主体性"观念的价值内涵与社会发展的"价值排序"》，《吉林
　　大学社会科学学报》2011 年第 5 期。

嵇艳、汪雅霜：《学习动机对大学生学习投入的影响：人际互动的中介效
　　应》，《高教探索》2016 年第 12 期。

贾莉莉：《"学生学习结果评价"：美国高校教学质量评估的有效范式》，
　　《高教探索》2015 年第 10 期。

李奇：《学习结果评估：本科教学质量保障的底层设计》，《复旦教育论
　　坛》2012 年第 4 期。

李强：《现代性中的社会与个人——安东尼·吉登斯〈现代性与自我认
　　同〉述评》，《社会》2000 年第 6 期。

李宪印、杨娜、刘钟毓：《大学生学业成就的构成因素及其实证研究——以
　　地方普通高等学校为例》，《教育研究》2016 年第 10 期。

李泽厚、刘再复：《哲学与文化：关于教育的两次对话》，《东吴艺术》
　　2010 年第 3 期。

李泽彧、曹如军：《大众化时期大学教学与科研关系审视》，《高等教育研
　　究》2008 年第 3 期。

梁会青、魏红：《高等教育质量测评新动向——美国大学生学习评价升级
　　版 CLA +》，《复旦教育论坛》2016 年第 2 期。

廖旭梅：《以学习共同体模式促进大学生自主学习——基于文化学院学习
　　指导工作坊的探索》，《中国高教研究》2017 年第 1 期。

刘海燕：《向"学习范式"转型：本科教育的整体性变革》，《高等教育研
　　究》2017 年第 1 期。

陆根书：《大学生的课堂学习经历、学习方式与教学质量满意度的关系分
　　析》，《西安交通大学学报》（社会科学版）2013 年第 2 期。

陆根书、刘秀英：《大学生能力发展及其影响因素分析——基于西安交通
　　大学大学生就读经历的调查》，《高等教育研究》2017 年第 8 期。

吕林海：《大学生深层学习的基本特征、影响因素及促进策略》，《中国大
　　学教学》2016 年第 11 期。

吕林海：《大学生学习参与的理论缘起、概念延展及测量方法争议》，《教育发展研究》2016 年第 21 期。

吕林海：《全球视野下中国一流大学本科生的学习参与：当前表现与努力方向——基于中、美、英、日 SERU 调查数据（2017—2018）之解析》，《教学研究》2018 年第 6 期。

吕林海：《融合性学习：西方学术的梦魇，抑或中国学生的圣境——从普罗瑟的"脱节型学生"说起》，《现代远程教育研究》2018 年第 2 期。

吕林海：《中国大学生的课堂沉默及其演生机制——审思"犹豫说话者"的成长与适应》，《中国高教研究》2018 年第 12 期。

罗燕等：《清华大学本科教育学情调查报告 2009——与美国研究型大学的比较》，《清华大学教育研究》2009 年第 5 期。

麻彦坤、叶浩生：《维果茨基最近发展区思想的当代发展》，《心理发展与教育》2004 年第 2 期。

马剑银：《韦伯的"理性铁笼"与法治困境》，载《社会学家茶座》第 24 辑，山东人民出版社 2008 年版。

屈林岩：《学习型社会教育范式的转变与学习创新》，《教育研究》2009 年第 5 期。

屈林岩、何旭明：《创新大学学习指导 全面提高人才培养能力》，《教学研究》2018 年第 6 期。

邵洪润、迟景明：《基于学生体验的英国高等教育质量评价——"全国大学生调查"的形成、体系与问题解析》，《外国教育研究》2016 年第 10 期。

沈红、刘盛：《大学教师评价制度的物化逻辑及其二重性》，《教育研究》2016 年第 3 期。

沈汪兵、刘昌、施春华、袁媛：《创造性思维的性别差异》，《心理科学进展》2015 年第 8 期。

沈湘平：《从人的发展看主体教育的目的》，《教育研究》2004 年第 6 期。

施涛：《两种教学策略对大学生学习投入的影响研究》，《教育学报》2016 年第 2 期。

史静寰：《走向质量治理：中国大学生学情调查的现状与发展》，《中国高教研究》2016 年第 2 期。

史静寰、王文：《以学为本，提高质量，内涵发展：中国大学生学情研究

的学术涵义与政策价值》，《华东师范大学学报》（教育科学版）2018
年第 4 期。

史秋衡、郭建鹏：《我国大学生学情状态与影响机制的实证分析》，《教育
研究》2012 年第 2 期。

苏国勋：《社会学与社会建构论》，《国外社会科学》2002 年第 1 期。

汪雅霜：《大学生学习投入度的实证研究——基于 2012 年"国家大学生
学习情况调查"数据分析》，《中国高教研究》2013 年第 1 期。

王建华：《知识社会视野中的大学》，《教育发展研究》2012 年第 3 期。

王朋：《学生·教师·学习：美国大学教学评价的路径演变——基于约
翰·比格斯的 3P 教学模型》，《高教探索》2017 年第 10 期。

王鹏、候钧生：《情感社会学：研究的现状与趋势》，《社会》2005 年第
4 期。

王鹏、林聚任：《情感能量的理性化分析——试论柯林斯的"互动仪式市
场模型"》，《山东大学学报》2006 年第 1 期。

王纾：《研究型大学学生学习性投入对学习收获的影响机制研究——基于
2009 年"中国大学生学情调查"的数据分析》，《清华大学教育研究》
2011 年第 4 期。

王伟宜、刘秀娟：《家庭文化资本对大学生学习投入影响的实证研究》，
《高等教育研究》2016 年第 4 期。

王文：《中国大学生学习投入的内涵变化和测量改进——来自"中国大学
生学习与发展追求调查"（CCSS）的探索》，《中国高教研究》2018 年
第 12 期。

王文静：《维果茨基"最近发展区"理论对我国教学改革的启示》，《心理
学探析》2000 年第 2 期。

王正青、徐辉：《论学术资本主义的生成逻辑和价值冲突》，《高等教育研
究》2009 年第 8 期。

文静：《大学生学习满意度的模型修订与动向监测》，《教育研究》2018
年第 5 期。

吴凡：《我国研究型大学本科生学习成果的影响机制——兼论大学生学习
经验的特殊性》，《高等教育研究》2017 年第 9 期。

吴立保：《"学习范式"下美国本科教育改革的经验及其启示》，《中国高
教研究》2017 年第 8 期。

项贤明：《教育与人的发展新论》，《教育研究》2005 年第 5 期。

荀振芳：《大学教学评价的价值分析》，《高等教育研究》2006 年第 1 期。

杨立军、何祥玲：《大学生发展指数：结构与水平——基于 2016 年 CCSS 调查数据的分析》，《中国高教研究》2018 年第 12 期。

杨翊、赵婷婷：《中国大学生高阶思维能力测试蓝图的构建》，《清华大学教育研究》2018 年第 5 期。

杨院：《大学生学习观对学习方式影响的实证研究——基于不同课堂学习环境的分析》，《国家行政学院学报》2013 年第 9 期。

姚梅林：《从认知到情境：学习范式的变革》，《教育研究》2003 年第 2 期。

尹弘飚：《大学生学习投入的研究路径及其转型》，《高等教育研究》2016 年第 11 期。

郁振华：《波兰尼的默会知识》，《自然辩证法研究》2001 年第 8 期。

张德胜、金耀基等：《论中庸理性：工具理性、价值理性和沟通理性之外》，《社会学研究》2001 年第 2 期。

张华峰、史静寰：《走出"中国学习者悖论"——中国大学生主体性学习解释框架的构建》，《中国高教研究》2018 年第 12 期。

郑杭生、杨敏：《社会学理论体系的构建与拓展——简析个人与社会的关系问题在社会学理论研究中的意义》，《社会学研究》2004 年第 2 期。

钟启泉：《能动学习：教学范式的转换》，《教育发展研究》2017 年第 8 期。

钟志贤：《促进学习者高阶思维发展的教学设计假设》，《电化教育研究》2004 年第 12 期。

钟志贤：《知识建构、学习共同体与互动概念的理解》，《电化教育研究》2005 年第 11 期。

周菲：《家庭背景如何影响大学生的学习经历》，《高等教育研究》2016 年第 4 期。

周序：《"应试主义教育"的"应试规训"及其消解》，《华中师范大学学报》2014 年第 3 期。

周作勇、周庭宇：《高校学生发展影响因素的探索性研究》，《复旦教育论坛》2012 年第 3 期。

朱红：《高校人才培养质量评估新范式——学生发展理论的视角》，《国家教育行政学院学报》2010 年第 9 期。

朱红:《高校学生参与度及其成长的影响机制——十年首都大学生发展数据分析》,《清华大学教育研究》2010 年第 6 期。

佐藤学、钟启泉:《学校再生的哲学——学习共同体与活动系统》,《全球教育展望》2011 年第 3 期。

五　英文文献

Alexander C. McCormick and Jillian Kinzie and Robert M. Gonyea, "Student Engagement: Bridging Research and Practice to Improve the Quality of Undergraduate Education", in Michael B. Paulsen, ed. , *Higher Education: Handbook of Theory and Research*, Vol. 28, New York: Springer Science, 2013.

Astin A. W. , "Student Involvement: A Development Theory for Higher Education", *Journal of College Student Development*, Vol. 40, No. 5, January 1984.

Barbara K. Hofer. and Paul R. Pintrich, "The Development of Epistemological Theories: Beliefs About Knowledge and Knowing and Their Relation to Learning", *Contemporary Educational Psychology*, Vol. 67, No. 1, Spring 1997.

Brown and Phillip, "Culture Capital and Social Exclusion: Some Observation on Recent Trends in Education, Employment an the Labour Market", *Work, Employment and Society*, Vol. 9, No. 1, March 1995.

Chun-Mei Zhao and George D. Kuh, "Adding Value: Learning Communities and Student Engagement", *Research in Higher Education*, Vol. 45, No. 2, March 2004.

D. N. Pekins and Rebecca Simmons, Patterns of misunderstanding, "An integrative mode for science, math, and programming", *Review of Educational Research*, Vol. 58, No. 3, Aut 1987.

Entwistle N. J. and Meyer, J. H. F. and Hilary Trait, "Student Failure: Disintegrated Patterns of Study Strategies and Perceptions of the Learning Environment", *Higher Education*, Vol. 21, No. 2, Maech 1991.

Ernest T. Pascarella, "College Environmental Influence on Students' Education Aspirations", *The Journal of Higher deucation*, Vol. , No. 6, November-December 1984.

John Berry and Pasi Sahlberg, "Investigating Pupils' Ideas of Learning",
Learning and Instruction, Vol. 6, No. 1, March 1996.

John Naisbitt and Patricia Aburdene, *Megatrends* 2000: *Ten New Directions for
the* 1990's, New York: William Morrow & Company, 1990.

J. Mezirow, "Learning to Think like an Adult: Core Conceptions of Transforma-
tion Theory", in Jack Merizow and Associates, eds., *Learning as Transfor-
mation: Critical Perspectives on a Theory in Progress.* San Francisco, CA:
Jossey-Bass, 2000.

Lorenzer and Alfred, *Foundations of a materialistic theory of socialization*,
Frankfurt a. M. : Suhrkamp, 1972.

Marlene Schommer, "Effects of Beliefs about the Nature of Knowledge on Com-
prehension", *Journal of Education Psychology*, Vol. 82, No. 3, September
1990.

Miller C. M. L. and Parlett M. , "Up to the Mark: A Study of the Examination
Game", *Society for Research in Higher Education*, 1974.

M. Gibbonsand C. Limoges and H. Nowotny, *The New Production of Knowl-
edge*, London: Sage, 1996.

Patricia McCabe and Alison Purcell and Elise Baker and Catherine Madill and
David Trembath, "Case-based Learning: One Route to Evidence-based Prac-
tice", *Evidence-Based Communication Assessment and Intervention*, Vol. 3,
No. 4, Dec 2009.

Richard E. Mayer, "Learners as Information Processors: Legacies and Limita-
tions of Educational Psychology's Second Metaphor", *Educational Psycholo-
gist*, Vol. 31, No. 3 – 4, June 1996.

Rotter and Julian B. , "Generalized Expectations for Internal Versus External
Control of Reinforcement", *Psychological Monographs*, Vol. 80, No. 1,
1966.

Stephen D. Brookfield, "Transformative Learning as Ideology Critique", in
Jack Mezirow and Associates, eds. , *Learning as Transformation: Critical
Perspectives on a Theory in Progress*, San Francisco, CA: Jossey-Bass,
2000.

Steve Fuller, "Putting People Back into the Business of Science: Constituting a National Forum for Setting the Research Agenda", in James H. Collins and David M. Toomey eds. , *Scientific and Technical Communication: Theory, Practice, and Policy*, London: Sage Publications Inc, 1997.

S. Alan Cohen, "Instructional Alignment: Searching for a Magic Bullet", *Educational Researcher*, Vol. 16, No. 8, Nov 1987.

Weiner and Bernard, "A Theory of Motivation for Some Classroom Experiences", *Journal of Educational Psychology*, Vol. 71, No. 1, March 1979.